提高阅读兴趣　丰富写作素材

中学版

告诉自己我最棒

罗敏◆编

图书在版编目（CIP）数据

告诉自己我最棒：中学版／罗敏编．—北京：中央编译出版社，2011.5
ISBN 978-7-5117-0846-5

Ⅰ.①告… Ⅱ.①罗… Ⅲ.①成功心理—青年读物 ②成功心理—少年读物 Ⅳ.① B848.4-49

中国版本图书馆 CIP 数据核字 (2011) 第 064307 号

告诉自己我最棒

出版发行：	中央编译出版社
地　　址：	北京西单西斜街 36 号（100032）
电　　话：	(010) 66509360　66509367（编辑部）
	(010) 66509364（发行部）
h t t p：	//www.cctpbook.com
E-mail：	edit@cctpbook.com
经　　销：	全国新华书店
印　　刷：	北京瑞哲印刷厂
开　　本：	787×1092 毫米　1/16
字　　数：	360 千字
印　　张：	22.25
版　　次：	2011 年 6 月第 1 版第 1 次印刷
定　　价：	38.00 元

版权所有　翻印必究

编者的话

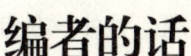

　　富兰克林说过这么一句话:"一个人失败的最大原因,就是对于自己的能力永远不敢信任,甚至认为自己必将失败无疑。"这句话就是要告诉我们,在很多时候,获得成功的首要条件是肯定自己,相信自己。要想成功,就不要为自己的缺憾而担忧,不要亦步亦趋地效仿别人,掩饰自己,舍弃自己。只要正视自己,充分发挥自己的才能,并且告诉自己,你就是最棒的,也是独一无二的,终有一天你会取得成功。

　　成不了高山上的青松,就做溪边的一棵小树;成不了溪边的小树,就做田间的一根小草。只要你正确认识到自己的价值,对自己充满自信,就能轻松战胜一切。要做到这些,首先就是要有一个正确的人生态度。人生态度包括勇气,自信,胸怀,自省,积极等。态度是为人处世的基本原则,是决定成功与否的关键因素。人的一生中难免会遇到这样或那样的境遇,这就要求每个人适时调整自己的心态,永保积极向上的态度。我们希望同学们在顺境中要善于自省,客观地评价自己,避免因盲目乐观而高估自己;在逆境中要鼓足勇气,充分自信,用更加主动的态度来改变自己的境遇;在处理事情时,要怀着容纳百川的胸襟,待人处世要将心比心,为他人留下空间和余地,主动反省自己,勇于承担责任。为此,我们编著此书,书收录上百则故事,从自信、勇敢、追逐梦想、挑战、竞争、努力学习、珍惜时间等几个不同角度给同学们深刻启示,希望他们不断地超越自己,提高能力,迈向成功的阶梯。

　　当然,本书的作用还不止于此。现在有不少同学一提起写作文就皱眉头,绞尽脑汁也写不了几个字,这正是因为他们平时不注意积累素材造成的。而书中收集的上百则故事则是最好的写作素材,这些故事生动又具有典型性,同学们在写作文时所涉及到的命题都可以从本书中找到相对应的素材。此外,我们还配有专门的板块,写明这篇故事适用的作文主题,使同学们更有针对性地及时补充查找。

为了配合同学们的阅读习惯，书中设计了不同类型的小板块，有提高学习能力的"学习金手指"，增加阅读兴趣的"笑话碰碰车"，提高生活自理能力的"生活小常识"等。此外，每篇故事结尾都配有"智慧箴言"，引导读者深切感悟故事所折射出来的道理。另外，在每个章节后面还安排了提高写作技巧的"写作专题"。每一个板块都力争起到拓展同学们知识面的作用。

本书的四大特点是：知识面宽、指导性强、实用性足、趣味性浓。每一个精彩的故事不但适合孩子自己阅读，同时也适合家长陪同孩子一起来读。在读故事的过程中家长不仅可以给孩子讲述故事中的道理，还可以通过书中的每个小故事，了解到教育孩子的最佳方法；更重要的是，可以和孩子共同度过一个个美好时光，享受家庭的温馨幸福。

也许有些家长会有所顾虑，认为孩子读一些与课本无关的所谓"闲书"，会影响孩子的正常学习，其实这种看法有失偏颇。第一，家长要看孩子读的到底是什么书，有些与孩子的学习、生活脱离得太远，且思想有失积极的，确实不适合孩子阅读；而有些内容意义深远，健康向上，且读来可以让孩子有所收获的，那确实是开卷有益。第二，让孩子适当地读一些课外书籍，可以增长孩子各个方面的知识，博览群书，这对于孩子的将来大有好处。

这是一本用故事来诠释成功、心灵、人生、生命、幸福的书，每个故事都是一次奇遇，用心感受，会有属于自己的惊喜！

这样一本书，既可以丰富孩子们的写作素材，又有益于孩子的未来，还能够帮助家长了解如何教育孩子，诸多好处，汇集于此，的确是孩子们的好朋友，家长们的好助手！

目 录

第一章　相信自己是最棒的

有些东西是我们不能决定的，比如外貌和家庭，但有些东西我们是可以完全靠自己能够得到的：良好的成绩，快乐的心境，以及自信。每天早晨对镜子喊一声"我是最棒的！"这样自信快乐的你，世界也会为你张开怀抱，任你遨游。

出　牌	2	我是雄鹰	25
取悦自己	3	流浪汉的电话	26
成功并不像你想象的那么难	4	人人面前都有一根栏杆	27
自己就是一座宝藏	5	一根柱子的坚持	29
你不知道这辈子能够走多远	7	握住自信	30
小心"五脚蚂蚁"	9	一毫米的自信	31
断　箭	11	骄傲的将军	32
智慧人生	12	喜欢你自己	33
相信自己是第一	14	我不需要任何拐杖	34
天才就是孩子	15	失去信心的驯鹿	35
救命的图钉	16	西格的"自信罐"	36
成功不可复制	17	11 块纱布	38
拿掉你的草帽	19	写作专题	
危难时敢于打破规则	21	开头：作文成功的一半	39
把自己亮在暗处	23		

第二章　自卑就像一颗蛀牙

自卑的情绪笼罩着我们的时候，再美好的事情我们也感受不到。就像长了蛀牙的嘴里不能吃甜蜜的糖果一样。去除自卑很简单，只要你鼓起勇气，拔掉这颗"蛀牙"，并能忍受拔牙过程中的疼痛，恢复往昔的自信，看到未来的美好，我们一定会快乐的，并且实现你心底那个优秀的自己。

凡人林肯	44	失意的杰克	47
龙王选婿	46	自杀的兔子	48

人生的电阻	50	低处的温暖	64
不是费城南部的傻帽儿	51	天使的吻痕	66
罗斯福的故事	53	丑 树	67
人可贫心不可贫	55	意大利歌王——安德烈·波切利	68
记住被删掉的镜头	56	所有的花儿都是美丽的	71
还能干什么？	57	忘记你的牙齿	72
兼职的市长	59	没有错误的著作	73
政坛上的袖珍名人	61	写作专题	
鼠与书	63	结尾的机智	75

第三章 时刻展示自己最好的一面

我们都有一些自己不知道的优点，在其他领域失败的我们在别的领域可能会有大成就。所以我们要目光长远，不要只是看到眼前的一事一地。寻找机会，展示自己的长处，找准自己的位置。通过努力和才华，让世界看到一个鲜活优秀的你。

机会是靠自己争取的	78	相信人性最善良的那一面	95
每件事都会有结果	80	我是著名的失败者	98
策划的艺术	82	李政道的幸运	100
最差的肉做丸子	84	在曲折中品味酸甜苦辣	101
小人物演出的大角色	85	最好的时机随时存在	104
花开无声	87	狼狗与笨狗	105
海顿之曲	88	不择优录取	106
达·芬奇的求职信	89	能人全都死在能耐上	107
布什卸任后干啥	92	写作专题	
人生是一顿自助餐	94	作文如何以"小"见"大"	111

第四章 丢掉怯懦，勇敢面对困境

怯懦于我们好似一件"皇帝的新衣"，披上它，我们看不见了困难，看不见失败和沮丧，看不见我们的汗水和眼泪。可是不去面对并不意味着可以逃避。与其自欺欺人地逃避，不如勇于面对。

当影帝与摆地摊	114	永不屈服的传奇英雄	115

阴影是条纸龙	119	失败者的镇痛良药	130
坚强面对挫折方能成功	120	跌倒了别急着站起来	132
不肯放弃的林肯	121	没有走错的路	134
当煤炭遇上了钻石	123	勇于冒险	136
那个伟大的倒霉蛋	124	倒过来看世界	137
不带钱去旅行	125	写作专题	
小母牛莫莉	127	如何为文章画龙点睛	139
充满力量的巨人	128		

第五章　追逐梦想使你变得更耀眼

你可以沉默，但是不能内心平庸；你可以平凡，但是不可以甘于沉寂；你可以不自信，但是不能没有梦想。给自己制定一个梦想，让我们燃烧心底的渴望；孜孜不倦地追求梦想，发现我们未知的潜能；当达到梦想的时候，你会发现自己是多么闪耀。

为新生命的诞生而飞翔	142	89岁老人的航海梦	173
有梦的人生不会落空	145	伟大的方向	175
用右脑创业的少年总裁	148	想做间谍的普京	176
追求忘我	153	被上帝选中的孩子	177
积极的思考掌控人生	154	命运的抉择	178
快乐即成功	155	大师荟萃的地方	179
前方不仅有罗马	156	三棵小树的梦想	181
保持对梦想的忠贞	159	被嘲笑的梦想最有力	183
兴趣也可成就事业	162	年轻时你想砍哪棵树	186
成佛不自在	165	写作专题	
洛克菲勒给儿子的信	167	实现话题立意的激情飞越	188
比鞋子珍贵的袜子	171		

第六章　在挑战和竞争中壮大成长

通常我们害怕面对挑战怯于竞争，是因为我们害怕未知，害怕失败，害怕暴露我们的缺点。可回避这些缺点并不能有益于我们的成长和进步，倒不如坦然地面对，勇敢地接受挑战和竞争。

绝境中你要做上帝	190	人生如题，题有千解	193
成功就是打磨自己	192	孤注一掷的力量	195

钢玻璃杯的故事	196	大风大浪大鱼	206
气出来的《陋室铭》	198	花腹驼鹿的秘密	207
骂人的是屋顶	199	逃跑的麦种	209
芒刺上的花丛	200	沙尘暴里也有鱼子	210
盐碱地里的羊	202	谁怕谁	211
一支扭转乾坤的粉笔	204	写作专题	
狼比狗聪明的原因	205	写是读写结合的好形式	213

第七章　努力学习汲取更多的力量

学习是一种信仰。拥有这种信仰的人，他的人生境界不会止于当下，他的思想也不会停止和堵塞。学习给我们会带来很多珍贵的东西，比如知识，比如能力，比如梦想……学会学习，热爱学习，从学习中汲取更多的力量，从而面对复杂多变的世界，找到自己的位置。

地灯与萤火虫	216	陈毅将军的故事	228
找打的李小龙	217	你比西勒尔还穷吗	229
曾国藩的读书"条规"	219	永远不晚	230
老师的点名	220	江郎才尽	232
匡衡的故事	221	乌龟和智慧	233
"托尔斯泰灯"	222	人应当这样活着	234
结了茧子的耳朵	224	主动要求降工资的人	235
98岁上小学	225	目不识丁的秘密	236
王冕读书	226	写作专题	
乐羊子求学	227	中考作文指导——点题法	239

第八章　珍惜时间，马上行动

时间如流水，一寸光阴一寸金。珍惜时间，珍惜美好的年华。把即将消逝的时间变成永远留在心底的美好回忆。要拥有美好的回忆，需要我们行动起来，把心中美好的想法变成现实，为梦想的实现一步一步地开凿阶梯。

我现在就付诸行动	242	父亲的难题	249
亚历山大的三个遗愿	244	智者与愚者	250
行动最重要	245	买梦和卖梦	251

艾米采草莓	252	假如你直截了当	261
光说不做的驾船人	253	拾掇与抓挠	263
去澳洲旅游	254	希特勒败于管理学	264
不敢消磨时间的人	255	针丢了之后	265
把每一天当作生命的终点	257	写作专题	
岸上的青蛙	258	作文语言创新技法	267
深邃的思想者	259		

第九章　好品德让你人见人爱

伟大的意大利作家但丁说过："道德常常能填补智慧的缺陷，而智慧却永远填补不了道德的缺陷。"可见好的品德是多么的重要，心灵的纯洁是我们自信和美丽的源泉。我们在学校与老师同学和谐交往，在家里与父母亲友相亲相爱，为人谦虚诚实……这些都是在成长中我们必须学会和遵守的。

人生最大的资本	270	迟到的零钱	286
骡子的家世	272	快乐的小提琴手	287
善良的"笨蛋"	273	水手的诚信	289
真　爱	274	在冠军和诚实中选择	290
对于欺骗，宽容只有一次	276	三次逃票	291
怯懦的王子	277	真理的殿堂里没有虚假	292
曾参杀猪	279	无人看管的面包圈	293
岔路口的胜利	280	明道：孝顺无法等待	296
烧酒店	281	幸福的真意	298
夜里的大鲈鱼	282	写作专题	
玫瑰花诺言	284	情感类考场作文的写作	300
吻　猪	285		

第十章　掌握好交往的技巧

自己的精力毕竟是有限的，当与朋友畅谈时我们会获得很多有趣的知识和见闻，学到很多的道理。因此学会和掌握并良好地运用一些人际交往的技巧，知道为人处世的原则，这样在成长中，我们能避免弯路和错路，走得更加坚实。

酒肉战争	304	猎豹的"共守原则"	306
不聪明但不可以不用心	305	王安石冷对"马屁精"	308

多一句赞美	309	谁对你更重要	328
做个好领导的六字真言	311	忘记别人的坏	329
人际交往的金钥匙	313	没有任何敌人	331
沉默的代价	315	死亡源自恶意	332
摸清顾客的心理	317	对待格林夫人的善举	334
长白山上的树	319	牛之死	336
让邻居家的狗闭嘴	321	飞机何时着陆	337
给自己找个天敌	323	写作专题	
抱抱法官	324	中考作文要避免四种毛病	340
闭上鸟嘴，从头再来	327		

第一章

相信自己是最棒的

有些东西是我们不能决定的,比如外貌和家庭,但有些东西我们是可以完全靠自己能够得到的:良好的成绩,快乐的心境,以及自信。每天早晨对镜子喊一声"我是最棒的!"这样自信快乐的你,世界也会为你张开怀抱,任你遨游。

出 牌

适用作文主题
自信，意志，决心。

一个年轻人和他的6个朋友一起打牌。他身上没带多少钱，但他又不能不打。开始发牌了，不幸的是，他发现自己拿了一张最坏的牌。

他并不想输钱，思考了一下后，他不动声色地把身上1/4的钱放在了桌子上。他甚至看都不看其他人一眼。轮到可以换牌了，他也坚持着，没有去换牌。

紧接着又该加注了。年轻人又加了1/4的钱在上面。有3个人看到他没有换牌，以为他拿的牌一定很好，于是退出了。

这下，还剩下3个人。年轻人干脆把身上剩下的钱全押了上去。

剩下的3个人也被吓住了，他们把牌掩起来，退出了。年轻人胜利了，他赢到了他原来10倍的钱。

他的朋友们要求他展示他的底牌，年轻人掀开了，那是一张最小的牌。短暂的沉默后，年轻人开口了："我知道我会赢。手里拿到的牌并不代表什么。关键是要让对手相信你的手里握有一张无与伦比的牌。"

智慧箴言

在生活中，没有人一直拥有最好的牌。有些人一直在依赖着自己手中的好牌，而有些人在尝试着变换手中的牌。可是如果你想赢，就不要去关注其他人所拥有的，你要始终相信，你手中的牌，和你的意志、决心一样强。

好词好句

自我描写的好词：神气十足 喜气洋洋 喜形于色 得意忘形 谦虚谨慎

每当我做作业时，笔尖沙沙响，好像小鸟在对我唱歌，又好像在鼓励我："你要不怕困难，勇攀高峰。"

取悦自己

适用作文主题　相信自己，取悦自己。

一位诗人，他写了不少的诗，也有了一定的名气，可是，他还有相当一部分诗却没有发表出来，也无人欣赏。为此，诗人很苦恼。

诗人有位朋友，是位禅师。这天，诗人向禅师说了自己的苦恼。禅师笑了，指着窗外一株茂盛的植物说："你看，那是什么花？"诗人看了一眼植物说："夜来香。"禅师说："对，这夜来香只在夜晚开放，所以大家才叫它夜来香。那你知道，夜来香为什么不在白天开花，而在夜晚开花呢？"诗人看了看禅师，摇了摇头。

禅师笑着说："夜晚开花，并无人注意，它开花，只为了取悦自己！"诗人吃了一惊："取悦自己？"禅师笑道："白天开放的花，都是为了引人注目，得到他人的赞赏。而这夜来香，在无人欣赏的情况下，依然开放自己，芳香自己，它只是为了让自己快乐。一个人，难道还不如一种植物？"

禅师看了看诗人又说："许多人，总是把自己快乐的钥匙交给别人，自己所做的一切，都是在做给别人看，让别人来赞赏，仿佛只有这样才能快乐起来。其实，许多时候，我们应该为自己做事。"诗人笑了，他说："我懂了。一个人，不是活给别人看的，而是为自己而活，要做一个有意义的自己。"

禅师笑着点了点头，又说："一个人，只有取悦自己，才能不放弃自己；只要取悦了自己，也就提升了自己；只要取悦了自己，才能影响他人。要知道，夜来香夜晚开放，可我们许多人，却都是枕着它的芳香入梦的啊。"

智慧箴言

让自己开心，才能与世界分享你的开心。告诉自己我最棒，相信自己的才华，他人才能看到你的才华，并且相信你赞叹你的才华。

第一章　相信自己是最棒的

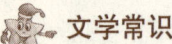
文学常识

南冠　指犯人。《左传·成公九年》："晋侯观于军府，见钟仪。问之曰：'南冠而絷者，谁也？'有司对曰：'郑人所献楚囚也。'使税（通'脱'）之。……公曰：'能乐乎？'对曰：'先人之职官也，敢有二事？'使与之琴，操南音。公语范文子。文子曰：'楚囚，君子也。'"楚人钟仪囚于晋，仍然戴南冠，弹奏南国音乐，范文子称赞这是君子之行。后来一般文人以此指代自己怀有节操的囚徒生活。如骆宾王《在狱咏蝉》："西陆蝉声唱，南冠客思亲。"李白《流夜郎闻不预》："北阙圣歌太康，南冠君子窜遐荒。"

成功并不像你想象的那么难

适用作文主题
相信自己，马上行动。

并不是因为事情难我们不敢做，而是因为我们不敢做事情才难的。

1965年，一位韩国学生到剑桥大学主修心理学。在喝下午茶的时候，他常到学校的咖啡厅或茶座听一些成功人士聊天。这些成功人士包括诺贝尔奖获得者，某一些领域的学术权威和一些创造了经济神话的人，这些人幽默风趣，举重若轻，把自己的成功都看得非常自然和顺理成章。时间长了，他发现，在国内时，他被一些成功人士欺骗了。那些人为了让正在创业的人知难而退，普遍把自己的创业艰辛夸大了，也就是说，他们在用自己的成功经历吓唬那些还没有取得成功的人。

作为心理系的学生，他认为很有必要对韩国成功人士的心态加以研究。1970年，他把《成功并不像你想象的那么难》作为毕业论文，提交给现代经济心理学的创始人威尔·布雷登教授。布雷登教授读后，大为惊喜，他认为这是个新发现，这种现象虽然在东方甚至在世界各地普遍存在，但此前还没有一个人大胆地提出来并加以研究。惊喜之余，他写信给他的剑桥校友——当时正坐在韩国政坛第一把交椅上的人——朴正熙。他在信中说，"我不敢说这部著作对你有多大的帮助，但我敢肯定它比你的任何一个政令都能产生震动。"后来这本书果然伴随着韩国的经济起飞了。这本书鼓舞了许多人，因为他们从一个新的角度告诉人们，成功与"劳其筋骨，饿其体肤"、"三更灯火五更鸡"、"头悬梁，锥刺股"没有必然的联系。只要你对某一事业感兴趣，长久地坚持下去就会成功，因为上帝赋予你的时间和智慧够你圆满做完一件事情。后来，这位青年也获得了成功，他成了韩国某汽车公司的总裁。

 智慧箴言

人世中的许多事，只要想做，都能做到，该克服的困难，也都能克服，用不着什么钢铁般的意志，更用不着什么技巧或谋略。只要一个人还在朴实而饶有兴趣地生活着，他终究会发现，造物主对世事的安排，都是水到渠成的。

 生活小常识

花序最大的木本植物——巨掌棕榈

在木本植物中，巨掌棕榈的花序最大，这种棕榈比其它棕榈生长缓慢，经30-40年才长到20米高。这时候在它的顶端开出极其庞大的圆锥形花序，花序竟高达14米，基底直径也有12米，真象一个大稻谷堆。花序上的花数超过70万个。这种树开花以后，不久就死去。巨掌棕榈的花序之大，不但在木本植物中，而且在植物界中，都稳居第一。它产于印度。

自己就是一座宝藏

适用作文主题

相信自己，坚强和忍耐，精神力量。

十几岁时，我一个人跟随亲戚到美国留学，初次体验人生，接触到许多成功者的资讯报道，于是心中隐隐有一股想成功的欲望。

于是，我在上学的同时，开始尝试去做各项工作，当餐厅服务员、在电脑店打工、推销菜刀、卖汽车……然而，成绩不佳及被炒鱿鱼的事情一次次发生，我只好频繁地更换工作。

我拼命找寻致富的方法，阅读各类教人成功的书籍。

八个月后，我仍然工作失败，没有钱，没有朋友，一个人窝在圣地亚哥（美国加州南部城市）的公寓里不断思索。

从16岁开始，我连续五年尝试的所有工作全部失败。

直到一次偶然的机会，我看了一本书，令我震撼不已，很快，我下决心见到了这本书的作者——安东尼·罗宾（AnthonyRobbins），并参加了他的一个"激发心灵潜能"的公开课程。

他的两句话重新燃起我成功的欲望，他说："这世界没有失败，只有暂时停止成功。""过去不等于未来。"

他可以，我也一定可以。之后，我开始陆续参加数次研讨课程。1989年，我加入该学院的讲师班，同时，不惧年龄最轻又是唯一东方面孔的挑战，和其他84名优秀而经验丰富的学员竞争讲师的职务。

当时，由于我呈上的简历毫无回音，于是我费尽方法找到负责的总经理面谈，表达了我的工作意愿。谁知那位总经理除了强调工作的难度之外，并质疑常换工作的我是否有恒心和毅力长期从事这份工作。

他说："你和别人一样，等我明天上午统一发布录取名单吧！"

我回答："当我把简历交给你的时候，就表示我已经下决心要这份工作了，而且一定要，为了不必麻烦，你还是现在就录取我吧！"

但是，那位总经理仍然摇头，要我等明天的答复。

那时我心想，我不能等到明天！便立刻询问他公司里最佳的销售业绩，并保证成为最棒的推广讲师，锲而不舍地推广自己。听到这里，他终于开口："你7月12号可不可以飞去宾州（美国东部州）工作？"

我大叫一声："没问题！"随即感动地流下泪来，我知道，我的命运即将改变。

8个月后，我成为公司最棒的销售人员之一。

我在十几年前，从美国回到故乡来授课。在两年之后，我第一次出版了《自己就是一座宝藏》，并且很快成为畅销书，改变了很多人的生活。

这期间，我四处演说开课，努力把让我改变的学问和别人分享，我看到了许多人因此建立自信，改变生活，更使我愈加坚信要以一套系统激发潜能的方式，来帮助更多的人和团体，并以此作为终生事业。

在这过程里，许多人劝我："陈安之啊，成功者毕竟是少数人！""陈安之啊，成功是必须付出极大代价的！"这些我都明白。

过去，我认为成功者肯定具有强大的毅力和决心，现在却发现，成功者

微不足道，反而是失败者的毅力和决心要来得更坚强——因为他们可以忍受失败一辈子。

成功很难，但不成功更难！

 智慧箴言

不成功的人要忍受失败一辈子，成功者是忍受一时的挫折和打击。如果有忍受失败一辈子的决心和勇气，为何不拿出来再拼搏一次？因为他们不相信自己，不相信自己还可以再次站起来，还可以成功。放弃即意味着失败。相信自己，不断尝试，不断奋起，终会找到属于你自己的成功的。

笑话碰碰车

一次英语考试中，A君正不知所措，忽见B君已填得满满的，忙扔纸过去求救。不一会，B君扔来一纸团。A君大喜，忙拆开。只见纸内包着一橡皮，橡皮四面画着A，B，C，D四字母，在纸上还有几小字：自己掷。

你不知道这辈子能够走多远

适用作文主题
自信，梦想，奋斗。

常常有人问我：俞老师，你当初想过自己能把新东方做这么大吗？我的回答是：如果当初我知道新东方做到今天这个地步，一定吓晕过去。我当初做新东方，仅仅是为了生存。新东方的第一个班只有十几个学生，我怎么敢想象有一天它会成为一个年培训学生达100多万人的教育集团呢？如今，回头看去，自己也有大吃一惊的感觉。

人们做事情大概分为两种情况。一种是一开始就知道自己走向何方，终极目标是什么。比如有些人很小就下定决心要成为伟大的音乐家、画家、科学家或政治家，他们一辈子都在为自己的终极理想而奋斗，很少迷茫。我很羡慕这样的人，他们能够在目标的指引下百折不挠，在迷雾中也能看到生命的航标灯。

而第二种人可能并不知道这辈子到底能做成什么事，人生的路到底能走多远，他们所能做的就是埋头前进，心中充满迷茫，也充满向往。他们的人生目标像雾中的山峰一样，充满了神秘和不确定性。他们唯一坚定的信念就是知道自己必须往前走，未来一定要比今天更美好。恰是这种一直往前走的信念，使有些人意想不到地走出很远。

我大概属于第二种人。一个农村孩子很难去设想自己的终生理想，能够吃饱就算万幸。但随着年龄的增长，我开始向往土地之外的生活，梦想走进大学读书。所以我生命的第一个目标就是考上大学，离开农村。第一年高考失利，我考了第二年；第二年高考失利，我又考了第三年。前两年连普通大专院校都进不去，第三年却意外地被北京大学录取。这是我生命中第一次体会到人生会有意外惊喜，而它和我持续不断的努力密切相关。我生命的基调从此奠定：我知道生命必须靠某种理想去点燃，哪怕是朦胧的理想；我知道生命必须靠努力才能得到改变和升华，虽然努力并不必然换来成功。但我相信，持续不断的努力是成功的关键，因此要给自己足够的时间。

抱着这种态度，我一直努力到今天。从走进北大到今天这20多年里，我的生命遇到过艰难、痛苦和绝望，我仍不断地奋斗、坚持和寻找希望。在一场严重的肺结核之后，我变成了一个乐观的人，因为我知道了生命的脆弱，所以更加珍惜每一缕阳光；在联系出国屡次无望的情况下，我意外地收获了新东方学校，拥有了一份事业；在经过很多考验后，我意外地把新东方变成了美国纽交所的一家上市公司；在经过无数次蜕变和洗礼后，我意外地把自己从一个书呆子、教书匠变成了管理着8000名员工的还不算太糟糕的企业领导人。过去，我没有预料到也没有设想过新东方到底能发展成什么样；今天，我懂得了生活充满无穷的可能性，只要你努力，就会有意外惊喜。

其实我们不需要去考虑这辈子到底能够走多远，我们需要做的就是像骆驼一样在沙漠中行走，一步一个脚印向心中的绿洲前进。人生有时也如同一片沙漠，很多人一辈子在沙漠中游荡，临终之年发现生命一片空白；也有很多人用自己的努力和坚忍，穿越人生的沙漠走向绿洲，从此生命充满鸟语花香。我们甚至不需要考虑自己能够走多快，只要你知道自己在不断努力就行。我在高速公路上开车，常常能够超越很多汽车，但当我在一个服务区休息一会儿再上路时，发现被我超越的汽车又跑到我的前面，这让我真切地悟到了龟兔赛跑的道理：不在于你跑得多快，而在于你是否坚持不懈地跑。

也许，生命并不复杂，只需要拥有一点儿对未来的向往，拥有一份对自己的信心，拥有一份失败后的坦然，拥有一份永不放弃的决心。你不用去想生命到底能够走多远，因为生命必然前行，带你走向意想不到的壮丽风景。

 智慧箴言

对自己充满信心，按照心中的追求一直坚持的走下去，踏踏实实的做自己想做的事，然后在适当的时机展现自己。

学习金手指

考试时最重要的是保持一个良好的心态。能够全神贯注的投入到解题中去，而不要想考试的最后成绩会是怎么样。考前注意休息好，宁可复习少一点时间，也保证考试时有充沛的精力。考试时先易后难，要能够狠心跳过难题，不要有心理负担，要立刻投入到后面的解题中去。

小心"五脚蚂蚁"

适用作文主题
自强，自保，选择伙伴。

在遥远的国度里，住着一窝奇特的蚂蚁，它们有预知风雨的能力。而最近蚂蚁们清楚地知道，有一个巨大的暴风雨正逐渐逼近，整窝蚂蚁全部动员，往高处搬家。

这窝蚂蚁之所以奇特，不在于它们预知气候的能力，许多其他动物也具备这样的天赋。它们的特别之处，是整窝蚂蚁都只有五只脚，并不像一般蚂蚁长有六只脚。

由于它们只有五只脚，行动也就没有一般蚂蚁快捷，整个搬家的行列缓慢。虽然面对暴风雨来袭的沉重压力，每只蚂蚁心中都焦急不堪，行动却半点也快不了。

在漫长的搬家队伍中，有一只蚂蚁与众不同，它的行动快速，不停地往返高地与蚁窝之间，来回一趟又一趟，仿佛不知劳累，辛苦地尽力抢搬蚁窝中的东西。

这只勤快的蚂蚁引起了五脚蚂蚁群的注意，它们仔细观察它的动作，终于找出这只蚂蚁动作如此敏捷的关键，它有六只脚。

五脚蚂蚁的搬家队伍整个暂停下来，它们聚在一起，窃窃私语，讨论这只与它们长得不同，行动却快过它们数倍的六脚蚂蚁。

经过冗长的讨论后，五脚蚂蚁们终于达成共识。它们扑上前去，抓住那只六脚蚂蚁，一阵撕咬过后，将它那多出来的一只脚扯了下来。

行动迅速的那只蚂蚁被扯去一只脚，也变成了平凡的五脚蚂蚁，在搬家的行列中，迟缓地跟随大家移动。

五脚蚂蚁们很高兴它们能除去一个异类，增加一个同伴，这时暴风雨的雷声，已在不远处隆隆地响起。

有没有想过，故事中那个遥远的国度，可能就在您的身边！

常常在我们接触到一个新的机会、有了一个好的创意，或是工作得特别进步时，五脚蚂蚁群便会适时出现。他们会告诉您，您得到的机会是陷阱、您的好创意是行不通的，或是提醒您，工作勤奋不一定会有好的报偿。无所不用其极的目的，是想扯去您突然间多出来的一只脚。

尤其在当您正确的运用出您的潜能时，周围类似五脚蚂蚁般的消极意识更会增加，各式各样不可能的思想蜂拥而至，企图要你放弃他们所不懂的潜能，让您恢复成为平庸的一般人。

所幸我们不只是六脚蚂蚁，我们是有独立思想的人，也有足够的能力来保护自己多出来的那只脚。因此您可以坚持自己看到的机会、发展自己独特的创意、更勤奋地工作、学习，加倍发挥更大的潜能，做最好的自己。或许可以借着您的坚持与努力，在不久的将来，也能将自己多出来的这一只脚，移植在更多人们的身上，帮助他们更加成功。

智慧箴言

我们要相信自己的才能，面对如蛛网般向你袭来的嘲弄、冷言冷语，甚至是嫉妒和排挤时，我们要有辨别的智慧和自保的能力。意志坚定，远离那些五脚蚂蚁们，寻求志同道合的伙伴。

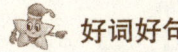 **好词好句**

自我描写的好词：骄傲自大 马虎大意 垂头丧气 怒火中烧 与众不同

我立刻兴奋起来，不管三七二十一，甩掉鞋子，从妈妈手中抢过救生圈，光着小脚丫，欢呼着扑向大海的怀抱中。

断　箭

适用作文主题
意志力，自信，自立。

不相信自己的意志，永远也做不成将军。

春秋战国时代，一位父亲和他的儿子出征打战。父亲已做了将军，儿子还只是马前卒。又一阵号角吹响，战鼓雷鸣了，父亲庄严地托起一个箭囊，其中插着一支箭。父亲郑重对儿子说："这是家袭宝箭，配带身边，力量无穷，但千万不可抽出来。"那是一个极其精美的箭囊，厚牛皮打制，镶着幽幽泛光的铜边儿，再看露出的箭尾。一眼便能认定用上等的孔雀羽毛制作。儿子喜上眉梢，贪婪地推想箭杆、箭头的模样，耳旁仿佛嗖嗖地箭声掠过，敌方的主帅应声折马而毙。

果然，配带宝箭的儿子英勇非凡，所向披靡。当鸣金收兵的号角吹响时，儿子再也禁不住得胜的豪气，完全背弃了父亲的叮嘱，强烈的欲望驱赶着他呼一声就拔出宝箭，试图看个究竟。骤然间他惊呆了。一支断箭，箭囊里装着一支折断的箭。我一直刻着支断箭打仗呢！儿子吓出了一身冷汗，仿佛顷刻间失去支柱的房子，意志轰然坍塌了。

结果不言自明，儿子惨死于乱军之中。

拂开蒙蒙的硝烟，父亲拣起那柄断箭，沉重地啐一口道："不相信自己的意志，永远也做不成将军。"

把胜败寄托在一支宝箭上，多么愚蠢，而当一个人把生命的核心与把柄交给别人，又多么危险！比如把希望寄托在儿女身上；把幸福寄托在丈夫身上；把生活保障寄托在单位身上……

第一章　相信自己是最棒的

智慧箴言

自己才是一只箭，若要它坚韧，若要它锐利，若要它百步穿杨，百发百中，磨砺它，拯救它的都只能是自己。

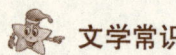 **文学常识**

柳营　指军营。唐武元衡《送张六谏议归朝》："笛怨柳营烟漠漠，云愁江馆雨萧萧。"《史记·绛侯周勃世家》记载：汉文帝时，汉军分扎霸上、棘门、细柳以备匈奴，细柳营主将为周亚夫。周亚夫细柳军营纪律严明，军容整齐，连文帝及随从也得经周亚夫许可，才可入营。文帝极为赞赏周亚夫治军有方。后也代称纪律严明的军营。如，唐人鲍溶《赠李黯将军》："细柳连营石堑牢，平安狼火赤星高。"

智慧人生

适用作文主题

机遇，相信自己，转变思路。

在奥斯维辛集中营，一个犹太人对自己儿子说："我们的家没有了，所有的财产也没有了，现在我们唯一的财富就是智慧了，当别人都说1加1等于2的时候，你应该想到大于2。"

这对父子从集中营里死里逃生，1946年，他们乘轮船流落到美国，在休斯敦做起了不太起眼的铜器生意。

有一天，父亲问儿子："现在一磅铜的价格是多少？"

儿子想都没想就回答说："35美分。"

父亲一听，勃然大怒："对，一磅铜35美分，这是每个得克萨斯州人都知道的价格，但作为犹太人的儿子，你应该回答3.5美元，不信，你把一磅铜铸成门把去试试！"

20多年后，父亲去世了，儿子独自经营着铜器生意。他用收来的废铜做过铜鼓、瑞士钟表上的簧片，甚至做过奥运会的奖牌。最富传奇的一宗生意是，他曾把 0.5 千克的铜卖到过 3500 美元的天价。

1974 年,美国政府决定向社会招标,来清理翻新自由女神像后所扔下的废料。但几个月过去了,没有一个人愿意理睬那堆垃圾似的废料。正远在法国旅行的他听说后,立即飞往纽约,匆匆看过自由女神像下堆积如山的废铜块、螺丝和木料后,果断地在招标书上签了字。

对他的这一"傻瓜"壮举,纽约许多运输公司嘲笑不已,因为在纽约州,垃圾的处理有很严厉的规定,稍有不慎,就会被虎视眈眈的环保组织起诉,一旦惹上环保组织,那漏子可就捅大了。

就在许多人幸灾乐祸地等待这个得克萨斯傻瓜落荒而逃时,他开始组织工人对废料进行仔细的分类。

他把那些废铜熔化掉,铸成微型自由女神像;把木头加工成微型自由女神像的精巧底座;废铅、废铝做成纽约广场的钥匙;最后,他甚至把从自由女神身上扫下的灰尘都包装起来,出售给纽约的各个花店。不到 3 个月时间,经过他的手,这堆无人问津的垃圾废料奇迹般地变成了 350 万美元现金,每 0.5 千克铜的价格整整翻了一万倍。

这个让垃圾变成巨额财富、让纽约和全世界都惊讶不已的人,就是麦考尔公司的董事长卡尔·麦考尔。

"这个世界上没有什么垃圾,在我眼里,只有黄金!"他在接受记者采访时微笑而自信地说。

废铜是可以变成黄金的,只需要我们换一种思路和眼光。

 智慧箴言

"这个世界上没有什么垃圾,在我眼里,只有黄金!"这么自信的话源自于卡尔对自己的自信。相信自己的判断和决策,大胆的变换思路,跳出思想的僵硬枷锁,你也可以成功的。

生活小常识

最早出现的绿色植物

地球上现在生存的许许多多绿色植物，它们的老祖宗是谁呢？地质史的研究告诉我们，是蓝藻。它是地球上最早出现的绿色植物。已知最早的蓝藻类化石，发现在南非的古沉积岩中。这是34亿年前，在地球上已有生命的证据。古代蓝藻的样子和现代的蓝球藻有些相似。

蓝藻的出现，在植物进化史上是一个巨大的飞跃。因为蓝藻含有叶绿素，能制造养分和独立进行繁殖。今日地球上的郁郁葱葱的树木，茂盛的庄稼，美丽多姿的花卉，它们都是由低等的藻类，经过几亿几十亿年的进化发展而来的。

相信自己是第一

适用作文主题
自信，敢做第一。

理查·派迪是运动史上赢得奖金最多的赛车选手。当他第一次赛完车回来，向母亲报告结果时，那情景对他后来的成功有很大的影响。

"妈！"他冲进家门，"有35辆车参加比赛，我跑了第二。"

"你输了！"他母亲回答道。

"但是，妈！"他抗议道，"您不认为我第一次就跑了个第二是很好的事情吗？"

"理查！"母亲严厉道，"你用不着跑在别人后面！"

接下来的20年中，理查·派迪一直称霸赛车界。他的许多项纪录到今天还保持着，没有被打破。

 智慧箴言

相信自己，心中有着做第一的欲望，并持之以恒的努力，我们就是最优秀的。

笑话碰碰车

老师："大家都在笑，为什么唯独你不笑？"

学生："我不敢笑。"

老师："为什么呢？"

学生："您常说'笑一笑，10年少'，我今天刚满10岁，再一笑不就没了。"

天才就是孩子

适用作文主题

不偏见，相信自己的想法。

二战期间，有一个美国人正在给他的小女儿拍照，小女儿问父亲他们为什么必须等很长时间才能看到照片。这个问题有些天真奇怪，但它却引起了父亲的兴趣。

小女孩的父亲名叫埃德文·H·兰德，是个发明家，他对照相机已经做了改进。女儿直率的问题让他开始认真考虑。他是这样思考的：如果一位顾客买了一条裤子，一辆车，或者其他的商品，他当然希望买到商品后立刻就能用。那么照相机为什么就不一样呢？能否在一个很小的封闭空间内用几秒钟洗出相片呢？而不必在专业的暗房里花费数小时的时间。兰德在科学界的朋友都认为兰德的计划是不可行的，甚至是愚蠢的。

但在女儿问到这个天真问题的六个月后，兰德从理论上解决了这一问题。1948年11月26日，第一架60秒拍立得照相机在波士顿上市销售。商店刚一开张，顾客便蜂拥而至，希望买到一架这样的照相机。

小女孩天真的问题最终成就了拍立得照相机的诞生。也许，离真理最近的，是孩子的心灵。孩子的心灵并没有偏见和事先预定的概念，所以他们能够从全新的视角看待问题，在理智的人们认为不可能的事情中发现可能性。实际上，天才通常被认为是"重返童年"，在他们身上几乎看不到偏见的影子。

智慧箴言

现在我们的心灵也是纯粹透明的,要保持这种纯粹,相信自己。不要让自卑、偏见和固执,遮盖了心灵,而变得自卑和怯懦,大胆的想,大胆地做。

 学习金手指

语言的输入包括听和读。现行大纲要求:能听懂广播、电视、录音、录像中与本学段水平相当的英语有声语音材料,泛听总量不低于 40 小时。《课程标准》要求:除教材外,课外阅读量应累计达到 15 万字以上。只要有时间,你就听英语磁带或同视听有关的广播、电视等。也许你没听清楚说些什么,这不要紧,因你的耳膜已经开始尝试适应一种新的语言发音。虽然你暂时听不懂,你也在进步。只要你使自己处于英语的语言环境中,日积月累,你的听力就会提高。切不可半途而废。

救命的图钉

适用作文主题

价值,不要轻视自己,小人物。

一天,布鲁诺冒着雷雨去上班,途中意外地被雷电击中了!布鲁诺顿时失去知觉摔倒在地,随即被人送到医院。

可医生惊奇地发现布鲁诺只是暂时休克,身上只有一点擦伤,没有一点雷击的痕迹。这样的结果太不可思议了。

迷惑不解的医生再一次仔细检查了布鲁诺的全身,终于发现他的鞋底扎进了一枚图钉。

医生恍然大悟,解释道:"就是这枚图钉救了布鲁诺的命。当他遇到雷击时,这枚图钉将他身上的电流导引出体外,所以他没有受到巨大的伤害。"

一枚小小的图钉也能救人于高压雷电之下,其实,人与人的相处不也如此?不要轻易去否定一个人的作用和价值,永远不要轻视身边的"小人物"!

智慧箴言

我们任何一个人都有可能是那枚救命的图钉，只要相信自己，找到展现自己的方式，增强我们的自信。

 好词好句

自我描写的好词：油腔滑调 油嘴滑舌 嬉皮笑脸 振振有词 东倒西歪

我拥有一头乌黑的头发，两片不够红润的嘴唇，一身黑黑的皮肤，像个"小非洲"。

成功不可复制

适用作文主题

自信，自强，乐观的心态。

这是一位少年的有趣经历：

6岁时，一位非洲的主教跟他一块儿玩了一下午的滚球，他觉得从来没有一位大人对他这么好过，认为黑人是最优秀的人种。

8岁那年，他有了一个嗜好，喜欢问父亲的朋友有多少财产，大部分人都被他吓了一跳，只好昏头昏脑地告诉他。

上小学时，他常常花一整天时间偷看大姐的情书，从来没有被发觉。

他天生哮喘，夜里总是辗转难眠，白天又异常疲惫，这个病一直折磨着他。他对很多东西都有恐惧症，比如大海。

他恳求父亲带他去钓鱼，父亲说："你没有耐心，带你去你会把我弄疯的。"也由于没有耐性，他成了牛津大学的肄业生。

老师问他拿破仑是哪国人，他觉得有诈，自作聪明的改以荷兰人作答，结果遭到了不准吃晚饭的惩罚。

他总觉得自己的智商只比天才低一点，结果一测试，只有96，只是普通人的正常的智商。

下面，我们再来看一位伟大人物的传奇：

第一章 相信自己是最棒的

他一生朋友无数，他曾列了一个有 50 个名字的挚友清单，包括美国国防部部长、纽约的著名律师，报刊总编以及女房东、农场的邻居、贫民区的医生等等。

二战期间，在他 31 岁时，他为了帮助自己的祖国，服务于英国情报局，当了几年的间谍。

38 岁时，他记起祖父从一个失败的农夫成为一名成功的商人，于是决定效仿。没有文凭的他，以 6000 美元起家，创办了全球最大的广告公司，年营业额达数十亿美元。他曾自嘲："只要比竞争对手活得长，你就赢了。"他活了 88 岁。

他一生都在冒险，大学没读完，就跑到巴黎当厨师，继而卖厨具，到美国好莱坞做调查员，随后又作了间谍、农民和广告人。晚年隐居于法国古堡。

他敢于想像，设计了无数优秀的广告词，至今仍在使用。

他说："永远不要把财富和头脑混为一谈，一个人赚很多钱和他的头脑没有多大关系。"

那位少年和伟人是一个人，名字叫做大卫·奥格威，奥美广告公司创始人。

我们把上述两对 7 个例子一一对应，便会发现它们之间没有所谓成功的必然规律：有的可以牵强的联系起来，比如偷看情书为当间谍作了铺垫，对财富的欲望导致日后开了广告公司，天性友善适合结交朋友；有的则完全相反，没有耐性却创造了伟业，身体不好却长寿，智商不高却有着惊人的智慧。当然，我们也可以不一一对应。可是，你看了这位少年的有趣经历一定能断定他会成为伟大人物吗？

 智慧箴言

一个有着一般甚至还有些不甚光彩经历的人，谁会相信他日后的事业是如此的辉煌呢？一个年少不怎么受人瞩目的孩子，长大之后建立了自己的王国，这是当初很多人都看不出来的吧！相信自己，不要被别人的眼光所定义和限制，挖掘自己的潜能，你一定会成功的。

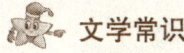 **文学常识**

咏絮　谓女子咏雪。指女子工于吟咏,有非凡的才华。唐人卢纶《宴赵氏昆季书院因与会文并率尔投赠》:"咏雪因饶妹,书经为爱鹅。"据刘义庆《世说新语》:"谢太傅寒雪日内集,与儿女讲论文义。俄而雪骤,公欣然曰:'白雪纷纷何所似?'兄子胡儿曰:'撒盐空中差可拟。'兄女曰:'未若柳絮因风起。'公大笑乐。"(另见《晋书·王凝之妻谢氏传》)东晋谢道韫聪明有才辩,其叔父要求比拟白雪,谢郎谓空中撒盐,而她答以柳絮因风起,深得谢安赏识。后来"咏絮"即指咏雪,"咏絮才"即非凡才华。《红楼梦》(第三回):"可叹停机德,谁怜咏絮才。""咏絮才"指的就是林黛玉非凡的咏诗才华。

拿掉你的草帽

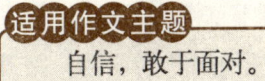
适用作文主题
自信,敢于面对。

有一个少年,他姊妹七个。父母虽努力工作,但日子过得还是非常艰辛。没办法,父母决定带着他们回老家生活。没想到途中坐船遇险沉没。少年全家获救了。可他们仅有的那一点财产却都化为了乌有。他们一贫如洗。

回到家乡,少年上了小学。中午,别的同学捧着从家里带来的香喷喷的盒饭吃了起来,少年家穷,准备不起盒饭,他只能咽咽口水,勒勒腰带。悄悄一个人走到水管前喝上一通冷水,把缩成一团的胃给撑开。

少年很自卑。他害怕同学们发现自己这个秘密,喝完水,他不敢正视同学们一眼,低着头走进教室,挨过这难熬的中午时光。

为了全家的生活,放学后,别的同学都玩耍去了,少年却不得不帮做小生意的母亲去卖爆米花。少年觉得自己低人一等,他怕碰到熟人,往往把头低得很低。可爆米花又是小孩子们的最爱,来买爆米花的同学特别多,班上的一位漂亮女生来了,她吃惊地看着少年。少年在女同学的注视下头低得更狠了。为了避免再出现这样的尴尬,少年开始戴顶大大的草帽去卖爆米花,每当有同学过来时,他都把草帽拉得低低的,遮住自己的脸。

少年的举动被母亲发觉了,她知道儿子的难为情,她拉着儿子的手说:"把草帽拿掉,露出脸来,你没偷没抢,靠的是自己的力气赚钱,做的是堂堂正正的事情,这不丢人。要昂起头,挺直腰板来做生意。"少年看着母亲鼓励的目光,迟疑着拿掉了草帽,开始按母亲说的那样,昂起头、挺起腰板来卖爆米花。

同学们又来了,他大着胆子,有点羞涩地笑脸相迎,这时,他猛然发现,同学们的目光不再是对自己的嘲笑,而是对自己的赞许。想着自己小小的年纪就开始帮父母干活养家,少年变得非常自信自豪。

就这样,在艰难困苦中少年读完了小学和初中,要读高中了,可家里实在供养不起他读书,于是他白天工作,晚上进入高中夜校学习。这样太辛苦了,他想到了放弃,可他一想起母亲让自己拿掉草帽这件事,他的腰板就不由直了起来,自信也就跟着来了。在整个高中期间,他的成绩不但一直是全校第一,而且还获得了奖学金。大大减轻了家里的负担。高中毕业后,他终于如愿以偿考上了理想的大学,可如何支付大学里高额的费用呢?他开始在课余时间捡垃圾。这时真的有人嘲笑他大学生捡垃圾太丢人,可他并不在意,因为他知道自己做的是堂堂正正的事情,没有必要给自己再戴上草帽。

少年大学毕业了,进入了韩国现代建设集团。他凭借出色的业绩一路升至总裁。后又当选国会议员,继而当选了首尔市市长,前不久,这个曾戴着草帽卖爆米花的少年又成为韩国第十七任总统。这个少年就是李明博,韩国一个充满传奇色彩的人物。

智慧箴言

生活中总是会有考验在等待着我们,不要逃避,因为逃避不一定能解决问题,勇敢的面对问题,拿出信心去解决,相信困难只是一时的,而自己却可以不断成长;经历过磨难和困境,我们会变得更加的自信和成熟。

生活小常识

寿命最长和最短的花

你也许以为昙花是寿命最短的花吧？不是。南美洲亚马逊河的王莲花，在清晨的时候露一下脸，半个小时就萎谢了。世界上寿命最短的花是小麦的花，它只开五分钟到三十分钟就谢了。

世界上寿命最长的花，要算生长在热带森林里的一种兰花，它能开八十天。

危难时敢于打破规则

适用作文主题
自信，勇敢，打破规则。

指挥官曾孜孜不倦地教导飞行员：要热情饱满地成队列飞行。他一再强调，飞行时不管出现什么情况，都必须保持队列，坚决服从队长的命令已成为飞行时的本能，不可能有任何选择余地。

有一次，汉德听到一位年轻的飞行员问指挥官："如果领航撞上了山崖该怎么办？"指挥官思索片刻，立即回答道："我情愿在山崖边看到四个一字排开的洞。"

这就是原则。这件事给汉德和那个年轻飞行员上了生动的一课，指挥官的话同那一次次严格的队形训练一起，深深地刻在汉德的脑海深处。

在一次飞行中，汉德和同伴排成一字形纵队，他排在第三位。一字形纵队要求第二架飞机与领航飞机的右翼间距少于六英尺，第三架飞行左翼距第二架飞行右翼也是六英尺。

他们在暴风雪中飞回基地，尽管气流干扰很大，但他们仍以500英里的时速保持着优美的队形。正当汉德集中精力飞行时，领航瞥见了下面云层间的黑洞，开始迅速迫降。他自信将会有更恶劣的天气，因此急呼指挥中心取消原来的飞行计划。

原飞行遵循IFR规则（即飞行中心通过雷达监控指挥飞行）。取消IFR就意味着转为可视飞行，飞行中心不再进行监控。IFR一经取消，飞行就完全由飞行员自己控制。

他们的领航是一个相当自信的指挥官，对穿破云层安全着陆很有把握。当他发现云层中的洞居然是一个"黑洞"时，他一定相当惊讶，因为这意味着有更恶劣的天气会紧随其后。在那一刻，作为飞行员，总会想起一句老话：听天由命吧！

他们尽可能保持队形飞行，然而由于没有任何指示，他们都有些晕头转向，好像置身于调酒器中。当他们冲进厚厚的云层时，汉德就看不到另外的两架飞机，视野极其有限，四周茫茫一片。然而，他们的距离始终如故，作为飞行员，要不惜一切代价保证精确飞行。

飞机在汉德的视线中忽隐忽现，接着他看到领航机和第二架飞机，其座舱盖间距大约六英尺左右。在这样的紧急关头，即使两架飞机不相撞，也将失去最宝贵的机会。

汉德决定打破常规，按自己的方式行事："让规则见鬼去吧。"他将飞机拉起，点燃再燃装置的同时迅速跳伞。他已经决定，凡事都讲究时间、地点，此时此刻就该把队形抛到脑后去。

汉德没有同领航通话，但确信，他在黑洞的另一边一定很吃惊。天气是如此之恶劣。大约一个半小时后，汉德在军官俱乐部看到了领航，一瓶酒已喝掉了一半，他们都躲过了一场空难。尽管他们曾经历过严格的队形训练。他们都是将三者融会贯通：天赋（技艺高超、反应敏捷的飞行员），知识（无休止的飞行训练）和阅历（与死神打交道）。

在危急时刻，他们的天赋和求生本能使他们走出死亡线，避免成为队列飞行和数百万美元飞机的牺牲品。任何个人，在危机来临时，都要想到打破常规。实际上，世界上的许多奇迹都是不遵守"常规"的结果。

 智慧箴言

规矩都是人制定的，对于别人制定的规则，如果你觉得并不适合你，那么，你也可以打破这个规则。相信自己，相信你也可以是那个制定规则的人。

学习金手指

　　语言是文章这所房子的砖瓦，中学生要有意识的积累语言，读书看报，碰到富有表现力的字词句；听广播看电视，甚至听别人说话，得到的美妙言语，都要记下来。平时碰到的成语、歇后语、名言警句等等，只要自认为生动美妙的，就积累。这样，积沙成塔，集腋成裘，从而逐步建立自己的语言词典。同时，生活中碰到的生字词，要查字典。经过积累，语言丰富了，写作文时自然左右逢源。

把自己亮在暗处

适用作文主题　自信心，不与他人攀比。

　　中招考试我以三分之差没有达到重点高中的分数线，要上重点高中的话需要交纳八千元钱的委培费。我一个同学差了两分，他爸爸给他交了八千元钱领到了录取通知书，我希望爸爸也给我交。但是我知道家里的经济条件太差，没有那么多钱。因此我垂头丧气，甚至有点心灰意冷觉得上普通高中没什么意思。

　　爸爸看出了我的心思，但他没说什么。家里当时正在装修，他指着刚装上的电棒对我说："你看咱家的电棒亮不亮？"我按了开关，但可能是因为中午阳光太充足的缘故，电棒发出的光并不亮。因此我摇摇头。爸爸说："等到了晚上你再看吧。"我不知道爸爸这么说是什么意思，就没有放在心上。到了晚上我正在看电视，爸爸叫我过来看电棒，我不明白爸爸那天是怎么回事，怎么跟个电棒较上劲儿了？到了那边我呆住了。没想到电棒非常的耀眼。整个房间照得非常明亮。爸爸说："你看同样的电棒为什么白天那么不起眼，晚上却这么亮呢？"

　　我不知道该说什么好。爸爸又说："因为白天太阳的光芒太强，掩盖了电棒的光芒。而晚上，没有什么其他的光，在黑暗里电棒的光就显得更加炫目了。"我知道爸爸的话很有哲理，但我还不太明白他究竟想说什么。

第一章　相信自己是最棒的

爸爸拍了一下我的肩膀说："孩子，我知道你想上重点高中，你是个好孩子，知道家里经济紧张，所以不好意思开口。我之所以没有跟你提起这件事，是因为我不知道究竟让你上哪个高中更好。我考虑了这么多天，还是觉得你上普通高中也许更有利于你的成长。在重点高中，那里聚集的都是各地最优秀的学生，他们加起来就仿佛太阳的光芒，而你就好比这个电棒。在那里会很不起眼。但如果你上的是普通高中，你就像夜里的电棒，非常耀眼。鹤立鸡群、一枝独秀的你会受到老师的重视、同学的羡慕，你就会非常自信地学习和生活……我是这么想的，不知道你怎么考虑，如果你一定要上重点高中，爸爸也愿意支持你。爸爸明天就去借钱。"我说："不，爸爸！我已经想开了，你说得对，我要做黑夜里的电棒。"

我不再抱怨，充满信心地来到了普通高中，开始了我的高中生活。与爸爸预料的一样，因为成绩好，一开始老师就比较关注我。我也很努力，考试总是名列前茅，心情也非常舒畅，最后考上了重点大学。而我那位上了重点高中的同学，因为考试成绩总在班里后几名，心情越来越郁闷，信心越来越低，最后大专线都没过，只好去复读了。

非常感谢爸爸对我说的那番话，这番话一直让我受益至今。

智慧箴言

每个人都好比一粒珍珠，聪明人懂得如何把自己放在一个恰当的位置上，让光芒更耀眼。不要和别人攀比，适合自己的就是最好的。

好词好句

自我描写的好词：汗流浃背　前仰后合　不慌不忙　丢三落四　兴高采烈

我的脸是椭圆形的，一双炯炯有神的眼睛一张能说会道的小嘴，一说话就露出两排洁白的牙。

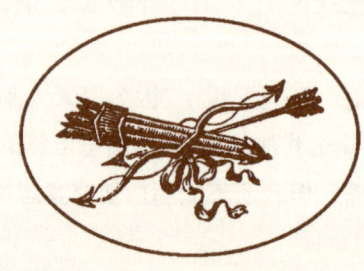

我是雄鹰

适用作文主题

亲情，相信自己，靠自己。

我上初三的时候，学校有六个名额可以参加保送生考试，考上的话不仅可以提前成为重点高中的学生，而且到高中以后也会得到老师特别的青睐。我排名本来是第二，但那六个名额竟然没有我，都是老师或校长的亲戚或者非常有钱的人家的孩子。想起平时一些老师也是对这些有背景的同学照顾有加，对我们这些普通家庭出身的同学却不管不问，更是让我气愤。

回到家我依然愤愤不平。妈妈给我端过来一碗饭让我吃，我竟然大吼一声："我不吃！"妈妈吓了一跳，碗也掉在了地上，饭撒了一地，碗也碎了。妈妈吃惊地问："孩子，你怎么了？"我愧疚地抬起头，无意间瞥见墙角的蜘蛛网上有只小飞虫在挣扎。我指着那只小飞虫对妈妈说："妈妈，看到了吗？在社会这个大关系网中，由于你和爸爸都是无权无势的农民，所以我就像这只任人宰割的小虫子。"妈妈想了一下说："不对。孩子！这张蜘蛛网只能粘住蚊子、苍蝇之类的小飞虫。却从来套不住雄鹰。我相信你是雄鹰不是蚊子！"顿时我热泪盈眶。以后，我牢记着母亲那句话。虽然因为家庭的原因，从初中到高中都没有人关注过我，但我非常自信，凭着自己的努力顺利地考上了名牌大学。

 智慧箴言

有些东西是我们无法改变的，就不必太在意。如果你是雄鹰，总有机会飞上天空；如果你足够优秀，总有机会展示自己。是金子，放在那里都在发光。

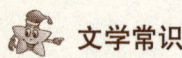

文学常识

昆山玉 比喻杰出的人才。语出李斯《谏逐客书》："今陛下致昆山之玉，有随、和之宝（指随侯珠与和氏璧），垂明月之珠，服太阿之剑（吴国名剑），乘纤离（骏马名）之马，建翠凤之旗，树灵鼍（tu，扬子鳄之类的动物，皮可制鼓）之鼓……今取人则不然：不问可否，不论曲直，非秦者去，为客者逐。"后来就以"昆山玉"比喻优秀人才。例如刘禹锡《送李中丞赴楚州》："忆君初得昆山玉，同向扬州携手行。"

流浪汉的电话

适用作文主题
困境，乐观，奇迹。

当我的手伸进内衣兜里时，我整个人立刻就瘫软在了地上，打工三年积攒的血汗钱不翼而飞了……

我游荡在夜晚的站前广场上，望着忙忙碌碌赶着回家过年的人群，心里充满了绝望。那一刻我想到了死，既然不能坐车回家过年，那就卧轨得了。

当我正走在死亡之路上时，广场边上IC电话亭里一个打电话的男人吸引住了我。这人身上穿着一件分不清颜色的、多处露着棉花的军大衣，脚边放个很小的破破烂烂的行李卷，看来此人混得还赶不上我。我虽然兜里空空，衣着却还光鲜。这人侧着脸，低着头，在寒风中正兴高采烈地对着话筒讲着什么，间或还挥着手做些情不自禁的欢乐动作。一个小时过去了，他仍没有要放下电话的意思，我不由有些羡慕地想起了电话那头他的白发苍苍的老母、倚门相望的妻子、活泼可爱的儿子，不由得就有了要哭了的感觉，也有了要分享他的幸福的冲动，抬脚就向他那边走过去。

我的脚步声惊动了正打电话的男人，他匆忙地挂了电话，惊恐地转过脸来。我立刻看到了一张苍白、枯瘦、胡子拉碴还有几处结着血痂的脸，那双眼睛躲躲闪闪地有些惊恐地望着我。后来，他见我没有恶意，就龇龇牙，抖动着冻得发紫的嘴唇，对着电话说了一句："放心吧，我很好！"说完，他挂了电话，捡起地上的行李卷，嘻嘻地笑着走了。原来我遇到了一个流浪街头、无家可

归的人。那他又是给谁打电话呢？我好奇地凑近电话亭一看，我的眼泪刷地就下来了……

原来电话上并没有插IC卡，他竟然在冰天雪地里自说自话了一个多小时！

十年过去了，我事业有成，家庭幸福。可我知道，我现在所拥有的一切，包括我正延续着的生命，都是那个流浪汉给予了我莫大的影响，然而我却再也无法找到他。

  智慧箴言

就算生活一时愁云惨淡，似乎陷入了一个毫无生机的困境中，也不要放弃希望。只要心中抱着一线生机，转机就一定会来临。永远不要对生活绝望，因为阳光总在风雨后，只要坚持，坚定，就一定能迎来艳阳高照的幸福生活。

生活小常识

资格最老的种子植物

银杏树的寿命，远不及非洲的龙血树，也比不上美洲的巨杉。但是，它却是现在生存树木中辈分最高、资格最老的老前辈。它在两亿年前的中生代就出现在地球上了。其它树木（种子植物）都比它晚。

银杏在古代，广泛生存在欧亚大陆上，后来大冰川来了，大部分地区的银杏被冰川毁灭，成了化石，唯独我国还保存了一部分活的银杏树，绵延到现在，所以，都称它为活化石。

人人面前都有一根栏杆

适用作文主题
希望，相信自己的与众不同。

巴拉斯出生于一个贫困的家庭，母亲患有精神分裂症，不但无法正常工作，一旦病情发作还常常冲巴拉斯大声地吼叫甚至动手打她。父亲因患小儿麻痹症，瘸了一条腿，对生活早已失去了希望的他，不但好赌还酗酒。无人管束的巴拉斯整天像个男孩子一样四处疯跑，跟人打架，还染上了偷盗的恶习。

巴拉斯12岁那年，邻居里一个名叫威尔逊的跳高运动员，把她带到运动场上教她练习跳高，巴拉斯站在运动场上不敢动弹，他胆怯地问："威尔逊先生，我真的能像你一样成为一名跳高运动员吗？"威尔逊反问她："为什么不能呢？"巴拉斯说："您难道不知道，我的母亲是一个患有精神分裂症的人，我的父亲是残疾人，并且还是一个酒鬼，我的家境很糟糕……"

威尔逊再次反问她："这些与你跳高又有什么关系呢？"巴拉斯回答不上来了，是啊，这与她跳高又有什么关系呢，巴拉斯嗫嚅了半天说："因为我不是个好孩子，而你却是那么优秀。"威尔逊摇了摇头说："除非你自己不愿意成为一个好孩子，没有人天生就很优秀。另外，我要告诉你的是，别将不好的家境当成你变成好孩子的阻力，而要让它成为你的动力。"

威尔逊给她加了一个1米高的栏杆，结果被巴拉斯跳过了。威尔逊又将那根栏杆撤下来，结果巴拉斯仅能跳过0.6米。威尔逊说，现在这根栏杆就是你苦难的家境，而没有这根栏杆，你跳高的时候就没有足够的动力，如果你不相信的话，我现在就将栏杆加到1.2米，你一定能够跳过去。巴拉斯咬了咬牙，真的跳过了1.2米。巴拉斯深深地相信了威尔逊的话，决定要出人头地，以自己的实力来改变家里的现状。

以后，经过威尔逊介绍，她加入了体育俱乐部，并认识了罗马尼亚的全国男子跳高冠军约·索特尔。在索特尔的精心培育下，14岁的巴拉斯跳过了1.51米。1956年夏天，19岁的巴拉斯终于跳过1.75米，第一次打破了世界纪录。

1958年，她又以1.78米的成绩创造了新的世界纪录，并从此开始了巴拉斯时代。她在1956年至1961年5年中，共14次刷新世界纪录。1960年罗马奥运会上，以1.85米的成绩获得她一生中第一枚奥运金牌，比第二名的成绩高出14厘米。1961年她再创世界纪录，越过了被誉为"世界屋脊"的1.91米的高度。此纪录一直保持了10年之久。她从1959年到1967年，在140次比赛中获胜，是世界上跳高比赛获胜最多的女运动员，被人们誉为喀尔巴阡山的"女飞鹰"。

智慧箴言

其实，我们每个人的面前都有一根栏杆，那根栏杆的名字叫贫穷、饥饿、不幸、灾难，或者是生活中其他的种种不如意，我们每个人都可以将它当成一根栏杆来跳，只要跳过了那根横亘在自己面前的栏杆，你就成功了。

笑话碰碰车

福尔摩斯和他的助手一天晚上在山坡上搭起帐篷露营，睡到半夜，福尔摩斯推醒旁边的助手，指着满天的繁星问道："看到这么多星星你想到了什么？"

助手沉思了半晌，说道："天空真是无边无际，每颗星星都相当于一个太阳，而我们居住的地球在太阳系里只是很小的一颗行星，我们人类又是显得多么渺小啊！"

"你这个笨蛋，我们的帐篷被偷了！"福尔摩斯怒道。

一根柱子的坚持

适用作文主题
坚持，自信，成功。

在300多年前，英国的建筑设计师克里斯托·莱伊恩受命设计英国温泽市的市政大厅。他应用自己的知识和实践经验，极其巧妙地设计了只用一根柱子来支撑大厅天花板。

经过一年多的施工后，市政府的权威人士在进行工程验收时，提出一根柱子支撑天花板太危险了，要求莱伊恩再多加几根柱子。莱伊恩相信自己的设计足以保障大厅的安全，于是据理力争。他的"固执己见"惹怒了市政府的官员，险些被送上法庭。

在进退维谷之际，他做出了一个决定：在大厅里增加了4根柱子。不过这4根柱子并没有与天花板真正接触，一般人从外观上无法看出这四根柱子只是摆设。

就这样，300多年过去了，谁也没有发现这个秘密。直到几年前市政府准备修缮大厅时，人们在修理的过程中才惊奇地发现：支撑大厅的，仅仅只是中间的那根柱子，其余4根柱子只是摆设而已。

这引起了世界各国建筑专家和游客的极大兴趣。他们纷纷前来观赏这根神奇的柱子，并把这个市政大厅称为"嘲笑无知者的建筑"。

在这位设计师仅有的数据中后人看到了这样一句话："我很自信，至少

100年后,当你们看到这根柱子时,只能哑口无言,甚至瞠目结舌,我要说明的是,你们看到的不是什么奇迹,而是我对自信的一点坚持……"

 智慧箴言

无论面对外界怎样的攻击,如果你坚信自己所做的是正确的,那就不要放弃,坚持自己的自信,才能让别人认可你的努力。

 学习金手指

有些学生一谈英语学习就是一味的死记单词,大量做各种试题、练习册,陷入题海而难以自拔。这样的英语水平只能达到一个较低的层次,难以学以致用,无法有实质性的提高。要重视学习的过程,要遵循语言学习的规律,首先是要通过听和读的渠道,扩大英语的输入量。地道的、先进的英语输入,对于扩展词汇、巩固语言知识、提高语言能力甚至包括应试能力所起的作用,是远非重复性的低水平试题训练所能比拟的。

握住自信

适用作文主题
相信自己,出乎意料,成功。

苏珊是个学习优秀却容易紧张的孩子,第一次代表学校登台演讲,内心十分紧张。想到自己马上就要上场,面对上千名观众,她的手心都在冒汗:"要是在台上一紧张,忘了演讲词怎么办?"越想,她心跳得越快,甚至产生了打退堂鼓的念头。

就在这时,苏珊的老师笑着走过来,随手将一个纸卷塞到她的手里,轻声说道:"这里面写着你要演讲的全部内容,如果你在台上忘了词,就偷偷打开来看。"她握着这张纸条,像握着一根救命的稻草,匆匆上了台。也许有那个纸卷握在手心,她的心里踏实了许多。她在台上发挥得相当好,完全没有失常。

在热烈的掌声中她高兴地走下演讲台,向老师致谢。老师却笑着说:"是你自己战胜了自己,找回了自信。其实,我给你的,是一张白纸,上面根本没有写什么演讲词!"她展开手心里的纸卷,果然上面什么也没写。她感到惊

讶，自己凭着握住一张白纸，竟顺利地度过了难关，获得了演讲的成功。

"你握住的这张白纸，并不是一张白纸，而是你的自信啊！"老师说。苏珊拜谢了前辈。在以后的人生路上，她就是凭着握住自信，战胜了一个又一个困难，取得了一次又一次成功。

智慧箴言

不是我们没有能力，而是我们不相信自己。在做很多事情的时候，你是不是也如此呢，不是没有能力，只是没有自信。

好词好句

自我描写的好词：活泼好 勤学好问 乐于助人 尊老爱幼 后悔不迭
我的头发长得又黑又密，很光滑。

一毫米的自信

适用作文主题

失败的原因，自信的力量。

他是杂技团的台柱子，凭借一出惊险的高空走钢丝而声名远扬。

在离地五六米的钢丝上，他手持一根中间黑色、两端蓝白相间的长木杆作平衡，赤脚稳稳当当地走过10米长的钢丝。他技艺高超，身手灵活，还能从容地在钢丝上做出一些腾跃翻转的动作。多年来，他表演过无数次，从未有过丝毫闪失。

杂技团去外地演出回来的路上，装道具的卡车翻进了山沟，折断了他那根保持平衡的长木杆。团里非常重视，不惜高价找来了粗细相同、长短一致、重量也一样的木杆。直到他觉得得心应手时，团长才请油漆匠给木杆刷上与以前那根木杆相同的蓝白相间的颜色。

又是一次新的演出。在观众的阵阵掌声中，他微笑着赤脚踏上钢丝。助手递给他那根蓝白相间的长木杆。他从左端开始默数，数到第10个蓝块，左手握住，又从右端默数第10个蓝块，右手握紧，这是他最适宜的手握距离。然而今天，他感到两手间的距离比他以往的长度短了一些。他心里猛地一惊，难道是有人将木杆截短了？不可能啊？！他小心翼翼地把两手分别向左右移动，一直到适宜的距离才停住。他看了看，两手都偏离了蓝块的中间位置。他一下子对木杆产生了怀疑。

这时，观众席上又一次爆发出雷鸣般的掌声，已经容不得他多想。他握紧木杆，提了一口气，向钢丝的中间走去。走了几步，他第一次没了自信，手心有汗沁出。终于，在钢丝中段做腾跃动作时，一个不留神，他从空中摔了下来，折断了踝骨，表演被迫停止。

事后检查，那根木杆长度并没变，只是粗心的油漆匠将蓝白色块都增长了一毫米。

智慧箴言

很多时候，我们的自信都是受习惯思维的影响，事物的表面现象左右着我们的固定思维，我们的心态左右了我们的成败。

文学常识

红叶　代称传情之物。朱淑真《恨春》："碧云信断惟劳梦，红叶成诗想到秋。"据唐人卢渥从宫墙外水沟中拾到一片写有怨诗的红叶，后珍藏起来。宣宗放宫女嫁人，卢渥选中的宫女，正巧就是在红叶上题诗的人。后来借指以诗传情。如高明《二郎神·秋怀》："无情红叶偏向御沟流，诗句上分明永配偶，对景触目恨悠悠。"

骄傲的将军

适用作文主题
骄傲，过分自信，松懈。

从前有个将军，打了一个大胜仗，得胜归来后，在庆功会上受到文武百官的赞扬。

他洋洋得意，随手举起几百斤重的铜鼎，抛向空中，又轻轻接在手里，面不改色。接着，他又扯满强弓，对准飞檐下的风铃，连发连中，观者个个喝彩。一个善于阿谀奉承的食客恭维说："凭将军这身武艺，敌人还敢来送死吗？"将军听罢，心里十分得意。

从此，将军不再练武，整天花天酒地，吃喝玩乐，过着纸醉金迷的生活。早晨号兵吹号，将军用靴子打他。公鸡报晓，将军又把它塞进酒坛里。对于忠心门客的劝解，将军也不放在心上，只是骄傲的说："谁敢与本大将军为敌！本大将军已经天下无敌了！"

数月后，将军已大腹便便，一百多斤的石担，他也举不起来，拉弓射雁时，箭到半空就飘落下来，将军完全蜕化了。但是在他过生日时，门人食客们还给他送来"天下第一英雄"的金匾。将军把金匾挂在大堂，心里依旧洋洋得意。

正当大家给他祝寿之际，敌兵进攻了，将军慌忙应战，可是他的枪已经锈坏，箭壶也成了老鼠窝。他手下的官兵也都跑光了。敌兵很快攻进城来，将军只好束手就擒。

 智慧箴言

有的人往往是这样，成功了一次便沾沾自喜，从此不再努力，停滞不前，甚至退步许多。成功了一次并不难，难的是成功以后你还能时时记得努力。

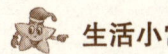 **生活小常识**

银杏是一种有特殊风格的树，叶子碧绿，象把折纸扇。它的枝叶含有抗虫毒素，能防虫蛀。银杏的种子，成熟时外种皮橙黄色，象杏子，所以叫银杏。它的中种皮色白而硬，也叫它白果。银杏的种仁是味道香美的干果，但多吃容易中毒。另外，种仁还可以药用，治痰喘咳嗽。现在，江苏的泰兴、泰州和苏州的洞庭山，浙江的诸暨，安徽的徽州等地，出产的白果最有名。

喜欢你自己

适用作文主题
喜欢自己，自信。

约翰是个高大白净的律师，他的妻子却是一位身材矮小，还有些胖胖的女士。许多人都很纳闷为什么约翰会娶了这样一位妻子。然而认识约翰太太珍妮的邻居们却深知其中的缘由。坦白的说，珍妮是个极具人格魅力的女人，她无论何时总是笑呵呵的，而且总是能够侃侃而谈。

一次，在一个聚会上，珍妮的一个老朋友对珍妮说："你可以穿上高跟鞋试试看，这样你会高很多的。"珍妮却微笑着回答："噢，我喜欢我的身高，也喜欢我的平底鞋，它很舒适并且适合我，何必非要去和模特比高呢。"

有一次，在街上遇到的一个邻居向珍妮推荐自己在用的减肥药，珍妮微笑着告诉她："吃减肥药可是不健康的，我觉得自己这样子很好，看上去很可爱，而且身体也很健康呢，约翰也喜欢我这样。"

约翰跟朋友们介绍自己妻子的时候，总是会高声的说："这就是我最自信的，最可爱的太太——珍妮。"

 智慧箴言

美丽的容颜会衰老，曼妙的身材会走样，但是当你欣赏自己，并且喜欢自己的时候，你的人生永远不会褪色。

 笑话碰碰车

某医学院上课，老师将一只虫子放入装满酒精的杯子里，虫子一下就死了，老师想借此证明酒精对生物的危害，提问一学生，这说明了什么。

学生答道："说明人多喝酒，就不会长虫子。"

我不需要任何拐杖

适用作文主题
自信，意志。

美国前总统罗斯福是大家所熟知的，当他还是参议员的时候，潇洒英俊，英姿焕发，才华横溢，深受人们爱戴。可是命运之神似乎偏偏要与这位风度翩翩的男士过不去。

有一日，罗斯福在加勒比海度假，游泳时忽然感到腿部麻痹，动弹不得。幸亏旁边的人发现和挽救及时才避免了一场悲剧的发生。经过大夫的诊断，罗斯福被证实患上了"腿部麻痹症"。大夫对他说："你或许会失去行走的能力。"罗斯福并没有被大夫的话吓倒，反而笑呵呵地对大夫说："我不仅应该走路，并且我应该走进白宫。"

第一回竞选总统时,罗斯福对助选员说:"你们布置一个大讲台,我要让全部的选民看到我这个患麻痹症的人,能'走到前面'讲演,不需要任何拐杖。"当天,他穿着笔挺的西装,面容充满自信,从后台走上讲演台。他的每回迈步声,都让每个美国人深深感受到他的意志和十足的信心。

后来,罗斯福成为美国政治史上唯一一个连任四届的伟大的美国总统。自信的人生是永远不会被社会打败的,除非他自己最终精疲力竭,无力拼搏。最富有成就的人则是依靠他们自己的自信、智慧和能力取得成功。

智慧箴言

命运能给予我们苦难,能给予我们打击,但命运不能让我们落败。拥有坚强的意志和满满的自信,无论命运之神以何种面容站在我们面前,我们都不会畏惧。

名句赏析

读十遍,不如写一遍——语出宋代罗大经《鹤林玉露·手写九经》。意谓写比读更能加深记忆。

失去信心的驯鹿

适用作文主题

失败的原因,信心的力量。

驯鹿和狼之间存在着一种非常独特的关系,他们在同一个地方出生,又一同奔跑在自然环境极为恶劣的旷野上。大多数时候,他们相安无事地在同一个地方活动,狼不骚扰鹿群,驯鹿也不害怕狼。

在这看似和平安闲的时候,狼会突然向鹿群发动袭击。驯鹿惊愕而迅速地逃窜,同时又聚成一群以确保安全。

狼群早已盯准了目标,在这追和逃的游戏里,会有一只狼冷不防地从斜刺里窜出,以迅雷不及掩耳之势抓破一只驯鹿的腿。

游戏结束了,没有一只驯鹿牺牲,狼也没有得到一点食物。

第二天,同样的一幕再次上演,依然从斜刺里冲出一只狼,依然抓伤那只已经受伤的驯鹿。

每次都是不同的狼从不同的地方窜出来做猎手,攻击的却只是那一只鹿。可怜的驯鹿旧伤未愈又添新伤,逐渐丧失大量的血和力气,更为严重的是它逐渐丧失了反抗的意志。当它越来越虚弱,已不会对狼构成威胁时,狼便群起而攻之,美美地饱餐一顿。

其实,狼是无法对驯鹿构成威胁的,因为身材高大的驯鹿可以一蹄把身材矮小的狼踢死或踢伤,可为什么到最后驯鹿却成了狼的腹中之食呢?

狼是绝顶聪明的,它一次次抓伤同一只驯鹿,让那只驯鹿一次次被失败击得信心全无,到最后它完全崩溃了,已忘了自己其实是个强者,忘了自己还有反抗的能力。当狼群攻击它时,它已没有勇气奋力一搏了。

真正打败驯鹿的是它自己,它的敌人不是凶残的狼,而是自己脆弱的心灵。

 智慧箴言

有时候失败并不是因为你的能力不够,而是你在内心已经认定了自己的失败。拥有自信,也许并不代表拥有成功,但没有自信,就一定不会成功。

好词好句

自我描写的好词:追悔莫及 自私自利 自怨自艾 自言自语 自吹自擂

我的脸像两个荷包蛋,没有酒窝。

西格的"自信罐"

坚持,自信,成功。

有个叫西格的女人,自从接连生了三个孩子之后,就整天烦躁不安。4岁的孩子整日玩闹,19个月大的孩子整夜哭叫,还有一个婴儿需要不断地喂奶。那一段时间,西格的精神就要崩溃了,她甚至怀疑自己天生就"低能"。

就在这时候,一个叫海伦的朋友托人给她带了一份礼物。她打开一看,是一个装饰得很漂亮的陶瓷容器,上面还贴着一个标签,上面写着:"西格的自信罐,需要时用。"

罐子里装着几十个用浅蓝色纸条卷成的小纸卷,每个小纸卷上都写着送给海伦的一句话。西伦迫不及待地一个个打开,只见上面写着:上帝微笑着送给我一件宝贵的礼物,她的名字叫"西格";

我珍惜你的友谊;

我欣赏你的执着;

你做什么事都那么仔细,那么任劳任怨;

我真的相信你能做好任何你想做的事情;

我给你提出两点建议:第一,当你完成一件自己想干的事情,或者得到别人的称赞和肯定的时候,就写一张小纸条放在这个罐里。第二,当你遇到困难和挫折时,或者有点心灰意冷的时候,就从这个小罐里拿出几张纸条来看着。

读到这里,西格的眼圈湿了。因为她深深地感到,她正被别人爱着,被别人关心着,困难只是暂时的,自己也是很棒的。从那以后,西格把这个"自信罐"摆在最醒目的地方,只要遇到危险和困难,就情不自禁地伸手去摸。

15年以后,西格当了一所幼儿园的园长,很多家长都愿意把孩子送到她这家幼儿园,因为她的自信激发了孩子们的自信。从这所幼儿园走出去的孩子,每个人都有一个"自信罐"。

 智慧箴言

每个人都应该有一个"自信罐",装在自己的心里,每当你对生活感到疲惫,对自己产生怀疑的时候,打开它,看看自己的能力,相信你一定能克服困难的!

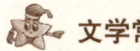 **文学常识**

怀桔 指孝顺双亲。典出《三国志·吴志·陆绩传》:"绩年六岁,于九江见袁术,于九江见袁术,术出桔,绩怀三枚,去,拜辞坠地。术谓曰:'陆郎作宾客而怀桔乎?'绩跪曰:'欲归遗母。'术大奇之。"唐人张祜《送魏尚书赴镇州行营》诗云:"伍员忠是节,陆绩孝为心。"范成大《送詹道子教授祠养亲》:"下马入门怀桔拜,身今却在白云边。"

11 块纱布

适用作文主题
坚持，自信。

在美国有家知名大医院，一位老牌外科医生给病人做腹部开刀手术。一个新来的护士负责供应手术器具。

复杂艰苦的手术从清晨进行到黄昏，眼看患者的伤口即将缝合，女护士突然严肃地盯着外科专家说："大夫，我们用的 12 块纱布，你只取出了 11 块。"所有的护士都大吃一惊，他是大牌医生，怎么会出错？小小护士又怎么能当场给他难堪？

医生并未理会她，她严肃地告诉开刀医生："我准备了 12 块纱布，现在只有 11 块，还有一块没拿出来，必须再找到那一块！"

"我已经都取出来了。"医生断言道，"手术已经一整天了，立即开始缝合伤口。"

小护士还是抗议："不，我们用了 12 块纱布！"

外科医生慢慢地说："我会负起全责，缝合伤口吧。"

女护士毫不示弱，她几乎是大声叫起来："您是医生，您不能这样做！"

这时，医生冷漠的脸上出现了欣慰的笑容，他举起左手心里握着的第 12 块纱布，向所有的人宣布："她是我最合格助手。"

女护士以自己的勇敢和正直不仅赢得外科专家的信任，而且以"最合格的助手"扬名瑞典医护界。

 智慧箴言

当你认为你是对的时候，要有勇气对权威提出反驳，相信自己判断。

 **生活小常识**

沙漠中的短命菊，出苗以后几个星期就开花结果，完成了生命周期。大多数草本植物，出苗后在当年开花或隔年开花，如水稻、玉米、棉花是当年开花，小麦、油菜是隔年开花。

一般木本植物开花比较晚：桃树三年，梨树四年，银杏出苗后要经过二十多年才开花，所以有"公公种树，孙子收实"的说法。毛竹要经五十到六十年后才开花，它一生只开一次花，花开完后就逐渐死亡。

写作专题

开头：作文成功的一半

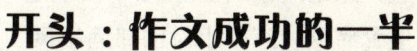

俗话说，万事开头难，良好的开篇能力，不仅有助于考生迅速进入写作状态，也有助于给阅卷人一个良好的第一印象，那么，作文怎么开头好呢？

简单说就是应该出语不凡。应该一开始就抓住阅卷老师的目光，这源自高考的形式和阅卷实际。高考阅卷周期紧，任务重，评卷人少，时间短促，电脑评卷脑力和视力的劳动都很繁重，在高速运转的背景下，你的作文能否吸引老师的目光，让他认真、仔细地读你的作文呢？首先要出语不凡。因此好的开头是事情成功的一半，用在说作文上是很恰当的。

那么，怎么才能锤炼好的开头呢？最重要的是要在平时积累好的开头样式，如下文所例举的诸如此类的开头，如果出现在作文中，都是能够收到很好的效果的。要把它们看做很好的语言模式，你可以像练习语言表达题那样做仿写，化用到你的作文中。潜心磨一剑，练熟几种语言模式，临场才能运用自如。全篇作文不能忽视，开头尤其重要。

策略解说："简明扼要、提纲挈领"是开头的要诀，下面我们来例举一些优秀的作文开头方法。

一、名句引入法
成才的环境

鲁迅先生在《最先与最后》中指出，中国一向少有失败的英雄，"优胜者，固然可敬，但那虽然落后仍然坚持跑到终点的竞技者，见了这种竞技者而肃然不笑的看客，是中国将来的脊梁。"

这话说得好，然而，我们有多少人有鲁迅先生这样的认识呢？

二、古诗切入法
答案

如果有人问："春天是怎么样的？"有人会说是草长莺飞、杂花生树；白居易说是"日出江花红胜火,春来江水绿如蓝";苏轼说是"蒌蒿满地芦芽短,正是河豚欲上时";李白说是"燕草如碧丝,秦桑低绿枝";杜牧说是"千里莺啼绿映红,水村山郭酒旗风"是的,世界千变万化,答案是丰富多彩的,哪一个才是你心中的答案呢?

于是,我开始寻访春天的答案。

活出真我的风采

"红杏枝头春意闹",美丽的花儿只有绽放于枝头,才能吸引寻春的人们艳羡的目光,才能引发诗人由衷的赞叹。

"留连戏蝶时时舞",缤纷的彩蝶只有张开靓丽的翅膀,才能倍受春光的抚爱,才能飞进少女多彩的梦中,成为永恒。

小草不屈从于冰雪天地的扼杀,不怕漫天野火的焚烧,一夜春风,绿了天涯。大雁不满足于巢穴的闲适,奋翅高飞,将生命的画卷描绘在蓝天白云之间。

这,就是表现,表现自我,表现人生,表现生活的真谛。

人生需要表现,生活需要表现。没有表现的人生是灰色的人生;缺乏表现的生活,是死寂的生活。在生命的长河里,每一个人都应腾跃起属于自己的美丽的浪花。

三、提问进入法

若为人生故

人生,漫漫长路远,纷繁诱惑多。人,作为微小而孤独的个体,在人生的选择题前,无可避免地徘徊起来。在一个又一个渡口上,在一次又一次险象中,人,究竟能选择什么,该选择什么?

为自己喝彩

伟人,处处是歌功颂德,喝彩只是陈词;明星,时时有镁光闪烁,喝彩不过滥调;那么更多名不见经传的芸芸众生呢?谁来为他们喝彩?他们又该不该得到喝彩呢?

四、悬念进入法

千年的呼唤

它曾是千年前的儒学大师发自肺腑的呐喊,它曾在勾心斗角、尔虞我诈中变得不值一钱。它曾是无数饱学之士终生恪守的行为规范,它曾是阴险狡诈之

辈赖以飞黄腾达的外衣。它太简单,简单得连伢伢(牙牙)学语的孩童都能叫出它的名字。它又太复杂,复杂得让有些人将它遗失得无怨无悔,无影无踪。

它,就是诚信。

五、开门见山法
知识就是力量

自从地球上有了人类,知识便萌芽在人类的智慧中,从茹毛饮血的远古到高度文明的当代,每一次社会的进步。无不显示出知识的巨大作用。知识的进步,推动了历史的发展,促进了人类的文明。知识就是力量!

六、排比切入法
自　信

自信,不是心灵空虚者的狂妄,不是冒险家孤注一掷的投机,更不是赌徒招宝时所下的最后的决心。

自信,是演奏家手中的竖琴,是国画大师泼向宣纸的水墨,是探险家勇敢地迈向生命禁区的脚步,是饱学之士胸中的万卷诗书。

自信,是耕耘者把种子播进肥沃的土地后的守望,是渔夫奋力撒向鱼群中的正待拉起的沉甸甸的网,是暗中已经猜中了谜底者挂在脸上的微笑。

自信,是我们的梦想之树深深地扎进我们心灵的土地中的根,只有有了这深根,我们的梦想之树才能经受住任何狂风暴雨的吹打,才能花繁叶茂,不断有成熟的慰心的果实。

七、比兴开头法
折断的翅膀

蓝天、白云,苍鹰展翅飞翔于蓝天白云之间。我们惊叹于苍鹰那和谐自然的飞翔时,是否想到了它那双强有力的翅膀?没有翅膀,苍鹰恐怕是永远飞不起的。

人,是智慧的人。他的心灵长着一对翅膀,凭着那对翅膀,穿梭在茫茫人海中,不至于迷茫,不至于失望,也不至于众叛亲离,在漫漫人生路途中寻找生命的真谛。那双翅膀便是诚信,拥有它,你便拥有超然达观的人生。拥有它,你就不会在物欲横流的物质世界中迷失自己;拥有它,你就不会在色彩缤纷的社会中失去方向。

我没有见过断翅的鸟儿在天空中年飞翔。

我也不相信失去诚信的人能够辉煌灿烂。

大的断想

九曲黄河绵延数千里，气势磅礴，浩浩荡荡，这是雄浑的"大"。

万里长城纵横崇山峻岭之间，逶迤蜿蜒，雄奇激越，这是豪迈的"大"。

泱泱华夏，悠久的历史如浩淼汪洋，灵澈浑阔，这是瑰丽的"大"。

"大"不是广漠的荒凉，不是自恃的狂妄。"大"是一种品位，是一种境界。"人"字的一撇一捺，互相支持，而"大"则犹如一个人伸出双手，在吹响生命的号角，向命运挑战。

第二章

自卑就像一颗蛀牙

　　自卑的情绪笼罩着我们的时候，再美好的事情我们也感受不到。就像长了蛀牙的嘴里不能吃甜蜜的糖果一样。去除自卑很简单，只要你鼓起勇气，拔掉这颗"蛀牙"，并能忍受拔牙过程中的疼痛，恢复往昔的自信，看到未来的美好，我们一定会快乐的，并且实现你心底那个优秀的自己。

凡人林肯

适用作文主题

承认自己，发掘自己的长处。

在林肯诞辰200周年的时候，美国人对这位总统的兴趣几乎无所不及，连他的DNA都不例外。首都华盛顿的"健康、医学博物馆"里，藏有一个玻璃盒，里面存放着林肯遇刺后留在抢救他的医生衬衣上的血迹，林肯的一些头发以及从他头部取下来的一些碎骨。有科学家提出，可以从这些血迹、头发、碎骨提取林肯的DNA，以判断他是否患有马凡氏综合征和其他疾病。

马凡氏综合征是先天的遗传性结缔组织疾病，最常见的症状是骨骼畸形。瘦削细长的身材、长脸、凹陷的眼窝——林肯的长相就是这样，很难看。林肯还可能患有遗传性共济失调，这是一种神经性疾病，病变主要会累及脊髓、小脑和脑干。

一位对美国历史做出伟大贡献的总统，可能患有这些引起低能、残疾联想的疾病。会不会影响他的形象呢？美国人认为不会。美国马凡氏综合征基金会的人员表示，富兰克林·罗斯福总统患有小儿麻痹症，该病因此更加受到社会重视。同样，林肯"也能极大地帮助人们认识马凡氏综合征"。明尼苏达大学基因学教授劳拉·蓝伦则认为，如果林肯患有遗传性共济失调，那是个很好的榜样。证明人可以战胜生理残疾，成就伟大事业。

许多美国人都缅怀林肯这位"伟大的解放者"，但林肯并不是一位没有瑕疵的总统。2009年1月19日的《新闻周刊》刊登了一篇题为《让我们（国家）合为一体的人》的文章，提醒读者，在赞扬像林肯这样一位伟人的时候，不要忘记了历史上真实的林肯，不要把他变成一个过于美好的国家神话。

政治领袖一旦成为国家神话，公众和历史学家就可能讳言他生前那些"不便多提的真相"。其实，又有哪一位政治人物一生只有光明而没有阴影呢？

林肯对种族问题的看法也与今天赞扬他废奴的人们所想象的不同。在1858年的竞选辩论中他声称："我不想让白人和黑人在政治和社会地位上平等。这两个种族是有实质区别的。我认为，这使得他们永远不可能平等地在一起生活。"他还认为:"黑人不宜成为选举者、陪审员,也没有资格担任公职或与白人通婚。"

林肯维护了美国的统一,但许多美国人对他可能代表的国家主义心怀警惕。林肯深深了解霍布斯所说的雅种怪兽国家("利维坦"),但需要时却又有意将它引入美国的制度。

林肯与左派和共产主义运动的关系。更增加了他在美国的争议。1864年林肯连任总统时,马克思给他寄来了贺信,请当时在伦敦的美国大使查尔斯·亚当斯转呈。信中说:"欧洲工人们本能地觉得,星条旗担负着工人阶级的命运。"所以1930年西班牙内战时期,到西班牙参战的美国左派组成了"林肯营",还举行了"林肯——列宁"游行。

林肯于1809年2月12日与达尔文在同一天出生。威廉·赫登是林肯当律师时的合作人,他回忆说,林肯年轻时崇拜潘恩和伏尔泰,而且在许多人还没有听说过达尔文的名字时就阅读过他的著作了,"从此相信普世法则和进化论,再没有改变"。林肯从相信种族有天生差异到主张废奴的思想转变,是逐渐的变化,不是革命的飞跃。在林肯最不愿意谴责美国蓄奴制时,他已经知道,这个制度是"长不了的了"。

历史上的林肯不是一尊铸成石膏像的圣人,那个具体政策上有种种偏差的林肯和那个以远大眼光注视国家未来的林肯本是同一个人。

 智慧箴言

伟人的林肯自身也存在着我们不知道的缺点,甚至身体还不如我们健全。所以现在健康的你不要妄自菲薄,通过不断的学习和锻炼,找到自己的优点和长处。

 好词好句

自我描写的好词:自作自受 自讨苦吃 自惭形秽 情不自禁 离家出走
我的眼睛很大,很像元宵和珍珠。

龙王选婿

适用作文主题　自信，有德胜有貌。

一天夜里，艾子梦见一位男子，穿戴华丽威严，对艾子说："我是东海龙王，凡是龙生的儿女，都与各江海的龙结婚。但龙的脾性暴烈，若再与别的龙结婚，则很难和睦。我有个小女儿，我很疼爱她，她的性情又特别暴戾，若把她许配给龙，肯定不会和谐。我想找一个有耐性又容易控制的女婿，却找不到。您有智慧，所以我要请教，求您为我谋划此事。"

艾子答道："您虽说是龙，但也是水族，求婿，也应从水族中找。"龙王说："是这样。"艾子又说："若找鱼，可他们多贪饵，容易被人钓去，而且还没有手足；若找龟类，则状貌太丑陋；我看只有虾可以。"

龙王说："虾的身份太卑贱了吧？"

艾子说："虾有三德：一是无肚肠，没心没肺；二是割它也不流血；三是头上能容得肮脏的东西。有了这三德，正好做大王的女婿。"

龙王说："很好！"

智慧箴言

不要自卑自己的外貌，你所拥有的独一无二的特点和美正等着你去发现。

文学常识

折桂　比喻科举及第。温庭筠《春日将欲东归寄新及第苗绅先辈》："犹喜故人先折桂，自怜羁客尚飘蓬。"典出《晋书·郤诜传》："武帝于东堂会送，问诜曰：'卿自以为何如？'诜对曰：'臣举贤良对策，为天下第一，犹桂林之一枝，昆山之片玉。'"唐人权德舆《伏蒙十六叔寄示喜庆感怀三十韵因献之》："握兰中台并，折桂东堂春。"

失意的杰克

适用作文主题
自卑，怀疑自己。

杰克，是一个有理想的青年。他喜欢创作，立志当个大作家，像山姆一样。山姆，是杰克崇拜的大作家。杰克常常在杂志上看见山姆的名字。杰克发现：山姆非常高产；并且，创作风格多样化；再有，从作品涉及的内容看，其人的知识、见识极其广博。以山姆为偶像，杰克开始了文学创作。慢慢地，杰克也能发表作品了。杰克高兴地努力地写呀写，从趋势上看，他是进步的。然而，写了几年后，杰克沮丧地发现：自己要想赶上山姆，简直是白日做梦。山姆酷似一台创作机器，任意翻开一册新一期的杂志，几乎都可以看见山姆的名字。杰克心想，我就是每天不睡觉也写不出来这么多的作品。另外，山姆那多样化的创作风格，可以吸引有着不同欣赏癖好的读者，而自己，仅有一种创作风格。最可怕的是，山姆犹如一个无所不知无所不晓的"万事通"，而自己，相比之下，显得懂得太少了。杰克开始怀疑自己了，怀疑自己的才气，怀疑自己的学识，怀疑自己是不是文学创作这块料，怀疑自己能否在这条路上有大发展……

在种种怀疑中，杰克信心尽失，慢慢地，他远离了创作。他死心塌地做了一名运输垃圾的司机。在奔向垃圾处理场的路上，杰克老了。

这一天，老杰克到一家杂志社去运垃圾，那其实是一些滞销旧杂志。老杰克随手拾起了一册翻了翻，又看见了山姆的名字。忽然，老杰克想跟杂志社的人打听打听山姆。事实上，除了山姆的名字和他的作品，老杰克对山姆本人是一无所知的。杂志社的人笑着告诉老杰克：山姆这个人根本不存在。我们杂志社把作者姓名不详的文章，一概署名为山姆。其他的杂志社也有这个习惯。所以，山姆的名字常常出现在杂志上。

 智慧箴言

如果杰克多点自信，相信自己的才能，有着坚强的意志，也不会放弃自己理想，被想象中的山姆击倒自己的信心。

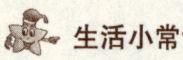 **生活小常识**

开花最晚的植物

开花最晚的树要算生长在玻利维亚的拉蒙弟凤梨。这种植物要生长一百五十年后才开出圆锥形的花序，它的一生也只开一次花，花后就死亡。

自杀的兔子

适用作文主题

智慧，调节自己，抵抗沮丧。

一只名叫弗特的兔子最近运气十分不好，和它一起生活了一年的同伴离开了它和别的兔子在一起了；它经常去就餐的菜园被主人竖起了栅栏；一只狐狸咬掉了它的一只耳朵，要不是它跑得快，它就很可能成为狐狸的美餐了。弗特陷入了绝望之中，留给它的只有一件事了，便是让这所有的悲伤、饥饿、痛苦有个结束。而这只有一个办法，那就是自杀。可是，弗特又有了一个问题：该怎样自杀呢？

弗特开始了思考，它想到人类有那么多自杀方式，为什么兔子就没有一个。而实际上，它为什么就没有听说有过一只兔子或别的动物自杀过。看来，好像只有人类知道怎么自杀。它意识到在动物王国里根本没有自杀的先例可以给它参考，忽然它想到何不给它的同胞创造出一个自杀的样例呢。

于是，每天弗特都在思考着怎样可以自杀。一天，它想到了一个很简单的方法，那就是憋气，它想如果没有空气那不就会死了吗。可是，它试了许多次，每一次到最后它都会忍不住张开嘴巴。最后，弗特得出了一个结论：憋气是不能自杀的。当弗特将这个结论告诉给其他兔子后，这个结论很快传开了，并受到饱学多识的山羊爷爷的极力推崇，不久，弗特被众兔子尊称为科学家。

接着，弗特又想到了一个方法，它想既然很多果子有毒，那一下子吃很多不就可以毒死自己了吗？于是，弗特去森林里采了一大堆果子，然后用石头砸碎混合在一起,弗特一口气吃了很多,不知不觉便睡着了。等它醒来后,它发现自己没死,反而感觉身体更好了。由此,它认为那些果子有强身健体的功效。弗特将这个想法告诉了它的同胞们,很快,弗特的结论得到了证实,那些果子混合起来不但能强身健体还能治愈多种疾病。弗特又成为了同胞们眼中的发明家。

后来,弗特还想到了一种比较新颖的方法。它想如果自己闭上眼睛一直往前走,一定会遇到很多危险,那样它就可以自杀成功了。于是,弗特闭上了眼睛离开家开始往前走,它走啊走,不知道过了多久,好几次它想睁开双眼都忍住了,终于它实在无法忍受饥渴了,当它睁开双眼,令它惊讶的是眼前是一片绿油油的草地,它欣喜地跳了起来,在这里居住再合适不过了。弗特记住了路线,当它回到原来的居住地时,它赶紧告诉了其他的兔子,同胞们到达那片草地后也都欢悦不已,不停地称赞弗特为伟大的探索家。

弗特受到了众多兔子的羡慕与尊敬,它们坚决要给弗特颁奖,感谢它为同胞们所做的贡献。在颁奖典礼上,年老的兔子哈克问弗特:"你是怎么做出这么多成就的?"弗特害羞地低下了头,它轻声地说道:"因为我想自杀。"声音很小,但是哈克还是听见了,这让它很是意外,但是饱有经验的哈克没有继续问下去,它不能破坏弗特在兔子们心中的地位。典礼结束后,哈克来到弗特面前,当它了解了弗特的先前遭遇后深感同情,最后它问弗特:"你还想自杀么?"弗特摇了摇头:"我没有理由自杀了,我已经有了新的伴侣妮亚,还有我没想到根本没有兔子介意我只有一只耳朵,现在我也不用担心没有食物了。以后我要努力成为真正的科学家、发明家、探索家。"

哈克微笑着点了点头:"你很幸运啊,能从自杀中得到不小的收获。自杀是愚蠢的行为,可幸运的是你在自杀中运用了一种足以抵御一切的东西。"弗特望着哈克,显得不解:"是什么?"

"智慧。"哈克笑着说道。

 智慧箴言

智慧是最宝贵的东西,有了智慧我们才能真正的知道应该怎样的对待这个世界,以怎样的方式去了解自己,找到自己的存在感,找回自信。

笑话碰碰车

格雷先生到澳门旅游，住在一个小客店里。客店主人很吝啬，每天给的饭食很少。一天，他坐下来吃晚饭，见放在桌上的盘子很湿，便冲着店主说："这盘子是湿的，请给我换一个。"

店主说："这是给你的汤，先生。"

人生的电阻

适用作文主题
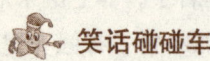

麦克是一个老工人，在煤矿厂做夜晚值班的工作，一个手电筒总是伴随着他。

老麦克的生活非常节俭，不管在什么方面都是一样的。一次，老麦克买了一对新的手电电池，也许是出于节俭的习惯吧，他不舍得把原先旧的电池丢掉，便只用了一节新的电池盒一节旧的电池组合在一起使用。他想："这样，就可以省电了，旧电池也还能用，丢了，多可惜呀！"

可是，一晚上下来，老麦克发现，手电的光线已经变得微弱昏黄了。老麦克感到十分不解，难道这电池是伪劣产品吗？没有办法，老麦克只得又换了另外一节。

可是，过了几天，电池是完全没电了。老麦克非常愤怒，之前的电池可是用了好久的呀！老麦克现在非常确定，这就是一对假电池！于是，老麦克非常愤怒地把电池丢到了垃圾桶里。

老麦克的儿子从学校回来以后，听了老麦克的叙述，笑着告诉父亲："爸爸，这不是电池的问题呀！旧的电池和新的电池一起用，旧的电池就像一个电阻，不只不能节约电量，反而会让新的电池耗费更多的电量呀！"当然，老麦克不明白，什么叫做电阻。但是，他总算明白了儿子的话，因为舍不得丢弃旧的，反而浪费了新的。

是呀，人生似乎也这样呢！因为舍不得放弃一些东西，最后，反而失去

了更美好的呀!

 智慧箴言

我们内心的自卑和怯懦也是一个个电阻,阻止了我们发光发热。扼杀了我们心中梦想的胚芽。丢弃懦弱,勇敢的做自己,做你所想做的,说你想说的话。

 学习金手指

学好语文要多读、多问、多想:学语文,多读书。读课文,如流水,精彩处,记脑中。课外书,广泛读,勤摘记,是关键。阅读时,多提问,审题目,须质疑。为何写,怎样写,在书中,事先把不会的字词做一下整理,然后熟读课文,如果还想提高的话,可以看一下课后练习细求解。处处问,时时问,问中学,学中问。

不是费城南部的傻帽儿

适用作文主题
战胜自卑,相信自己。

第二章 自卑就像一颗蛀牙

文斯落魄而归,推开家门,没看到妻子,地板上却多了一张纸条。他捡起来看了看,然后把纸条揉成一团,狠狠地扔进了垃圾桶,随即瘫在地上,像一块拧干的抹布。妻子已对他彻底绝望,竟然不告而别!雪上加霜,事业家庭的双重打击,让他几近崩溃。

那天,文斯正在酒吧上班,一则电视新闻顿时吸引了他的目光,与橄榄球有关:费城老鹰队的新教练沃梅尔走马上任,宣布面向社会招募新球员,鼓励费城的球迷积极参加选拔。

文斯从小酷爱橄榄球运动,也是费城老鹰队的铁杆球迷。然而,那时的老鹰队却和文斯的命运一样,霉运不断,接连 11 个赛季不胜,一败涂地。沃梅尔教练为了鼓舞士气,给球队带来一点新鲜的刺激,于是破天荒想出了这个主意。酒吧里,从老板到所有职员,都是狂热的橄榄球迷。业余时间,他们经常在停车场组织比赛,文斯是酒吧的头号"球星",大家都鼓动文斯去参加选拔。可他想也没多想,就连连摇头,经历了一连串的打击后,他对自己已彻底失去了信心。

下班回家，文斯打开电视，那条新闻正在重播，仿佛又在嘲笑他懦弱无能。他忽然想起了什么，赶紧找出垃圾桶，一阵狂翻，终于找到了妻子留下的那张纸条。他如获至宝，顿时勇气倍增。

七天后，文斯参加了选拔赛。他在高中时曾参加过一年训练，爆发速度惊人，在上千名参赛者中，文斯成了唯一的幸运儿，被留在老鹰队试训。

其实谁都明白，这次选拔赛与其说是选球员，不如说是集体娱乐，这种方式怎么可能选出真正的职业球员？美式橄榄球，被称为世界上最男人的运动，球员从头到脚都要用护具层层包裹，其对抗激烈程度可想而知。而文斯30岁的年龄，显然成了致命弱点，几乎没有人看好这个兼职球员，有的媒体甚至把他称为"费城南部的傻帽儿"。

文斯从未有过职业比赛经验，刚开始参加训练时，洋相百出。队友们也瞧不起他，时常挖苦讽刺他："老家伙，早点回家吧，别做美梦了，这不是你该来的地方。"文斯受尽了白眼和捉弄，独自顶着巨大压力，但他从未放弃，依然拼命训练。

妻子留下的那张纸条，就是他全部的支撑力量。他把纸条带进了更衣室，压在自己的球衣底下。每天训练之前，他总是先把纸条拿出来，认真看一遍，然后换上球衣，飞奔上场。集训结束后，文斯以优异的表现再次征服了沃梅尔教练，出人意料地进入了参赛名单。

不久，老鹰队首次主场作战，对阵纽约巨人队。看台上人山人海，战斗即将打响，文斯平静地走进更衣室，又从球衣底下拿出那张纸条，凝视片刻，忽然把它撕得粉碎，然后从容应战。文斯爆发了，在最后一分钟力挽狂澜，帮助老鹰队夺取了一场久违的胜利。赛场沸腾了，从那一刻起，这个"傻帽儿"成了费城的英雄。

文斯在老鹰队共效力三个赛季，并成为球队灵魂人物，在他的精神感召下，老鹰队上下团结一心，士气空前高涨，最终杀入了"超级杯"决赛。文斯以30岁"高龄"，书写了橄榄球史上的一个传奇，同时也为全美国树立了一面旗帜。当时，美国社会正处在"水门"丑闻余波之中，加上越战伤痛和能源危机，一度使人们感到消沉迷茫。而文斯以自身经历告诉人们：相信自己，一切都不算晚！

多年以后，当人们旧事重提时，文斯说："我应该感谢那张纸条。"

纸条上写着:"你是个窝囊废,永远一事无成!"

智慧箴言

遭遇挫败的人生,逃避不一定躲得过,面对不一定最难受,当我们奋起与之抗争,把他人的轻视与嘲弄踩在脚下,更坚定的一路走下去,终将成功。

好词好句

自我描写的好词:人小鬼大 飞扬跋扈 娇小可爱 心地善良 少年老成

我的眉毛弯弯的,眼睛一大一小,只要我的眼珠骨碌碌地一转,就知道有一个诡计在我的脑子里冒出了。

罗斯福的故事

适用作文主题
战胜自卑,家庭教育,父爱

一个小男孩几乎认为自己是世界上最不幸的孩子,因为患脊髓灰质炎而留下了瘸腿和参差不齐且突出的牙齿。他很少与同学们游戏或玩耍,老师叫他回答问题时,他也总是低着头一言不发。

在一个平常的春天,小男孩的父亲从邻居家讨了一些树苗,他想把它们栽在房前。他叫他的孩子们每人栽一棵。父亲对孩子们说,谁栽的树苗长得最好,就给谁买一件最喜欢的礼物。小男孩也想得到父亲的礼物。

但看到兄妹们蹦蹦跳跳提水浇树的身影,不知怎么地,萌生出一种阴冷的想法:希望自己栽的那棵树早点死去。因此浇过一两次水后,再也没去搭理它。

几天后,小男孩再去看他种的那棵树时,惊奇地发现它不仅没有枯萎,而且还长出了几片新叶子,与兄妹们种的树相比,显得更嫩绿、更有生气。

父亲兑现了他的诺言,为小男孩买了一件他最喜欢的礼物,并对他说,从他栽的树来看,他长大后一定能成为一名出色的植物学家。

从那以后,小男孩慢慢变得乐观向上起来。

一天晚上,小男孩躺在床上睡不着,看着窗外那明亮皎洁的月光,忽然想起生物老师曾说过的话:植物一般都在晚上生长,何不去看看自己种的那颗小树。当他轻手轻脚来到院子里时,却看见父亲用勺子在向自己栽种的那棵树下泼洒着什么。

顿时,一切他都明白了,原来父亲一直在偷偷地为自己栽种的那颗小树施肥!他返回房间,任凭泪水肆意地奔流……

几十年过去了,那瘸腿的小男孩虽然没有成为一名植物学家,但他却成为了美国总统,他的名字叫富兰克林·罗斯福。

爱是生命中最好的养料,哪怕只是一勺清水,也能使生命之树茁壮成长。也许那树是那样的平凡、不起眼;也许那树是如此的瘦小,甚至还有些枯萎,但只要有这养料的浇灌,它就能长得枝繁叶茂,甚至长成参天大树。

智慧箴言

自卑的心就如一颗弱小的树,但只要你耐心,勇敢的去培植去呵护,在家人和朋友的关爱下,一点点的进步,最后一定会长成参天大树的。

文学常识

碧血(化碧) 借指为正义事业所流的血。顾炎武《赠朱监纪四辅》:"愁看京口三军溃,痛说扬州七日围。碧血未消今战垒,白头相见旧征衣。"语出《庄子·外物》:"人主莫不欲其臣之忠,而忠未必信,故伍员流于江,苌弘死于蜀,藏其血三年而化为碧玉。"苌弘是周朝的贤臣,无辜获罪而被流放蜀地。他在蜀地自杀后,当地人用玉匣把他的血藏起来,三年后血变成了碧玉。后来也用"碧血"、"苌弘化碧"比喻蒙冤而死或忠心不泯。《窦娥冤》:"不是我窦娥罚下这等无头愿,委实的冤情不浅……这就是咱苌弘化碧,望帝啼鹃。"朱敦儒《木兰花慢》:"化碧海西头,剑履问谁收。"

人可贫心不可贫

适用作文主题
自强，相信自己，奋起。

最近看到一本杂志，以封面故事报导美国一位金牌推销员，这位被列入金氏纪录的汽车推销员，今年已七十七岁。在五十岁那年，他认为已赚足一生所需，毅然从职场退下，但他退而不休，著书立说，到处演讲，推销自己，过着叫好叫座的人生。你可千万不要认为，这位与富豪为邻、住在豪宅的汽车推销员，生平一帆风顺。他三十五岁前换过四十个工作，出身卑微，一生坎坷，他生在黑手党的发源地西西里岛，没有受过太多教育，做过擦鞋童，卖过报纸，还偷过东西，坐过牢，更不幸是，他从小处在家庭暴力，被父亲打得信心尽失，说话口吃。

以他这样条件，很难想像曾创下一年销售一千三百多辆汽车的纪录，短短十五年就名利双收。他能化自己的缺点为利器，他说自小穷怕了，一心就要钱，担任推销员就摆明"爱钱"决心，才会全力冲刺，他也敢秀自己，抓到机会就自我表现，由于口吃不善言语，他和一般推销员见到客户就滔滔不绝、强力推销的作风不一样，倾听客户的需要和意见，甚至当"垃圾桶"，让客户抱怨和发泄不满。这位推销员也发挥锲而不舍的缠功，只要认识的客户，无论是否完成交易，他每个月都寄卡片问候。

他也广布眼线，吃饭、理发都要请理发师、服务生代送他的名片给顾客，他也广结善缘，小费给得慷慨，人人愿担任他生意的"猎鹰"，到处为他抓住客户。他更勇于推销自己，到处撒名片，扩展人脉，就这样一点一滴，造就了一位超级推销员。

有许多人一旦出身卑微、贫困就认命，好像见不到阳光，认为一辈子只能在低下阴暗的环境讨生活，连奋斗的意志力，向上的积极心都丧失，其实人可贫，心不可贫，人的心无限宽广也有无限可能，哀莫大于心死，只要心不死，光明离我们不会远，这位推销员就是最佳见证。记住，人可贫，心不可贫，人贫可以再赚，心贫则一无所有，失去斗志，失去企图心，失去勇气，一无所成。

第二章　自卑就像一颗蛀牙

智慧箴言

在卑微中不自弃，在逆境中不放弃；给自己一个梦想，坚定达成梦想的决心，培养追求美好生活的野心，这样我们都会成功的。

生活小常识

蕨类植物之王——桫椤

在绿色植物王国里，蕨类植物是高等植物中较为低级的一个类群。在远古的地质时期，蕨类植物大都为高大的树木，后来由于大陆的变迁，多数被深埋地下变为煤炭。现今生存在地球上的大部分是较矮小的草本植物，只有极少数一些木本种类幸免于难，生活至今，桫椤便是其中的一种。

记住被删掉的镜头

适用作文主题
重视自己，尊重他人。

好莱坞著名影星金凯瑞主演的影片《一个头，两个大》，看后令人无限感慨，在感叹影片构思新奇、不落俗套的同时，更为片尾的一个细节所感动。

在电影已经结束时，荧屏上突然跃出一段话：下面播出的是影片播出中被删掉的镜头，在向这些演员致歉的同时，请观众记住他们的名字，记住他们为影片所作出的贡献。然后郑重其事地把这些被删掉的镜头以图片的形式一一播放，并特意用加粗的箭头指向这些无名演员，并标注上他们的名字。这些演员，其实多数是群众演员，他们中有天真可爱的小孩儿、鹤发童颜的老人、威武健壮的警察、风情万种的街头美女……令人难以置信，向来以追求情节紧凑、力求最大商业利益的好莱坞制片方竟然愿意为这些无名小卒留出长达五分钟的播出时间，专门介绍这些一闪而过最后被删掉的小人物。

那一刻，无法不让人感动，因为它击中了我们心中以为僵硬其实仍然柔

软的部分。平时大家把太多的精力都用在了追逐名人和热点问题上,其实谁都明白,生活在底层和角落里的人更值得我们去关注。因为相对于明星焦点人物而言,大多数人都是小人物,包括我们自己。是的,没有人应该被忽视,即使他们是生活中的小角色。

智慧箴言

"因为相对于明星焦点人物而言,大多数人都是小人物,包括我们自己。是的,没有人应该被忽视,即使他们是生活中的小角色。"所以要自信,告诉自己我也可以很自信,我在别人眼里也是很厉害的!

笑话碰碰车

美国一位文艺评论家曾说,学员生涯可用观众三句话来概括:

"他是谁?"

"就是他!"

"天哪!他还活着!"

还能干什么?

适用作文主题
做自己,尊重自己的才能。

第二章 自卑就像一颗蛀牙

一个谈笑风生的场合,有人话赶话地调侃托尔斯泰:你除了会写小说还能干什么?

当时在场的人都觉得这句玩笑话说得过分了,而且也不是事实。年近花甲的托尔斯泰并没有对朋友的嘲讽还嘴,不吭一声地回到家里,就忙起来了。他的"车间"紧挨着他的书房,当中一张大木台子上摆放着榔头、钳子、钢锯、锉刀等工具,墙上挂着干活儿时围的围裙……他为回应朋友的调侃,亲手制作了一双漂亮而结实的高 牛皮靴,郑重地送给了大女婿苏霍京。

苏霍京哪舍得将老岳丈这么珍贵的礼物穿在脚上,便将皮靴摆上了书架。当时《托尔斯泰文集》已经出版了12卷,他给这双皮靴贴上标签:"第13卷"。

此举在文化圈里立刻传为佳话。托翁知道后哈哈大笑,并说:"那是我自己最喜欢的一卷。"

托翁乘兴又做了一双半高靿牛皮靴,送给了好友——诗人费特。费特灵机一动,当即付给托尔斯泰6卢布,并开了一张收据:"《战争与和平》的作者列夫·尼古拉耶维奇·托尔斯泰伯爵,按鄙人订货,制成皮靴一双,厚底,矮跟,圆靿。今年1月8日他将此靴送来我家,为此收到鄙人付费6卢布。从翌日起鄙人即开始穿用,足以说明此靴手工之佳。空口无凭,立字为证。1885年1月15日。"后面还有费特的亲笔签名,并加盖了印章。

手艺是精神的标记,行为体现了一个人的思想面貌。现代年轻人厌恶体力劳动,拒绝学习和掌握一门手艺,不管喜欢不喜欢读书,读得好和读不好书的人,都一窝蜂地往上大学一条道上挤,正应了契诃夫的话:"大学培养各种才能,包括愚蠢在内。"

而托尔斯泰,被誉为"全人类的骄傲"。他的全集出版了90卷,是"每一个作家必读的百科全书"、"文学艺术中的世界性学校",其精神之丰富、深邃和博大,为世人所叹服。况且又货真价实地出身贵族,可以顺理成章地当个令现代人无比羡慕的"精神贵族"。而最让托翁深恶痛绝的也正是这种贵族意识。

列宁称"在这位伯爵以前的文学里,就没有一个真正的农民"。他比国家废除农奴制早4年就解放了自己庄园里的农奴,还一直想把属于自己的土地转赠给农民,让自己的作品自由地无报酬地任由想出版它们的人去出版,为此不惜跟家人一次次闹僵。到82岁时还离家出走,想去当个农民,过一种自食其力的生活,在普通的劳动者中间度过残年。

他到临死都信奉:"劳动,只有在劳动中才包含着真正的幸福。"

有一次托翁路过码头,被一位贵夫人当做搬运工,叫过去扛箱子。他为贵夫人搬运完箱子还得到了5戈比的奖赏。这时码头上有人认出了托尔斯泰。他的大胡子和身上那件自己设计的"托尔斯泰衫",太好辨认了。于是许多人围过来向他问好,那位贵夫人见状无地自容,还想要回那让她含羞的5戈比,却被托尔斯泰拒绝了:"这是我的劳动所得,我很看重这个钱,不在乎有多少。"

伟大的精神导致伟大的劳动,强有力的劳动培养强有力的精神,正如钻石研磨钻石。本是伟大作家的托尔斯泰,却用自己的一生证实:体力劳动是高贵而有益的。轻视体力劳动和手艺,只说明精神贫弱,思想空虚。

智慧箴言

伟大的托尔斯泰也有被人怀疑的时候,伟大的作家也有被人误解的时候,平凡的我们在遭遇这些时,是否也能做到像托尔斯泰那样,不去费唇舌辩解,而是证明自己呢?

好词好句

描写爸爸妈妈的好词:严父 慈母 严格 严厉 管束 约束 母亲 温柔 美丽

人们赞叹大都市的美丽繁华,身为建筑工人的爸爸,正是那大都市美丽形象的塑造者。

兼职的市长

适用作文主题
去掉虚荣做自己,自信。

鲍威斯是丹麦里伯郡沃南市的市长。按照郡议会制定的有关政策,市长是没有工资的,每月只享有1000欧元的津贴。但是受金融危机影响,从2008年9月份起,郡议会临时作出决定,暂时取消了鲍威斯的市长津贴。鲍威斯的太太没有工作,还经常生病,两个孩子正在读书,面对每天必需的家庭开支,鲍威斯犯了难,不得不外出兼职,在市邮政署当了一名周末邮递员。每到周末,他很早就骑着自行车出发了。自行车的后座两旁驮着两袋鼓鼓囊囊的报刊,前面的车兜里放着几沓信件,肩上还要背着放有重要信函的邮包,一路按图索骥,挨家挨户投递。尽管他是市长,但是一旦出现投递差错,居民会毫不买账地进行投诉,邮政署也会毫不留情地扣除他的薪水。鲍威斯曾经有过两次被扣薪水的教训。

市长兼职当邮差,这让许多人难以置信。其实,在国外,许多市长都会兼职。德国杜赛尔多夫市市长艾尔,曾经是一名掏烟囱工,由于市长的职务补贴少,每到周末,他不得不重操旧业,以掏烟囱赚钱贴补家用。因为技术过硬,

第二章 自卑就像一颗蛀牙

他外出掏烟囱的日程总是排得满满的。在德国，像艾尔一样外出兼职的市长很多，工种包括业余教师、修理工、水厂工人、箍桶匠等等，五花八门。

在成都索菲特酒店的厨房里，曾经有一位特殊的厨师，他叫安德烈，是法国埃斯普莱特市的市长。按照规定，法国市长每年有5周的休假，他曾经利用年休假的机会，来到成都"打工"当起"大厨"。在法国，如果一个城市的人口少于5000人，市长是没有薪水的，政府给的补贴就是和法国其他城市交流时所需的伙食费和车费，所以安德烈迫于生计，不得不外出兼职。

澳大利亚基尔市的市长助理哈特，每三天就要驱车赶赴100多公里外的一个小镇，除了调查和汇总最新民意外，还要为小镇上的一个公共厕所打扫卫生，从而获得一定的劳务报酬。每次忙完公务后，他就脱下夹克衫和皮鞋，换上白长褂和套靴，从帆布包里拿出工具和清洁剂，驾轻就熟地清洗便池和便器。干完活之后，他还要反复检查，唯恐哪里做得不好，如果遭到居民的投诉，这份工作很有可能被别人取而代之。

在许多人看来，市长就意味着权力和地位，可以说是风光无限。但是在许多西方国家，当市长是没有工资的，补贴也很微薄，他们之所以选择当市长，完全是出于政治理想。而做市长的同时也做着一些平凡的职业。人的生活要按照自己的样子来。

智慧箴言

去掉自卑，自卑是由虚荣引起的。勇敢的抬起头做自己想做的事。

文学常识

庄周梦蝶　《庄子·齐物论》："昔者庄周梦为胡（蝴）蝶，栩栩然胡（蝴）蝶也。自喻适志与，不知周也。俄然觉，则蘧蘧然周也。不知周之梦为胡（蝴）蝶与？胡（蝴）蝶之梦为周与？周与胡（蝴）蝶，则必有分矣。此之谓物化。"庄子以此说明物我为一，万物齐等的思想。后来文人用来借指迷惑的梦幻和变化无常的事物。如陆游《冬夜》诗云："一杯罂粟蛮奴供，庄周蝴蝶两俱空。"

政坛上的袖珍名人

适用作文主题
自信，不因外貌自卑。

不知道是否应了"浓缩即是精华"这句话，各国政坛历来都不缺乏矮个的领导人。

世界上有记录以来的最矮国家领导人，是墨西哥前总统贝尼托·胡阿雷斯。他只有1.35米，在1858年至1872年间曾5次出任墨西哥总统。这位矮个子总统算得上是"铁血英雄"，他参与推翻墨西哥独裁者安东尼奥的起义，制定法律废除教师与军官特权。他出任总统后，击退教皇势力对墨西哥的控制，改善印第安人生活，打败英法西三国联军的武装干涉，是墨西哥人至今仍然念念不忘的民族英雄。

排名第二的应该是恩格尔贝特·多尔富斯，他在1932年至1934年间担任奥地利总理，身高只有1.48米。他没有什么举世传扬的功绩，在史书上留名的是他的死。1934年纳粹分子在维也纳发动政变，企图配合希特勒吞并奥地利，一小撮武装纳粹党徒冲进总理府，多尔富斯身中两弹，无人救护，最后流血而死。

排第三名的是以色列第一任总理戴维·本·古里安，他只有1.50米，却是以色列任职时间最长的总理。他凭借敏锐的直觉和务实的精神，领导创建以色列国，是现代以色列当之无愧的国父。1973年，本·古里安以87岁高龄辞别人世。根据他的遗嘱，葬礼没有高歌的颂词，只有无声的默哀。他的去世被以色列看做是一个时代的终结。

在1.50米到1.60米区段，出了不少大名鼎鼎的人物，比如巴勒斯坦领导人阿拉法特，身高只有1.55米。他从19岁开始投身于抗击以色列的斗争，到75岁高龄去世，一生多次险遭暗杀。他的名言是："我带着橄榄枝和自由战士的枪来到这里。请不要让橄榄枝从我手中落下。"据传，他富可敌国，但他死后，遗孀和女儿每月只能从巴勒斯坦政府领取1万美金的生活费。

朝鲜领导人金正日也只有1.55米。他的父亲金日成却是公认的美男子，"相貌英俊，高大魁伟"。金正日并不伟岸，他的长子金正男身高1.68米，给自己取了个中文名字"胖熊"，从中大概可以了解其体型。

拿破仑，身高1.56米，真是难以想象，这么矮的他怎么赢得了法国美人约瑟芬的下嫁？二人缔结良缘的时候，拿破仑被人称为"穷得只有剑和披风"，远没有后来的赫赫权势，所以只能佩服约瑟芬慧眼识英雄。近年来，一些历史学家认为，他的身高不是通常认为的1.56米，而是1.65米。

苏共中央总书记赫鲁晓夫，身高1.58米，脾气火暴，在联合国会议上脱下皮鞋敲打桌子抗议的一幕，是此人一生中的经典镜头。他结束了苏联国内的大规模政治镇压，释放了绝大多数关押在古拉格的政治犯。在他执政的年代，政治气候空前宽松，索尔仁尼琴等作家得以公开出版作品。

埃塞俄比亚皇帝海尔·塞拉西一世，身高1.60米，出身贵族家庭，接受法国式教育。他在乱世中力挽狂澜，打败了意大利的入侵。他希望领导埃塞俄比亚走上现代化的道路，但是遇到了重重障碍。他无力在保住王位的同时又领导变革，终于被埃塞俄比亚革命的洪流冲垮，被废除帝位。

意大利法西斯头子墨索里尼，身高1.60米。有趣的是，他的父亲亚历山德罗却是一个读过社会主义书籍的铁匠。墨索里尼虽然有着强硬的外表和残忍的名声，但实际上却是一个怯弱犹豫的人。

与墨索里尼同等高度的是英国首相丘吉尔，他年轻的时候作为战地记者去南非采访，曾经被追捕，追捕令上如是写道："逃犯丘吉尔，英国人，25岁，身高约1.60米，一般体型，走路时身体向前佝偻，知情举报者，可得赏金25英镑。"据说，这段关于他体型的描写以及偏低的奖金都让丘吉尔大为不满。

俄罗斯新当选总统梅德韦杰夫，可能是目前世界上个子最矮的男性国家领导人，他的身高只有1.62米。好在普京身高也只有1.70米。比梅德韦杰夫稍微高一点的是伟大的苏联领袖列宁同志，身高1.64米，但这毫不影响他顺利地从1.74米的尼古拉二世手中夺取政权。列宁的周围全是"红色矮人"，他的继任者斯大林也只有1.62米。

希特勒的身高比列宁稍高一点，1.65米。他臀部宽大而双肩窄小，肌肉松弛且双腿短小，一副纺锤造型。他躯干宽大，但胸脯凹陷，有人嘲笑说"他的军服下填塞着棉花，遮掩这一缺陷"。

二战三大恶魔之一的东条英机也只有1.65米。他小时候虽然身材矮小，但却很能打架，被称为"东条打架王"。日本人向来身材都不高大，1.65米应该算是正常高度。在参拜靖国神社问题上一意孤行的前首相小泉纯一郎，身高也只有1.67米。

法国现任总统萨科齐身高仅1.68米,但他两任模特儿老婆都比他要高出10厘米,小萨对此似乎并不尴尬。倒是在访问俄罗斯期间,萨科齐穿上了一双显然为了让他与普京高度相等的高跟鞋,招来俄罗斯媒体的嘲笑。

智慧箴言

看了这么多形象与身材不成比例的名人,你是否有所收获呢?外在条件的缺陷不是我们不能做到优秀的借口。重拾自己的信心,丢掉自卑,灿烂的度过每一天。

生活小常识

桫椤又名树蕨,高可达8米。由于它是现今仅存的木本蕨类植物,极其珍贵,所以被国家列为一类重点保护植物。从外观上看,桫椤有些像椰子树,其树干为圆柱形,直立而挺拔,树顶上丛生着许多大而长的羽状复叶,向四方飘垂,如果把它的叶片反转过来,背面可以看到许多星星点点的孢子囊群。孢子囊中长着许多孢子。桫椤是没有花的,当然也就不结果实,没有种子,它就是靠这些孢子来繁衍后代的。

鼠与书

适用作文主题
做重要的事,扔掉负面情绪。

当我被拘禁在艾拉斯博士医院的时候,我开始产生了惊恐危机。一天,我决定就我自己的情况去看心理医生。

"医生,我被恐惧压倒了,恐惧夺走了我的生活乐趣。"

医生说,"在我办公室里,有一只老鼠,总是在咬我的书。如果我不顾一切地要抓住这只老鼠,那么它就会躲着我,而我一生就只能是去搜寻和捕抓它,其他任何事都做不了。因此,我将那些最重要的书放到一个安全的地方,让老鼠去啃那些不那么重要的书。这样,它仍然是一只老鼠,不会变成一个恶魔。

一个人应该对某些事情感到害怕，并将自己所有的恐惧都集中到这些感到害怕的事情上面，这样，你就可以有勇气去做其他事情了。"

智慧箴言

我们集中自己的意志和信念，去做眼下最紧要的事，不被琐事和无谓的事占用我们的思想，尤其是自卑的情绪。

笑话碰碰车

一位音乐家与一位非常有名、但却非常可怕的批评家在公园里散步。

这时，有群小鸟在枝头婉转歌唱，批评家指着小鸟说："它们才是这世上最有才能的音乐家。"

不一会，一只乌鸦叫着飞来。音乐家指着乌鸦说："它们是最优秀的批评家！"

低处的温暖

适用作文主题
幸福的法则。

2009年8月31日，是英国前王妃戴安娜12周年忌日。马格丽丝是一位普通的英国女子，她决定和丈夫、儿子一起驱车赶往戴安娜的墓地祭奠。

1978年，17岁的戴安娜中学毕业后做起了小保姆——为汉普郡的一个律师照看两岁的女儿。在那里，戴安娜遇见了在另一个家庭做保姆的马格丽丝，并且和她成了好朋友。

马格丽丝和戴安娜同岁，是一个贫民家庭的小女儿。只要是晴好的天气，两人都会带上各自照顾的孩子在街心花园碰面，她们有许多共同话题。

马格丽丝悄悄告诉戴安娜，她正在和一个酷爱开车的男孩恋爱。男孩儿家境一般，但是他会吹口哨，还会采好吃的野莓给她。马格丽丝幸福地说，等他们赚到举行婚礼的钱就结婚。

一年之后，戴安娜去一所幼儿园做生活老师，离开了马格丽丝。后来，

她遇到查尔斯王子，上演了灰姑娘的故事，成为所有女人艳羡的对象。

马格丽丝的生活并没有多大的改变，她和男友结了婚，在乡下安了家。她开了一间洗衣房，她的丈夫跑运输。一年后，他们的孩子出生，一家三口其乐融融。

闲暇时，马格丽丝也会回忆起和戴安娜相处的时光。但是，她只能在报纸、杂志和电视上看到风光无限的戴安娜出席宴会，接见外宾，观光度假。丈夫有时调侃她："跟我这个穷光蛋在一起，你不羡慕她吗？什么时候我们去拜访一下你的这位老友，让她给咱们弄个好一点儿的差事？"马格丽丝总是若有所思地摇头："没啥好羡慕的，你没看出她不快乐吗？"

1992年，戴安娜和查尔斯正式分居。1996年，双方解除婚约。马格丽丝经常伤感地问丈夫："要是戴安娜当初没有嫁入皇室，她现在会过怎样的生活呢？"丈夫不无调侃地说："当然是跟你一样，陪着一个糙男人，生一窝孩子，天天忙着洗衣做饭。"马格丽丝撇撇嘴："那也不错啊，总比她现在这样凄凉孤寂好得多。"这是她的真心话，每当电视上出现戴安娜强颜欢笑地出席各种宴会的镜头时，她不正和丈夫、儿子吃着晚饭，享受着人生最朴实的幸福吗？

马格丽丝没有想到，昔日的女伴会在1997年8月死于非命。惊闻噩耗，她失声痛哭。

智慧箴言

幸福与一个人所处的位置有关：有些人像流星，高居天宇，光耀尘世，可是他们只能瞬间划过，被别人观赏指点，没人懂得他们的凄凉和隐痛；有的人像普通的灯盏，蜗居于某个屋檐下，却能温暖和照亮整个房间，被人珍视。不要自卑自己的家境和外貌，因为你现在的生活可能正是别人羡慕的呢。

学习金手指

学习必须循序渐进。学习任何知识，必须注重基本训练，要一步一个脚印，由易到难，扎扎实实地练好基本功，切忌好高骛远，前面的内容没有学懂，就急着去学习后面的知识；基本的习题没有做好，就一味去钻偏题、难题。这是十分有害的。

天使的吻痕

适用作文主题
自信，战胜自卑。

大学时代，我认识了一个年轻人。他脸上有一块巨大而丑陋的胎记。紫红的胎记从他的左侧脸角一直延伸到嘴唇，好像有人在他脸上竖着划了一刀。英俊的脸由于胎记而变得狰狞吓人。但外表的缺陷掩盖不了这个年轻人的友善，幽默，积极向上的性格，凡是和他打过交道的人，都会不由自主地喜欢上他。他还经常参加演讲。刚开始，观众的表情总是惊讶，恐惧，但等到他讲完，人人都心悦诚服，场下掌声雷动。

每到这时，我都暗暗叹服他的勇气。那块胎记一定曾带给他深深的自卑，并不是每个人都能克服这样的心理障碍，在众人惊异的目光里言谈自如。

我们成为最好的朋友后，有一天，我想他提出了藏在心里的疑问："你是怎么应付那道胎记的呢？"我言下之意是：你是怎么克服那块胎记带给你的尴尬和自卑的？他的回答我一辈子也不会忘记。他说："应付？我向来以他为荣呢！很小的时候，我父亲就告诉我：'儿子，你出生前，我向上帝祷告，请他赐给我一个与众不同的孩子，于是上帝给了你特殊的才能，还让天使给你做了一个记号。你脸上的标记是天使吻过的痕迹，他这样做是为了让我在人群中一下子就能找到你。当看到你和别的婴儿一起睡在婴儿室时，我立刻知道，你是我的！'"

他接着说："小时候，父亲一有机会就给我将这个故事，所以我对自己的好运气深信不疑。我甚至会为那些脸上没有红色'吻痕'的孩子难过。我当时以为，陌生人的惊讶是出于羡慕。于是我更加积极努力，生怕浪费上帝给我的特殊才能。长大以后，我仍然觉得父亲当年没有骗我：每个人都从上帝那儿得到特殊的才能，而每个孩子对父母来说都是一种不同的。而正因为有了这块胎记，我才会不断奋斗，取得今天的成绩，它何尝不是天使的吻痕，幸运的标记呢？"

智慧箴言

我们不需要跟所有的人都一样,而是应该有一些属于自己的特点。无论这个特点如何与众不同,都要记住:不必为自己的特别而烦恼甚至自卑,因为说不定那也是天使给你做的一个特殊的记号哦!

好词好句

描写爸爸妈妈的好词:勤劳 诚实 深沉 暴躁 浑厚 粗大 威武 高大 厉害

爸爸一步上前。把他抱在怀里,在他的小脸蛋上吻了好几次;接着,又把他举过头顶,让他骑在脖子上。

丑 树

适用作文主题
认识自身的价值,自信。

第二章 自卑就像一颗蛀牙

老子和门徒经过一片森林,看见几百个木匠在那里伐木,准备造一座大宫殿。整个森林几乎都被砍光了,只有一棵树留在那里。门徒问木匠:"你们为什么不砍这棵树呢?"

木匠说:"这棵树完全没有用,因为它的每条树枝都有疙瘩,没有一条是直的。你不能用它做柱子,不能用它做家具,甚至不能用它做燃料,因为它的烟对眼睛有害。"

老子笑着说:"你们想生存在这个世界上,就要像这棵树一样完全没有用。如果你是直的,你就会被人砍掉,你就会变成别人家里的家具;如果你是美的,你就会被人拿到市场上去卖,你就会变成一个商品。要像这棵树一样,完全没有用。这样就没人能伤害你了。"

门徒很疑惑:"这样的话,我们不是就不能对社会做贡献了吗?"

老子说:"贡献难道是凭想象的吗?"

后来,这棵树越长越大,枝叶茂盛——可以让很多人坐下面乘凉。

智慧箴言

丑树虽然不能用来打造漂亮的家具，不能作为原料，但是它却可以在炎热的夏天给人们带来一片绿荫。所以，再丑的树也能为人们做出贡献，再平凡的人也有自己活着的价值。

文学常识

采薇　借指闲居生活。《史记·伯夷列传》记载："武王已平殷乱，天下宗周周，而伯夷、叔齐耻之，义不食周粟，陷于首阳山，采薇而食之。"说的是伯夷、叔齐隐居山野，义不侍周的故事。孟郊《感怀》（之五）："举才天道信，首阳谁采薇。去去荒泽远，落日当西归。"后来也表现坚守节操。文天祥《南安军》："山河千古在，城郭一时非。饥死真吾志，梦中行采薇。"

意大利歌王——安德烈·波切利

适用作文主题
平凡与伟大，克服自卑。

他，出生在意大利托塞卡尼亚郊外的一座农庄里。上帝赐予他一个美丽家园的同时，也赐予了他一双先天弱视的眼睛。尽管如此，12岁以前，他像无数天真无邪的孩子一样，无忧无虑地过着自己幸福的日子，学钢琴、吹长笛、弹吉他……富有音乐天赋的他，陶醉在淳朴的乡村风景里，像音符般跳跃着，快乐如风。

12岁那年，不幸不期而至。学校足球赛场上的一次小小的意外，使他那双久治不愈的眼睛最终失去了仅有的一点光明。他完全陷入了无边无际的黑暗之中。这对一个12岁的少年意味着什么？苦恼、无助、绝望，就像黑暗一样向他袭来。他闭门不出，沉默不语，甚至绝食，还想到过自杀。看着闷闷不乐、郁郁寡欢的他日渐消瘦，慈爱的母亲茫然无措，只能心痛地躲在一边偷偷地落泪。

最终还是父亲的一番话唤醒了迷失方向的他。父亲是个酿酒高手，他酿制的一种小产量的葡萄酒在当地很有名气。一天，父亲带着满身酒香走进他的小屋，拍着他的肩膀说："我的小男子汉，别伤心啊，光明远离了你，但太阳并没有离开你。你的亲人，你的朋友，你喜爱的音乐，不是都还在吗？所以，我的孩子，你以后要做的第一件事，就是从你的房子里面走出来，寻找自己心中的太阳。记住，心中有了太阳，生活就有光亮！"

他没有想到，一向寡言少语的父亲竟会说出如此令人回味无穷的话。父亲走后，他呆在房间里想了整整一个晚上。第二天一早，他的母亲惊讶地发现，儿子自己打开了紧闭的房门，一个人摸索着走出了家门。

从此，他在博洛尼亚盲人学校，靠"点字乐谱"重新学起了音乐。中学毕业后，他离开家乡，进入比萨大学法律系学习。尽管获得法学博士学位，并考取了执业律师，但酷爱歌唱的他始终没有放弃对音乐的追求。他觉得，在幽暗的岁月中，音乐是自己抒发情感、表达心灵、触摸世界的一种最好的方式。于是他放弃了已经起步的法律事业，毅然地选择了音乐艺术的道路⋯⋯

33岁那年，男高音歌唱家弗兰科·科莱利在都灵招募学生，他经过3次严格的考试和筛选，非常幸运地成为了这位世界著名音乐大师的入室弟子。学习之余，他靠在酒吧弹奏钢琴维持生计。在此期间，他遇到了他的第一次爱情。一个叫恩丽卡的17岁少女，被他"精湛的琴技、浪漫的歌声、茂盛的胡子和一头野性的头发"所迷醉，向他发出了爱的召唤。1992年6月27日，他和她结婚了。这段意外的爱情不但结束了他四处漂泊的游子生活，也给他的歌唱事业带来了意想不到的新突破，使他从一个酒吧钢琴师一跃成为一名国际巨星。

1992年春天，意大利摇滚天王祖恰罗要与歌王帕瓦罗蒂合作演唱《求主怜悯》，因为帕瓦罗蒂太忙，没有时间练唱，于是经过广泛的征集与挑选，祖恰罗选定他来录唱歌曲小样，供帕瓦罗蒂在乘车外出或闲暇休息时来熟悉歌曲。出人意料的是，帕瓦罗蒂在听了样带后，对祖恰罗说："老朋友，他是谁？谢谢你写了这么好的一首歌，请你不要再让我跟你一起演唱了，让他与你同唱吧，因为没有人能比他唱得更好。"

就这样，《求主怜悯》这首歌，让他获得了1993年圣雷莫音乐节最佳新人奖。从此，幸运女神开始频频眷顾他。1994年，他应邀在摩德纳与帕瓦罗蒂同台演出；1995年11月，他与艾尔·贾诺、布莱思·弗瑞等人参加了逍遥音乐会，在荷兰、比利时、德国、西班牙和法国巡演；1997年他推出专辑

《Romanza》，销量冲破 1200 万张；1999 年，他与席琳·迪翁合唱的《The Prayer》获斯卡金像奖最佳电影原声带歌曲提名；2000 年，他在出席悉尼运会的开幕式上，演唱了威尔第的歌剧《游吟诗人》中的咏叹调……

上帝关闭了他的双眼，却开启了他的声音。他无与伦比的自然、缥缈的声音，如丝绸般顺滑，犹如太阳的光辉一般光芒四射，温暖着无数人的心田，被人们称誉为"被上帝亲吻过的嗓音"。意大利当今最著名的声乐教授鲁道夫·切莱蒂毫不犹豫地夸赞他说："这是迄今为止我所听到的世界上最美妙的歌喉了。"他因此被当今音乐界称为继世界"三大男高音"之后的"第四大男高音"。

他，就是意大利歌王、盲人歌唱家安德烈·波切利。

2007 年 9 月 22 日，49 岁的波切利在故乡托塞卡尼亚为庆祝自己生日举办了一场小型音乐演唱会。演唱会开始之前，波切利端起酒杯，斟满他父亲酿制的葡萄酒，动情地对慕名而来的亲友和歌迷们说："我要感谢我的父亲！37 年前，当我告别光明时，他对我说：'孩子，光明远离了你，但太阳并没有离开你，只要心中有了太阳，生活就会有光亮！'今天我要说，在我心里，爱和音乐，就是我心中的太阳，就是我生活的世界，就是我生命的海洋……"

 智慧箴言

"光明远离了你，但是太阳没有远离你，只要心中有了太阳，生活就会有光亮！"这是一句多么睿智的话呀，生活中，我们也许会因为种种原因而看不见光明，但是不能因此否定太阳的存在，更不能因此放弃寻找太阳。

 生活小常识

分布最高的树木化石

我国考察队在喜马拉雅山北坡的希夏巴马峰地区，海拔 5900 米的石缝中，发现了高山栎的树叶化石，这是目前树木化石分布的最高记录。

这些化石是一百五十万年前的植物遗骸。现在生存的高山栎，还在喜马拉雅山南坡海拔 2700-2900 米处生长着。拿化石高山栎和现在活着的高山栎海拔高度相比，相差有 3000 米。

所有的花儿都是美丽的

适用作文主题
美丽，自信。

让杰西永远也忘不了的，是她上三年级时的一次午餐时间，学校排戏时，她被选来扮演剧中的公主。接连几周，母亲都煞费苦心的跟她一道练习台词。可是无论她在家里表达的多么自如，一站到舞台上，她头脑里的词句全都无影无踪了。

最后，老师只好叫杰西卡靠边站。她解释说，她为这出戏补写了一个道白者的角色，请她调换一个角色。虽然她的话挺亲切婉转，但还是深深地刺痛了杰西——尤其是看到自己的角色让给了另一个女孩的时候。

那天回家吃午饭时，杰西没把发生的事情告诉母亲。然而，母亲却察觉到了她的不安，没有再提议她们连台词，而是问她是否想到院子里走走。

那是一个明媚的春日，棚架上的蔷薇藤正泛出亮丽的新绿。杰西无意中瞥见母亲在一棵蒲公英前弯下腰。"我想我得把这些杂草统统拔掉。"她说着，用力将它连根拔起。"从现在起，咱们这庭院里就只有蔷薇了。"

"可我喜欢蒲公英"杰西抗议道，"所有的花儿都是美丽的，哪怕是蒲公英！"

母亲表情严肃的打量着她。"对呀，每一朵花儿都以自己的风姿给人愉悦，不是吗？"她若有所思地说。

杰西点点头，为自己战胜了母亲而高兴。

"对人来说也是如此。"母亲又补充道，"不可能人人都当公主，但那并不值得羞愧。"

杰西知道母亲猜到了自己的痛苦，她一边告诉母亲发生了什么事，一边失声哭泣起来。母亲听后释然一笑，"但是，你将成为一个出色的道白者。"母亲说，并提醒杰西小时是如何爱朗读故事给自己听的。"道白者的角色跟公主的角色一样重要。"

第二章 自卑就像一颗蛀牙

智慧箴言

是的,所有的花儿都是美丽的,所有的孩子都是优秀的,所以你也没有必要为自己的缺点感到自卑。

笑话碰碰车

"我发明了一种机器人,简直和人一模一样,"一位发明家对同事夸耀道。

"它从不出错吗?"同事问。

"不。但是当它犯了错误时,会把责任推到其他机器人的身上。"

忘记你的牙齿

适用作文主题

自卑,看到自己的优点。

莎莉是一个可爱的女孩,有着美丽的嗓音,但偏偏却有一口龅牙,每次唱歌的时候莎莉都很怕别人看到她的牙齿。

在一次学校的毕业晚会选节目的时候,莎莉在朋友们的鼓舞下终于鼓起勇气去参选了。可是上台以后,看到评委们在下面看着她,莎莉很担心自己的龅牙,只顾遮遮掩掩,却没能唱好歌。莎莉感到非常伤心,要知道,这是在学校的最后一次登台表演,她是下了多么大的决心呀!

莎莉刚下台,莎莉的老师走了过来看着莎莉,告诉她:"莎莉,听着,你能成功的,你是最棒的,但是你必须忘记你的牙齿,知道吗,忘记你的牙齿!"

在老师的争取下,莎莉有了又一次上台的机会,面对评委们,莎莉默默地告诉自己:"好好唱歌,忘记牙齿,忘记牙齿……"

莎莉的歌唱赢得了评委的掌声,然而没有一个人注意到她的龅牙,也没有一个人因为她的龅牙而忽略了她美丽的声音。

 智慧箴言

当你有某个缺陷的时候,忘记它,也许别人并没有注意到它,只是你对它投入了太多的关注,以至于无法发挥自己的实力。

> 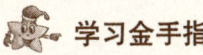 **学习金手指**
>
> 学习三字经：复习中，通读文，查缺漏，再精读，攻难点。翻笔记，忆讲解。做练习，用新知。反复练，记得牢。字不明，义不清，查字典，能弄明。知拼音，查音序；晓字形，查部首；形难辨，查难检。读书时，作笔记，成习惯，多得益。记书名，记日期，定格式，有规律。好词语，先圈起，修饰名，多摘录。列提纲，概内容，明中心，谈感受。

没有错误的著作

适用作文主题
错误与完美。

有一位著名的生物学权威教授拉塞特，看到生物学的著述都错误百出，于是教授宣称他决定出版一本内容绝无错误的生物学巨著。

经过一段时间，在众人引颈期待中拉塞特教授的生物学巨著终于出版了，书名叫做《夏威夷毒蛇图鉴》。许多钻研生物学的人，迫不及待地想一睹这本号称"内容绝无错误"的生物学巨著。

但每个拿到这本新书的人，在翻开书页的时候，都不禁为之一怔，每个人几乎不约而同地急忙翻遍全书。而看完整本书后，每个人的感觉也全都相同，脸上的表情亦是同样的惊愕。

原来整本的《夏威夷毒蛇图鉴》，除了封面几个大标题的大字之外，内页全部是空白。也就是说，整本《夏威夷毒蛇图鉴》里，全都是白纸。

大批记者涌进拉塞特教授任职的研究所，七嘴八舌地争相访问教授，想弄清楚这究竟是怎么一回事。

面对记者的镁光灯，拉塞特教授轻松自若地回答："对生物学稍有研究的人都知道，夏威夷根本没有毒蛇，所以当然是空白的。"

拉塞特教授充满智慧的双眼，闪烁着奇特的光芒，继续道："既然整本书是空白的，当然就不会有任何错误了，所以我说，这是一本有史以来，唯一没有错误的生物学巨著。"

智慧箴言

没有错误的著作是不存在的,没有任何东西是绝对正确的,同样也不存在绝对完美的人,是人都有大大小小的瑕疵,所以不要为你的缺点而自卑,抬起头来勇敢的生活和学习。

 好词好句

描写爸爸妈妈的好词:责任 负担 重担 忠厚 淳朴 老实 窝囊 沉默 忧虑

我们不约而同地看了妈妈一眼,妈妈正含笑看着我们,好像在督促我们:"快,趁热吃吧!"

写作专题

结尾的机智

编筐编篓，重在收口，作者亦然要讲究收束尾结得好，能给读者以深刻的艺术感染，启发读者深入地思考问题，从中得到教育鼓舞。

训练目标：收尾要做到有利于揭示文章的主题，有利于文章的结构，要做到辞虽尽而意无穷，就像欣赏一首绝妙的乐章，一曲终了，余音仍在耳畔回荡，缭绕。考试的急智作文如果能达到这种程度，才算是起到了预期的结果。

训练方法：记叙文的结尾，要做到既是文章的终点又是文章的起点，是"豹尾"是"撞钟"是"如截奔马"是"出人意外"是"临去秋波那一转"，但又有哪些急智办法去应急呢？

归纳小结：如果你认为读者对你所写的内容有进一步了解的必要，这时的你不妨采用这种方法收尾，但行文一定要用语简洁，如我们初中时学过的《刻舟记》的最后一段，就是很好的例证。

篇末点题：这类结尾，常常会引起读者的思索，如峻青的《秋色赋》的结尾：我爱秋天，我爱我们这个时代的秋天，我愿这大好秋色永驻人间。

照应开头：这种作法对中学生朋友们最为适合，尤其是在考试的时候，含蓄结尾法：这种结尾往往意在言外，言不尽意这种结尾，有形象，促思索，激联想意无穷。

象征手法结尾，给人以隽永的启示，用启示性向哲理阐发结尾，用含蓄蕴藉的形象结尾，给人以丰富的联想。

说明文的结尾，也是大有讲究的，对于一般的考生而言，要想在短时期内写好文章的结尾，当属急智。

说明文结尾方法也有很多：如自然结尾法。这类结尾如风行水上，自然成文，绝不拖泥带水，如歌尽曲止，说完就停。

归纳结尾法：如果你在作文时，发现你所说明的对象虽然进行了一大通的说明和阐释，但为了让读者有一个更加清晰的了解，就将主要的要点说一遍，这类方法能让读者牢牢把握住文章的要点和精华，而且显示出文章章法上的严密性。

存疑结尾法：认识的领域是无穷尽的，你所要说明的对象有些问题也不是你的知识水平所能解决的，这时，你就不妨采用这种方法，这种方法反过来会证明你所说明的科学性与可信性。

如《海水奥秘初探》的结尾：海水里到底还有多少秘密呢？我被这个问题深深吸引住了。这次对海水奥秘的初探，使我长了知识，开了眼界，我暗下了决心做一个探索海水秘密的人。

补充结尾法：写说明文时，有时为了以全补偏，以反补正，以大补小，以虚补实，就采取这种方法。这种方法使用较为广泛，主要是因为，它能使文章更趋于全面，完整，充满了辩证思维的光彩。

议论文的结尾一般采用归纳总结的方法居多，当然这并不是说议论的结尾只能用这种方法，其他的方法也是用得比较多，这时我们着重谈一谈被中学生朋友们所忽视的结尾方法。

一是号召法：这种方法如果运用得好，就会达到一呼百应，应者云集的神奇效果，而且作文显得格外有气势，有大将之气度。这种文章一般是那些为树立新风尚、新气象、新精神和某种活动时，使用得较多。

二是抒情法：议论文的结尾用这种议论的抒情结尾，会让人击节而叹，情为之所动。这样的文章才能得高分。

第三章
时刻展示自己最好的一面

我们都有一些自己不知道的优点,在其他领域失败的我们在别的领域可能会有大成就。所以我们要目光长远,不要只是看到眼前的一事一地。寻找机会,展示自己的长处,找准自己的位置。通过努力和才华,让世界看到一个鲜活优秀的你。

机会是靠自己争取的

适用作文主题
抓住机会，努力展现自己最好的一面。

当年他报考中戏时，一波三折，差一点就与中戏失之交臂。那天是1995年的5月22日，当时表演系专业都已招考完毕，只剩了一个音乐剧专业还在招生，那年他25岁，身高1.80米，体重89公斤，一个典型的东北大汉。

报名的老师看到他，一脸惊讶："你也来报考表演？"

"对，我就是来报考表演系的。"他信心满满地说。

老师并没有多看他两眼，摆摆手，说："孩子，回去吧。你考不上的。"

仿佛一记闷棍打在头上，从小就好强的他被打晕了，还没考，就被老师关在了门外，他觉得太意外了。

"为什么呀？"他不甘心就此打包走人，一定要问个清楚。

老师终于抬起眼睛瞟了瞟他说："你知道音乐剧专业需要干吗吗？要跳芭蕾，你看看你，你这身材能跳芭蕾吗？你的脚尖能撑得住你这大块头吗？"

他不想放弃一丝希望，小声地问老师："那我减肥成吗？"

老师这次有点不耐烦了，应付地说了一句："至少要减掉10公斤。"说完就忙别的去了，再也没多看他一眼。

离考试的日子还有30天，那么短的日子要减掉10公斤，可能性为零，估计老师也没指望他能减肥成功，随口应允只是打发他快走，可是这无心的一句话却被他当成了救命稻草。

当天他就找到中戏一个老乡，在他的宿舍住下了，开始了他的减肥历程。每天风雨无阻，从不间断，每天跑步三次，每次五十分钟，跑完以后，再到一个像蒸笼一样的温室花房，练芭蕾小跳1000下，其余的时间就是练台词。每天的饮食除了喝点肉汤，吃点水果，主食一点都不沾。刚开始，有一帮中戏超重的学生们和他一起跑，可是几天下来，那些人一个个打起了退堂鼓，只有他一个人坚持了下来。像《阿甘正传》里的男主角一样不知疲倦，不怕非议，在风雨中奔跑，在烈日下狂奔，平日沉默不语，到了深夜还在楼道里背台词，那些近乎疯狂的举动让他在中戏大院里成了一道独特的风景。那时周围的中戏学子们只要看到他就会交头接耳用不屑的口气说："看，那疯子又来了。"

考试的日子终于来到了，整整一个月，他减掉了18公斤，平均每天0.5公斤多。

接下来，他踌躇满志，志在必得。考试那天，来了七百多人，全是俊男美女，其中有一个女孩特别漂亮，身材高挑，在考生中尤为显眼。巧的是，他正好被老师选中和那位美女合作。考试的题目是：一对恋人分手的戏。他酝酿好情绪，准备好了台词，大大方方地上场了。他神情阴郁，略显痛苦，小眼睛低垂着，不敢注视对方，轻声说了一句："我们分手吧。"他听到那位漂亮的女生清脆的声音："为什么？"他不由得抬起了头，只见她满脸绯红，睁着水汪汪的大眼睛，紧张地看着他，手足无措。他不由得被她紧张的情绪感染了，脑海中顿时一片空白，预先设想的台词忘得一干二净，于是他重重地叹息了一声，说："我们分手吧。"女生更是不知所措，还是那句话："到底为什么？"他一筹莫展，他不知道怎么接下去才好……

辛辛苦苦准备了半年，尤其是一个月来近乎残酷的减肥，眼看离中戏的大门越来越近，没想到竟让这几分钟的表演弄砸了，他懊恼得恨不得狠狠地抽自己一下。

当他无比失望、垂头丧气走出考场时，有位老师在后面喊了一声："那位考生，等一下，给你一次机会，让你再考一次。"

原来，从第一次报名起，形象和声音都不错，唯独胖了一点的他就给老师留下了印象。后来他在中戏操场上挥汗如雨的跑步锻炼也给老师留下了深刻的印象，那么多和他一起锻炼的考生都放弃了，唯独他坚持了下来，就凭这种精神，老师觉得也应该再给他一次机会。

这一次的对手是个长相一般的女生，但两人好像有默契似的，一上场就进入了角色，有眼神的交流，有对白的交锋，还有情感的流露，同样一段分手的戏，他俩演了足足12分钟，最后才在老师赞许的目光中结束。

那一次，700人的考生只录取了一人，他就是毕业于中戏表演专业大专班的孙红雷，后来在毕业报考中国青年艺术剧院时也是唯一被录取的考生，后来在《永不瞑目》里饰演黑社会打手建军而令人过目不忘，在《征服》里饰演心狠手辣但有情有义的黑老大而征服无数影迷，在《梅兰芳》里饰演文人

第三章 时刻展示自己最好的一面

邱如白如痴如狂甚至比主角还夺人眼球,而今在《潜伏》里饰演一个谨慎谦卑、心有城府的小知识分子的地下党员又赢得无数好评。

如果不是之前顽强的拼搏精神、坚持不懈的毅力给老师留下深刻的印象,也许,他就没有第二次考试的机会了。

 智慧箴言

影响一个人成功的因素很多,对手很重要,伯乐也很重要,但最重要的机会还得靠自己去争取。

好词好句

描写爸爸妈妈的好词:压力 爽朗 畅快 豪爽 豪放 随和 大度 风趣 幽默

妈妈在家里干的活最多,但始终没有一句怨言,这不正像勤劳而又忠厚的牛吗?

每件事都会有结果

适用作文主题
态度,因果。

多年前,一个年轻人在营销策划公司工作。一天,他的一位朋友找到他,说自己的公司想做一个小规模的调查。朋友希望年轻人出面,把业务接下来,然后朋友自己去运作,最后的调查报告由年轻人把关;当然,朋友会给年轻人一笔费用。

那确是一笔很小的业务,没什么大的问题。市场调查报告出来后,年轻人很明显地看出其中的水分,但他只是做了些文字加工和改动,就把它交了上去。

事情就这样过去了。

几年后的一天,年轻人与别人组成一个项目小组,一块去完成北京新开业的一家大型商场的整体营销方案。不料,对方的业务主管明确提出,对年轻人的印象不好，要求换人；原来，该主管正是当年市场调查项目的那个委托人。

也许，年轻人只是偶然地遇到这两件事，从而失去了自己的机会；但这种偶然性当中其实已包含了必然性，因为越是从微不足道的小事上，越能看出一个人的本质来。一个对自己经手的事情敷衍塞责的人，怎么可能是认真、敬业的人呢，这样的人，怎么能够赢得别人的信任与赏识呢？年轻人最初的草率，已注定他日后将丧失良机。反之，一个人若是对自己所做的每一件事都竭尽全力，那他必将为自己赢得越来越多的机遇。

1903年，帕特·奥布瑞恩在纽约参加一出名为《向上，向上》的话剧演出。其中有一段是帕特与两个怒气冲冲的人争执不休的表演。

由于这出话剧的反响不够理想，剧团后来移到一家小剧院去演出。演员的薪水也削减了，他们的前途一片黯淡。然而，多年的教育，使得帕特养成了"凡事尽力而为"的习惯；因此每一次演出，他的整个身心都融化在角色中，从场上下来时总是满身大汗。

8个月后的一天，帕特接到一个电话，邀请他参加电影《扉页》的拍摄。原来，《扉页》的导演刘易斯·米尔斯顿偶然间看到了《向上，向上》，帕特在桌边与人争吵的那一幕给他留下了深刻的印象。于是，他推荐帕特在《扉页》里一场戏中扮演一个角色。

这是帕特·奥布瑞恩银幕生涯的起点。日后，他成了非常著名的电影明星。

漫长的一生中，每个人的命运看似变化莫测，但实际上，我们今天所走的每一步，都已为明天埋下了伏笔。也就是说，我们的明天，是由今天的所作所为决定的。岁月的长河中，我们所做的每一件事，都如同我们随手撒下的一粒种子，在时光的滋润下，那些种子慢慢地生根、发芽、抽枝、开花，最终结出属于自己的果实。

 智慧箴言

仔细的去做每一件你的工作，不论大小，做了总有收获。如果我们一敷衍的态度去对待，草草了事敷衍塞责，那么以这样的态度去学习或者工作，永远都不会成功的。

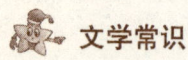 **文学常识**

双鲤　代指书信。汉乐府《饮马长城窟行》诗云："客从远方来，遗我双鲤鱼。呼儿烹鲤鱼，中有尺素书。"后来即以双鲤借代远方来信。《敦煌曲子词·鱼游春水》："凤箫声绝沉孤雁，望断清波无双鲤。云山万重，寸心千里。"字面上好像是清波上无双鲤跳跃，其实是指千里之外，烟波浩淼，音信全无。清人宋琬《喜周华岑见过》："不见伊人久，曾贻双鲤鱼。"写的也是睹物（双鲤鱼）思人。

策划的艺术

适用作文主题

展示自己，策划人生，劣势转优势。

著名杂耍家史密斯，培养了大量顶尖杂耍人才，其中不少人还获得了国际大奖，可谓桃李满天下。他的杂耍项目繁多，如多人重叠、走钢丝、抛飞刀，特别著名的要数空中飞人。每年他都会接到大量邀请函，带着杂耍团满世界飞来飞去，为人们表演。

报纸电视等媒体每天都要报道史密斯的行程，以及他的杂耍团的表演情况。凡是与他相关的消息一经报道必定引起人们的关注。这样的声名鼎盛，引起了总统的兴趣。总统决定要看一场史密斯的表演。

这个消息一经宣传，顿时引起了强烈反响。因为总统反复强调，这次一定要史密斯亲自表演。的确，以前的杂耍都是由史密斯的弟子们表演的，几乎谁也没有看见史密斯亲自演出过。弟子们的表演都那么精妙绝伦，师傅精彩的程度岂不是无法形容？谁也不想错过这千载难逢的机会，于是，表演大厅的售票处一开放，门票就被一抢而空。

期待已久的演出即将开始，所有人，包括总统都正襟危坐面带微笑地等待着开幕。有人还将两手摆成了鼓掌的姿势，只等好戏一结束便用力地鼓掌，为史密斯先生叫好助威。当史密斯先生终于出现在舞台上时，却十分抱歉地对大家说："我根本就不会表演，如果想看精彩的表演，还不如让我的弟子们出场。"这时，很多人都觉得十分扫兴，如果不是因为史密斯过分谦虚，便是他太瞧不起人了，被瞧不起的人中还包括了尊敬的总统先生。

果然，总统先生不同意，他坚持要看史密斯亲自演出。史密斯无奈，只得硬着头皮给大家表演。一个节目还没表演完，全场便爆发了多次如雷的掌声。人们笑得直不起腰，甚至笑出了眼泪，有的拍红了巴掌还不愿停下来。

原来，史密斯的演技差到让人难以想象。他甚至连一个普通的踩单车的节目都不会，短短几分钟时间，他便在台上摔了十几个跟头，那架单车都摔得散了架。表演抛碗时，他才抛了几下，一只碗便"啪"的摔得粉碎。欢呼声再次响起，在激烈的笑闹声中，史密斯一连摔掉了十几只碗，才尴尬地从台上退了回去。

史密斯总共在台上演了五个节目，一个节目比一个节目的水平差，令观者大跌眼镜，可是从观众的反应情况来看，则一个比一个节目火爆。观众的掌声和欢呼声一浪高过一浪。尽管史密斯的杂耍团很受欢迎，可是还没有哪次演出能获得这么多的掌声。就连一向不苟言笑的总统先生，也哈哈大笑了半个晚上。

此时，主持人上台郑重宣布，刚才为大家表演的，是与史密斯先生外貌相像的胞弟，他本是一位喜剧演员，今天受哥哥之邀特来博取大家一笑。现在由真正的史密斯先生为大家表演。人们明白过来，全场再次爆发出巨大的掌声。

显然，史密斯先生的演技是不错的，无论哪一样都很出色。特别难得的是，快50岁的人了，还敢为大家表演走钢丝。当史密斯表演完毕，大家长吁了一口气，掌声长久不息！

史密斯心里清楚，这台演出主要成功在自己的策划上。如果不是担当喜剧演员的弟弟首先出场，既愉悦了观众，又降低了他们的心理期望值，他的演出又怎能取得如此轰动的效果呢？他的演技跟弟子们差不多，何况他上了年纪，很多地方还不如弟子们，如果一开始便由他为观众演出，显然毫无新意，平淡无奇。一向喜新厌旧的观众也不可能给他更多掌声。

人生总是站在各种各样的舞台上，当你身处劣势时，除了努力和奋斗，能否懂得策划的艺术，化解尴尬，给他人惊喜，成就自己的精彩。

 智慧箴言

懂得策划的艺术，懂得在困境面前放开手脚大胆创意，时刻准备着以最佳的方式展示自己的优势，战胜困难赢得胜利。

生活小常识

地质学家研究证明，喜马拉雅山地区，原来是一片汪洋大海。离现在大约四千万年到七千万年前，海水退去，出现了陆地。后来，陆地不断上升，形成了今天的喜马拉雅山。一百五十万年以来，喜马拉雅山升高了约3000米。高山栎化石可以作为历史的见证。

最差的肉做丸子

适用作文主题
展示自己，表现个性。

郑渊洁的一位小读者长大后，开了一家餐馆。他让郑渊洁给他的餐馆取名，郑渊洁笑着说，你是不是想用"皮皮鲁"。他说，当然想，但是不能。郑渊洁问为什么。他说，皮皮鲁是中国几代孩子的童年象征，用"皮皮鲁"作为餐馆的名称，不妥。郑渊洁说，有人已经未经郑渊洁授权就拿"皮皮鲁"作为西餐厅的名字了。他说，拿皮皮鲁当西餐厅的名字，是对皮皮鲁的亵渎，皮皮鲁是中国本土原创最著名的童话人物。用皮皮鲁作为西餐厅的名称，不是亵渎是什么？

这位读者的餐厅已经经营了3年，在北京已然是赫赫有名的餐馆，每天就餐的人要预约。

郑渊洁有时到他的餐馆坐坐。一次，正逢他检验采购的鲜肉。郑渊洁就向他请教最好的肉用来做什么菜。他说猪排牛排。郑渊洁又问最差的肉用来做什么。他说丸子。

一块一块的肉端上餐桌，必须要经得起食客的检验。只有丸子这种混杂在一起的肉才可以滥竽充数鱼龙混杂。

1992年，美国书评家盖瑞·威尔斯问美国总统克林顿，除了《圣经》，哪本书对他影响最大。克林顿回答是《沉思录》。据说，温总理的枕边书也是《沉思录》。《沉思录》的作者是古罗马皇帝马可·奥勒留。奥勒留的《沉思录》这样开篇："从我的曾祖父那里，我懂得了不要时常出入公共学校，而是在家

要有好的老师。"在家里单独学习是当"牛排",到了公共学校,就是当"丸子"了。为什么在公共学校,所有学生获得的知识是完全一样的,知识结构完全也一样,很难突出个性。

个性差异是人类得以进步的基础。千人一面,你中有我,我中有你导致停滞不前。老虎都是一只一只的,豺狼才是一群一群的。

"和别人不一样"是所有杰出人物的特征。

李嘉诚买股票的一个秘诀是:大多数人买什么,他就不买。大多数人不买什么,他就买。

经营人生也是这个道理。成功者都是独辟蹊径,失败者都是随波逐流。

不要当丸子,因为你不是最差的肉。

 智慧箴言

大胆的表现自己,把自己认为最特别的地方展示给世界看。不要害怕别人的怀疑和嘲弄,坚信自己的想法。我们在成长中找到最适合自己的方式,获得自信和成功,不要甘于沉寂,不要做丸子!

 笑话碰碰车

建筑师为大富商修造一座陵墓。

大富商问忙了一年的建筑师:"也许还缺什么吧?"

"现在只缺你了。"

小人物演出的大角色

 适用作文主题
机遇,努力。

进入娱乐圈后,他接到的第一个角色是演一个嫖客,那部戏叫《夜来香》,主角是当时大红大紫的林子祥。为了把几个不多的镜头演好,他一遍遍地练习着。拍摄结束后,林子祥笑着对他说:"小伙子,不错,演得很好。"

他拍的第二部戏叫《鳄鱼潭》,演一名杀手。这部影片中的男主角是周润

发。演杀手最难的是表情。为了演好，他对着镜子一遍遍地练习，还常常向其他演员请教。而这一切正好被周润发看见。

导演夏梦要拍《投奔怒海》的电影，找周润发出演男主角。但是周润发档期排不开。夏梦说："那你推荐个人选吧。"周润发想了想："人选有一个，只是我不知道他的姓名。在《鳄鱼潭》里演杀手的那个小伙子，挺不错的。"夏梦看了《鳄鱼潭》，觉得这个演杀手的小伙子确实不错，可是演员表里没有他的名字，无从联系。夏梦只好放弃。她又找到了林子祥，不巧，林子祥也没有时间。林子祥向她推荐了一个人，巧的是，也不知道姓名，只记得是在《夜来香》中演嫖客的那个小伙子。夏梦只好再看录像带，她惊奇地发现，林子祥和周润发推荐的竟是同一个人。夏梦心里一震，一个初出茅庐的小伙子，两位明星竟然都推荐了他，这个小伙子肯定不错，一定要找到他。

几经周折，夏梦终于找到了他。他就是刘德华。《投奔怒海》这部戏使他真正走上了辉煌的星光大道。周润发、林子祥演了很多戏，和他们一起演戏的人不计其数，为什么他们不约而同推荐刘德华呢？人生如戏，在社会这个大舞台上，我们大多数人都是小角色，但也不要轻视它，只要你认真去演，幸运之星一定会降落到你的面前。

 智慧箴言

时刻准备着把自己最好的一面展现出来，说不定在什么时刻就会遇见生命中的伯乐。不要轻视任何一个展现自己才华的机会，勇敢的亮出自己。

学习金手指

什么是最好的学习方法？这要根据不同的学生，不同的任课老师等具体情况来选取。一般说来，好的学习方法，应该符合以下三个条件：符合认识规律的科学方法；符合自己个性特点的方法；符合不同学习内容和不同教师授课特点的方法。学生在选取适合自己的学习方法时，可以从下列几个方面摸索与总结：不同学科的学习程序（要不要预习，先做作业后复习，还是边做作业边复习，要具体问题具体对待）、预习方法、听课方法、复习方法、做作业和自我测试的方法、改错的方法和单元总结的方法等等。

花开无声

适用作文主题
自敛，表现自己。

寺院里接纳了一个年方16岁的流浪儿，这个流浪儿头脑灵活，手勤脚快。灰头土脸的流浪儿在寺里剃发沐浴之后，就变成了干净利落的小沙弥。法师一边关照他的生活起居，一边因势利导教他为僧做人的一些基本常识。看他接受和领会问题比较快，法师又开始引导他习字念书、诵读经文。也就在这个时候，法师发现了小沙弥的弱点：心浮气躁、喜欢张扬、骄傲自满。例如，他刚学会几个字，就拿着毛笔满院子写、满院子画；再如，他一旦领悟了某个禅理，就一遍遍地向法师和其他僧侣炫耀；更为可笑的是，当法师为了鼓励他，刚刚夸奖他几句时，他马上就在众僧面前显摆，甚至不把任何人放在眼里，大有唯我独尊、不可一世之势。

为了改变他的不良行为和作风，法师想了一个用来启发、点化他的非常美丽的教案。这一天，法师送了一盆含苞待放的夜来香给这位小沙弥，让他在值更的时候，注意观察一下花卉的生长状况。

第二天一早，没等法师找他，他就欣喜若狂地抱着那盆花一路招摇地跑来了，当着众僧的面大声对法师说："您送给我的这盆花太奇妙了！它晚上开放，清香四溢，美不胜收。可是，一到早晨，它又收敛了它的香花芳蕊……"

法师就用一种特别温和的语气问小沙弥："它晚上开花的时候，吵你了吗？"

"没有。"小沙弥高高兴兴地说，"它的开放和闭合都是静悄悄的，哪能吵我呢？"

"哦，原来是这样啊。"法师以一种特殊的口吻说，"老衲还以为花开的时候得吵闹着炫耀一番呢。"

小沙弥愣了一阵之后，脸刷地一下就红了，诺诺地对法师说："弟子领教了，弟子一定痛改前非！"

第三章 时刻展示自己最好的一面

智慧箴言

我们要大胆的展现自己,但是要知道为什么表现自己,何时表现自己的长处,并且找到最合适的方式。

 好词好句

描写爸爸妈妈的好词:健壮 魁梧 慈爱 关怀 体贴 照顾 照料 关切 妩媚

妈妈的手不怎么大,长期的劳动使趼皮爬上了手指,使手背上长了一层浅黑色的皮。

海顿之曲

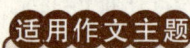 **适用作文主题**

抓住机遇,展现自己。

海顿18岁时在一个合唱团里唱歌,但不久他的嗓子坏了,便开始在维也纳街头拉小提琴,并自己创作乐曲。

一天,海顿的几个朋友决定在名叫伯纳登·柯茨的著名丑角的窗前奏小夜曲,要海顿写个曲子。演奏时,柯茨刚好在家,他非常喜欢这个曲调,就走到阳台,问道:"谁写的这样优美的曲子?"

"我写的。"海顿说。

"你写的!那就请上楼来,"柯茨说,"我有句话对你说。"

当海顿走进柯茨的房间时,柯茨给了他一些诗稿,请他写一个歌剧。

"我从未写过这样的乐曲,"海顿担心地说,"不过我可以试试。"

于是他就开始写起来。但写到海上风暴那节就卡住了。

"我从来未见过海,我怎么能把海上风暴写进乐曲呢?"海顿说。他去找柯茨,但柯茨也没有办法,因为他自己也没有见过海。

海顿走到钢琴旁边,开始试着用各种曲调来表现,但都不成功,最后他失去了信心,两手猛地向钢琴一砸,喊道:"见鬼去吧!风暴。"

"就是它！就是它！"柯茨从椅子上跳了起来，喊道，"就这样弹下去。"

从此海顿的名字闻名于世。之后很多年，他为许多歌剧谱写了美妙的乐曲，但他始终忘不了第一个歌剧的风暴。

海顿指挥乐队演出时，常有些故作风雅的贵族前来参加音乐会，可是他们根本不懂音乐，常在乐曲进行中打瞌睡，海顿就特意创作了"惊愕交响乐"。开始，乐曲在极为柔和的声调中进行着，正当那些贵族们酣睡时，突然，乐队中发出惊雷闪电般的曲调，伴着还有大炮似的大鼓声，顿时把睡梦中的贵族们吓醒。他们口张目瞪，睡意全失，不知所以，乐曲也即此告终。

智慧箴言

找一切的机会展现自己。但是在那之前，你得积累足够的资本，酝酿足够的才华，在一个合适的时间爆发，让世界惊羡你的才能。

文学常识

莼羹鲈脍　指家乡风味。典出刘义庆《世说新语·识鉴》（或《晋书·张翰传》）。"（张翰）在洛，见秋风起，因思吴中菰菜羹、鲈鱼脍，曰：'人生贵得适意尔，何能羁宦数千里以要名爵？'遂命驾归。"菰（gu）菜羹：菰菜、莼（chún）羹。后来文人以"莼羹鲈脍"、"莼鲈秋思"借指思乡之情。例如，辛弃疾《沁园春·带湖新居将成》："意倦须还，身闲贵早，岂为莼羹鲈脍哉？"徐自华《慧僧先生解职归见》："转瞬西风又起，忽摇动莼鲈乡思。"

达·芬奇的求职信

适用作文主题
推销自己的技巧。

1482年，31岁的达·芬奇离开故乡佛罗伦萨，来到米兰。他给当时米兰的最高统治者、米兰大公鲁多维柯斯弗查写了封求职信，希望谋得一个军事工程师的职位。这封求职信就是著名的《致米兰大公书》——

尊敬的大公阁下：

来自佛罗伦萨的作战机械发明者达·芬奇，希望可以成为阁下的军事工程师，同时求见阁下，以便面陈机密：

一、我能建造坚固、轻便又耐用的桥梁，可用来野外行军。这种桥梁的装卸非常方便。我也能破坏敌军的桥梁。

二、我能制造出围攻城池的云梯和其他类似设备。

三、我能制造一种易于搬运的大炮。可用来投射小石块，犹如下冰雹一般，可以给敌军造成重大损失和混乱。

四、我能制造出装有大炮的铁甲车，可用来冲破敌军密集的队伍，为我军的进攻开辟道路。

五、我能设计出各种地道，无论是直的还是弯的，必要时还可以设计出在河流下面挖地道的方法。

六、倘若您要在海上作战，我能设计出多种适宜进攻的兵船，这些兵船的防护力很好，能够抵御敌军的炮火攻击。

此外，我还擅长建造其他民用设施，同时擅长绘画和雕塑。

如果有人认为上述任何一项我办不到的话，我愿在您的花园，或您指定的其他任何地点进行试验。

向阁下问安！

达·芬奇

米兰大公收到此信后不久，就召见了达·芬奇。在短暂的面试后，正式聘用达·芬奇为军事工程师，待遇十分优厚。

达·芬奇这封短短的求职信为何能够产生这样好的效果？分析起来，不难发现，主要是他的求职信有以下两个优点：

一、针对对方需要。

米兰大公当时的处境可谓强敌环伺，他要击败意大利的敌对城邦和消除来自北欧和西亚的威胁，就不能不大力发展军事制造业，因此急需这方面的人才。达·芬奇深切地了解他的需要，于是有针对性地设计了求职信。

达·芬奇是个多才多艺的人，在绘画、歌唱、医学、哲学和其他领域都拥有卓越的才能，但在这封求职信中，他只详细描述了自己向达·芬奇学写求职信在军事工程方面的技能。通过这些细致的介绍，他生动而含蓄地告诉

米兰大公:"我清楚您的处境,我会帮助您打赢战争!"而对自己的其他能力,达·芬奇则在信中一笔带过。

这封详略得当、针对性很强的求职信,无疑给米兰大公留下了深刻印象,信中所述的种种军事技能,对于他来说,也堪称雪中送炭,因此他毫不犹豫地给了达·芬奇面试的机会。

二、语气充满自信。

在求职信中,达·芬奇一连使用了六个"我能",一项一项,有条不紊地列举自己军事工程方面的才能,语气坚定,而且他敢于在信中声称:"如果有人认为上述任何一项我办不到的话,我愿在您的花园,或您指定的其他任何地点进行试验。"这是何等的自信!这份自信当然来自于对自己实力的清醒认识,而且显然也感染了见多识广的大公,既激起了他的求贤若渴之意,也引发了他的好奇之心。大公很可能会这样想:此人既然敢口出豪言,想来有些真才实学,给他个面试机会又何妨?

智慧箴言

当我们积蓄了足够的才华后,大胆的亮出来,但是也不能骄傲的目空一切,认为自己一定会得到别人的认可,在推销自己的时候,还要一些技巧。

生活小常识

颜色变化最多的花

桃花红,梨花白,从花开到花落,色彩似乎没有什么变化。但是,在自然界里,有一些花卉的颜色却变化多端。例如:金银花,初开时色白如银,过一两天后,色黄如金,所以人们叫它金银花。我国有种樱草,在春天摄氏20度左右的常温下是红色,到摄氏30度的暗室里就变成白色。八仙花在一些土壤中开蓝色的花,在另一些土壤中开粉红色的花。有一些花在它受精以后也会变色。比如棉花,刚开时黄白色,受精以后变成粉红色。杏花含苞的时候是红色,开放以后逐渐变淡,最后几乎变成白色。

第三章 时刻展示自己最好的一面

布什卸任后干啥

适用作文主题
转变角色,适应新生活,展示自己新的一面。

2009年4月30日,也就是白宫易主的第100天,《巴尔的摩太阳报》娱乐版搞了一个"总统生活大猜想"活动。猜想的主题是:卸任后的布什现在干啥?奖品为劳斯莱斯200EX一部,由e-Bay公司独家提供赞助。

面对巨额奖品的诱惑,全美上下可谓是挖空心思、绞尽脑汁。报纸发行后不到两个小时,各种"猜想"就纷至沓来了:其中,一个叫詹姆斯的出版商写道,2001年,克林顿下野后,便着手写了一本《我的生活》。在书中,他调侃政治、大卖隐私,引得人们争相竞阅,并因此而狂赚了一笔。所以,布什一定也在连夜赶写着书稿。詹姆斯还透露了一个内部消息,时代华纳公司早已捷足先登,独家买断了该书的出版权。一位图书管理员则认为,布什一定很想躲开喧嚣,以得到片刻的喘息。所以。他极有可能躺在夏威夷海滩享受着日光浴,或挥舞着高尔夫球杆,徜徉于旧金山的半月湾。还有的人猜想,布什肯定在多方联系技艺超群的雕刻家,打算将自己的肖像凿进总统山,以供后世瞻仰。更有甚者,给出了一个无厘头的答案:布什在拉斯维加斯豪赌……

就在活动截止日期的前一晚,主编威廉·西奥多拆开了一封信。突然,他大跌眼镜。因为上面写着:在清理狗的粪便。落款是"贵报资深读者"。就是傻帽儿也知道,布什退休后,虽然不能再像以前那样一呼百应了,但这种粗活儿也绝对用不着他亲自动手的。况且,他好歹也坐过美利坚第一把交椅,要是被人看见传出去多不好……想到这,西奥多感觉这是场无聊的恶作剧。"可恶的象伙!"他当即将信揉成一团,并甩进了垃圾桶。

由于离任后的布什推却了一切采访,谁都不知道他真正地在做什么。所以,标准答案一直迟迟未得揭晓。这在读者中引起了一片很大的呼声。面对舆论压力,西奥多渐渐地有点儿坐不住了。不过在一个月后,"大猜想"终于尘埃落定了。一切秘密尽在"资深读者"再次寄来的一盘录像带中。

这是布什看望佛罗里达州留守儿童的现场视频。"我养着一条纯种苏格兰犬，它机智、勇敢，但就是有一点儿不好——随地大小便。所以，家里总是被它搞得一塌糊涂，每次总是我收拾它的烂摊子。还有每当逛街时，我不得不跟在它屁股后头，随时收集着它的粪便……现在，我做着过去8年里一直不敢做的事。换句话说，我重获了自由！"当时，孤儿们被布什的一番话逗得"咯咯"大笑。视频快结束时，出现了一行字幕：饱经宦海沉浮和人生的大起大落，再回归于生命原本的宁静。现在，我想，布什终于体会到什么叫"无官一身轻"了。

最终，《巴尔的摩太阳报》公布了正确答案：在清理狗的粪便；并通知"资深读者"翌日前来卡尔福特大街北501号领取奖品。然而第二天，"资深读者"却没有如期而至。后来，据西奥多明察暗访后透漏，这个"资深读者"正是沃克·布什本人！

智慧箴言

生活中和学习上起起落落是难免的，要我们快乐平和的心境，得学会转变角色，在新的环境中适应自己新的位置，并在新位置上做到最好，展示自己另一个领域里最好的一面。

笑话碰碰车

有个从未管过自己孩子的统计学家，在一个星期六下午妻子要外出买东西时，勉强答应照看一下四个年幼好动的孩子。当妻子回家时，他交给妻子一张纸条，上面写着：

"擦眼泪11次；系鞋带15次；给每个孩子吹玩具气球各5次；每个气球的平均寿命10秒钟；警告孩子不要横穿马路26次；孩子坚持要穿马路26次；我还要再过这样的星期六0次。"

第三章　时刻展示自己最好的一面

人生是一顿自助餐

适用作文主题

靠自己,时刻为展现自己最好的一面准备着。

曾读过一篇文章:一位老人从东欧来到美国,在曼哈顿的一间餐馆想找点东西吃,他坐在空无一物的餐桌旁,等着有人拿餐盘来为他点菜。但是没有人来,他等了很久,直到他看到有一个女人端着满满的一盘食物过来坐在他的对面。

老人问女人怎么没有侍者,女人告诉他这是一家自助餐馆。果然,老人看见有许多食物陈列在台子上排成长长的一行。"从一头开始你挨个地拣你喜欢吃的菜,等你拣完到另一头,他们会告诉你该付多少钱。"女人告诉他。

老人说,从此他知道了在美国做事的法则:"在这里,人生就是一顿自助餐。只要你愿意付费,你想要什么都可以,你可以获得成功。但如果你只是一味地等着别人把它拿给你,你将永远也成功不了。你必须站起身来,自己去拿。"

人生是一顿自助餐,说得多好啊!自助,就意味着你要靠自己,要主动出击,寻找机会。成功固然需要机遇,但是幸运女神不会垂青于守株待兔的人。

在生活中,我们常常看到这样的例子:两个人一同大学毕业,但是几年后,两个人的境况却有天壤之别;我们也常常看到一些成功者和失败者的例子:有人满腹才华却无出头之日,有人却能大展身手、游刃有余……才华固然重要,但是,才华不等于成功。成功还需要自己去打拼、去争取、去营造。

世事沧桑,物是人非,"是金子总会发光"、"酒香不怕巷子深"的年代正在悄然发生变化。一首歌词唱得好,"不是我不明白,而是这世界变化快……"是啊,在这激烈竞争的年代,优胜劣汰不仅是自然法则,也是人生法则。如何在这世界上寻求一席之地呢?老人说得好:"人生就是一顿自助餐。只要你愿意付费,你想要什么都可以。"各种各样的东西摆放在那里,只要你有能力支付得起。但是,你如何能够支付得起你想要的东西呢?你只有成功,而"如果你只是一味地等着别人把它拿给你,你将永远也成功不了。你必须站起身来,自己去拿。"

智慧箴言

"你如何能够支付得起你想要的东西呢?你只有成功,而'如果你只是一味地等着别人把它拿给你,你将永远也成功不了。你必须站起身来,自己去拿。'"我们记住这句话,想要表现自己,得到想要的东西,只能靠自己得来的才能长久。要抓住机会去实现自己的愿望。机遇来时抓得住,没机会时不放弃,创造机会。这样的你怎能不成功呢。

学习金手指

高效听课三字经:做预习,不可少。初读文,划生词,不明意,查字典;细读文,明内容,不理解,打个问;课后题,动动笔,查资料,试解决;上新课,效率高。听课前,作准备,书和笔,放好位;人坐正,心入定,重难点,注意听;疑难处,动脑筋,脑眼手,齐参与;下课后,细回忆。专心听,认真记,看板书,明要点,圈点划,作旁注,复习时,有依据;细聆听,明问题,抓关键,精整理;有头尾,语通畅,口齿清,声洪亮。

相信人性最善良的那一面

适用作文主题
不放弃,寻求机会展示自己。

他上高中的时候,有一天早晨起来发现,爸爸没有在桌上留下一分钱,连坐公交车的钱都没留下。他走了三个小时去上课,迟到被老师骂。这个时候心里是有小小埋怨的,怪爸爸为什么一声不吭地就消失,连一句再见都不说。

那个时候的他根本没有意识到,这只是他悲惨生活的序幕。爸爸一直没有回家,15岁的小小孩童,没有钱,没有人照顾。他开始跟同学和老师借钱,他一定会跟人家说清楚他还钱的时间,从来都在约定时间到之前把钱还清。他冬天去洗车,夏天发广告单,在冷热交替间不断上演生活不易的脚本。

17岁,他就进娱乐圈了,组了个组合叫"四大天王"。后来组合解散,他

第三章 时刻展示自己最好的一面

又和"小猪"罗志祥一起组了"罗密欧"。他站在罗志祥旁边,高大帅气的"小猪"占尽风头,他却一直默默无闻。即便他能模仿各式各样的艺人,唱歌、舞蹈、口技,也一直都不惹人注目。他不敢想太多。娱乐圈永远这么残酷,想太多反而更痛苦。反正,我可以赚钱了,这样就很好。他是这样想的。他每个月都给爸爸还债,那时候,他觉得其实也挺幸福的。

打拼了几年,好不容易攒下了人气和知名度,他又要去服兵役。他像一阵曾刮到娱乐圈的小风,只是在飘过。

服兵役的时候是很苦的。更让他难过的是,别人都有父母来探望,他却一直没等到过。终于有一天,爸爸来了,他无比激动地冲出去,却惊讶地发现,原本精神帅气的爸爸满脸是伤,鼻青脸肿。

他一句话都没说,也不知道能说些什么。爸爸絮絮叨叨地讲着,欠人家债,被放高利贷的人追杀,实在是没办法了,你救救爸爸,你可不可以帮爸爸签这个支票?不然他们不会让我走的……儿子……

爸爸朝他跪下了,跪碎了他所有的依靠和自以为幸福的假象。

他拿过笔,重重地一笔一画地将名字刻进债务里,他签了上百万的本票,把爸爸的债全部扛了过来。那是他最最苦闷的一段生活,突然找不到任何出口,像被上帝抛弃的小孩。

带着百万的债务,他重新进入娱乐圈,却发现早已物是人非。他依然活跃在各个综艺节目现场,开始做旁边不咸不淡的小绿叶。台湾唱片界变萧条了,曾经最爱的人Makiyo居然和好友罗志祥在一起了。他也没有埋怨,除了在节目里,半真半假地调侃过。

经历过后是从容和淡定,从台视、三立、华视到东风,他在台湾各大电视台的主打娱乐节目上摸爬滚打。在《康熙来了》里大秀模仿功力,让小s和康永笑到抽筋;在《国光帮帮忙》里边B-BOX边唱歌;在《钻石夜总会》里见招拆招。他依然和小猪一起上节目,乱七八糟一起胡闹,在一起讲以前的事情讲得两个人都笑趴下,最后欧弟还说,我就是没办法对他生气。

只是每到过年过节的时候,他都会一个人到海边吹冷风,默默想自己的生活。此时的他,还债还得很辛苦,他没想到的是,又会有新的债务找上他。

他被人挟持到咖啡厅,给他看写有他父亲名字的上百万的借条,他一并签下。他对父亲的心情是很矛盾的。希望他出现,又害怕他出现带来更多的债务。辛苦工作的背后有太多不为人知的心酸。他其实是有堕落的理由的,

不过他一直都记得，高中时候老师说的那句话，你要相信人性最善良的那一面，以后不管走到哪里，你都要保持赤子之心，一直到老。

所以他一直都没有失望过。

但也许是宣传方式不对，也许是他一直找不到对的路，他还是不太红。也有人说，他只会瞎胡闹，永远都是根草。

命运是个巨大的转轮吧，我只是一直等不到机会的那一个，他对自己说，总是会好的。

2008年，他开始到大陆做主持。初到内地，没有知名度，对内地娱乐节目的操作方式也不熟悉。在《天天向上》里与汪涵大哥合作，他一点都不能分神，一有接不上话冷场的时候，底下嘘声一片。导播示意重来，他就冷汗涟涟。做完节目饿着肚子去网上看观众评论，好评坏评，他都认真看完，然后跟自己说，我是受过专业训练的，只要再多给我一点时间，我一定能做好。

众小生舌头打结的时候，都是他接过话头，将尴尬局面挽回；搭档控制不住情绪笑场，他都会"随机应变"让剧情瞬间扭转；笑点不够时，都是他蹿出来，拿自己开玩笑，搞怪依旧；嬉笑怒骂，左蹦右跳的小调皮，各种各样流露着孩子气的模仿，带给观众重重惊喜。他渐渐收获了越来越多的关注。

他拼命工作，直到终于将签着自己名字的账单还清了，爸爸却一直都没有与他联系过。

坚持了这么多年，他想，幸好我还有一颗赤子之心。

2009年2月13日，天涯发布的"欧弟不红，天理难容"的帖子，引爆了欧弟粉丝的众口欢呼，他艰辛地走了一路，终于收获了无数观众的笑声和掌声。即便是做小小的绿叶，他也做得风生水起，用他的真诚和善良打动了无数人。有时候录节目录到很晚，走出电视台，还能看到外面有等他的粉丝。他总是会走过去说，不要太晚回家，爸爸妈妈会担心的。

他看上去像什么都得到过的孩子，而其实，他得到的很少。他从来不曾放弃，也从来都觉得人其实都很善良。

他明白走了这一路有多艰辛，所以更珍惜在舞台的过程，他明白那种被抛弃的感觉，所以他总是尽力帮助身边的人；他明白得到有多难，所以他一直都很知足。

在时光的道路上，有些人眼中的草，终究会长成另一些人手中的宝。

第三章 时刻展示自己最好的一面

智慧箴言

在坎坷中保持自己的斗志，在绝境中保持对幸福的渴望；在艰难中保持自己的信念，在遗弃和蔑视中保持对自己的珍爱和尊重。不断的寻找机会展示自己。成功的光环也许能掩盖曾经的辛酸，但不能掩盖曾经的错误，保持自己人性中的善良和信任，时光会回报这样的人。

 好词好句

描写爸爸妈妈的好词：国字脸 古铜色 气呼呼 冷冰冰 宽额头 高鼻梁

我爹每天都要对着镜子把胡子剃掉，而胡子偏认为"天生我材必有用"，于是就"野火烧不尽，春风吹又生"了。

我是著名的失败者

 适用作文主题
屡败屡战，不放弃。

1988年，我从深圳大学研究生毕业后，回到合肥原单位。没几天，我提交了辞职报告。我向以前帮过的朋友借了一台IBM，开始在家编写文字处理软件。半年之后，M6401诞生了。我送了一套给原单位，几张软盘一装，就能打出比四通打字机24点阵更漂亮的64点阵，而且，编辑屏幕比四通打字机大很多，单位的四通打字机从此被放到一旁没人用了。

1989年8月2日，《计算机世界》第一次刊出了我写的M6401中文软件广告。没几天，广州一家政府机关便打电话过来说要买，我跳上中巴赶到广州，留了3套软件给他们。回来后，我又接到宁波的要货电话。1990年前3个月，我已经挣到了3000万元。

1991年，我在珠海注册了巨人公司。巨人一下子发展了起来，资产规模很快达到2、3亿。手里有钱，精力也多，我不满于只做巨人汉卡，开始做巨人电脑，巨人电脑挣钱，但管理不行，坏账一两千万。巨人电脑还没做扎实，我又看上了财务软件、酒店管理系统等。

1994年初，巨人大厦开工典礼。我刚想对外宣布巨人大厦要建成中国第一高楼64层。话都到嘴边，面对着珠海市长、市委书记梁广大殷切的目光，我头脑一热："64层也没与国内一些高楼拉开太大距离。"我一咬牙，脱口而出："巨人大厦要建72层。"我当年成了中国十大改革风云人物。

盖72层的巨人大厦需要12亿，此时，我手中只有1亿现金。

巨人大厦成了烂尾楼。我也由此离开珠海，成为一个著名的失败者。

1997年冬，安徽泾县。我召集20多名"贴身"员工召开"太平湖会议"。这次会议确定了"脑白金"构思。我找朋友借了50万元，拿出5万元补发工资。困难时期定的工资标准是，副总一个月800元。吸取巨人3亿应收烂账的教训，这次我们倾尽所有猛砸广告，也决不赊账。

一年半之后，脑白金在全国市场铺开。月销售额1亿元，利润达到4500万。2001年2月6日，《解放日报》第4版。我在上面印了两个20多厘米见方的大字"感谢"。"感谢"下面，我发了一通感慨："10年前，巨人创造过辉煌；4年前，巨人跌入低谷；新世纪，巨人从上海复出；感谢上海优良的投资环境、良好的政策环境；感谢上海人民的厚爱。史玉柱真的重新站起来了。"

2002年，我们的债还清了，现金越积越多。每天都有新项目找过来，但是我特别怕犯错误，担心不该投的项目投了，企业会有问题。最后我们决定了应该如何把这个钱花掉：第一，投在回报率高、稳定的行业；第二，安全，钱不会一下子没了，安全系数高；第三，可变现能力强，因为我们公司可能随时就要钱。

我在管理上参与得越来越少，我玩游戏的时间越来越多。团队中的一些人对我很有意见，他们说我上班不务正业。后来我提出一个想法，如果我去做网游，那就不是不务正业了，管理层全部支持。

由此，国内网游行业市值最高的公司又在我手中诞生了。

第三章 时刻展示自己最好的一面

智慧箴言

在一切看似不可能的境地中，不放弃的找到自己再生的机会。在机会来临是敏锐的抓住发展自己。成功就是对机遇敏锐的嗅觉和永不放弃的精神。

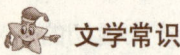 文学常识

吴钩　泛指宝刀、利剑。出自汉赵晔《吴越春秋·阖闾内传》："吴作钩者甚众。"而有人贪王之重赏也，杀其二子以衅金，遂成二钩献于阖闾，诣宫门而求赏……乃赏百金，遂服而不离身。不平凡的来历铸就了一柄宝剑，成了渴求建功立业者的利器。辛弃疾《水龙吟·登建康赏心亭》："落日楼头，断鸿声里，江南游子。把吴钩看了，栏杆拍遍，无人会，登临意。"通过看吴钩，拍栏杆，表达了自己意欲报效祖国，建功立业，而又无人领会的失意情怀。

李政道的幸运

适用作文主题
兴趣成就梦想。

美籍华裔物理学家李政道博士 1940 年到美国读研究生，他的导师是大师级的物理学家费米教授。费米教授每周用半天时间跟李政道讨论问题，他的主要目的是训练，让学生对一切物理问题都能够自己独立思考，找到答案。费米每次讨论时都问问题，让李政道回答。

有一次，费米问李政道：太阳中间的温度是多少？李政道答：大概是一千万绝对温度。费米问：你是怎么知道的？李政道说：是从文献上看来的。费米问：你自己有没有算过？李政道答：没有，这个计算比较复杂。费米告诉李政道：作为一个学者，这样不行，你一定要自己思考和估计，你不能这样接受人家的结论。李政道问：那怎么办？这里面有两个公式，看起来倒也不是最复杂，真要算起来，却并不那么简单。费米说：你能不能想一个其它的方法来计算？李政道说：想什么办法呢？没有大计算器。费米说：我们一块来做一个大的计算器。费米教授当时正在做着很重要的物理实验，跟做计算器一点关系也没有，但是他放下手中的实验，与李政道一起做了计算器。

不久，全世界唯一的、专门用来做大计算的计算器做好了，李政道用自己的计算器，用新的方法计算出了太阳中间的温度。

李政道博士在一次讲演中专门讲到这个故事。他说，费米教授看重的，并不仅仅是做这样一次计算，他是让学生明白，作为一个科学家，你不能轻易接受别人的结论，你必须自己亲手实验，而且要尝试使用新的方法。

这件事情让李政道博士一生受益无穷。李政道博士说，自己是幸运的，在学生时代有幸碰上了费米教授。这件事情使自己得出做任何事情都要以身作则的人生结论。使自己在以后无论学术研究还是做人处世当中，都始终坚持脚踏实地，想新方法，同时也启发了自己对科学研究、解决问题的兴趣。

李政道博士说，自己现在带研究生沿用的就是费米教授的教学方法，用一定的时间与学生讨论问题，培养学生探讨解决问题的兴趣，因为一个人，只要当他对所从事的事业有了浓厚兴趣的时候，才会全身心地投入，才能够有所发现。

智慧箴言

寻找你感兴趣的事情，并找到合适的环境去认真的做，做好做强。不要小瞧你的兴趣，不要马马虎虎的应付你遇到的问题。机遇是要靠自己发现的。

生活小常识

自然界中颜色变化最多的花要数"弄色木芙蓉"了。它的花初开的时候是白色，第二天变成了浅红色，后来又变成了深红色，到花落的时候又变成紫色了。这些色彩的变，看起来非常玄妙，其实都是花内色素随着温度和酸碱的浓度的变化所玩的把戏。

在曲折中品味酸甜苦辣

适用作文主题：自信，坚定，坚持不懈。

上初一时，刘翔的身高窜到1米70以上，不过练着练着，教练发现刘翔再跳高也许很难出头，于是就想到帮他改个项目。

1996年夏，恰逢上海市青少年田径赛在莘庄第二少年体校举行。副项

100米比赛中，刘翔跑得轻松自然，不仅速度快，而且节奏好。这下也"惊动"了看台上的上海田径二线队跨栏教练万水泉。一时心急的他，飞步跨过栏杆，一个垫步跳到了刘翔身边。万指导俯下身子捏了捏他的脚跟腱，兴奋地说："你有想过练跨栏吗？"而从那一刻起，刘翔也开始知道了跨栏的分量。

半年后，刘翔家接到一个电话，是上海队的跨栏教练孙海平。原来，孙海平早就看上刘翔，计划回来后收下这个徒弟，没料到回来后刘翔人不见了。孙教练与刘翔爸谈得很坦诚。"这孩子有天赋，他要不练，真可惜了。"孙教练最后说："我保证，要练不出名堂，送他上体院。"

为慎重起见，孙海平提出，刘翔要试训一周。一周训练，刘翔的动作僵硬，完全不是半年前那棵让人眼前一亮的好苗了，孙教练泄气了，但一个细节最终让他留下刘翔。孙海平说："我真的准备放弃了。第五天，我教了他一个动作，他的领悟能力很强。因为天赋有两种，一种是先天的，另一种是领悟以后获得的，一个练体育的孩子，领悟能力尤其重要。"

16岁的刘翔被"突击提拔"，从一个体校学生变成了上海田径队一队的运动员。当时他膝关节有老伤留下的积水，孙海平立即带着刘翔去上海最好的医院，找最好的医生。

孙海平在训练中注重针对刘翔的特点，加强基础的专项训练。三个月后，孙海平的"刘翔训练模式"就取得了成功，刘翔跑出了14秒19的好成绩，14秒30是健将的标准，刘翔成为一个没有任何级别运动员证书的运动健将。

刘翔的进步当然也是惊人的，练了不到两年，他就在1998年江苏徐州举行的全国锦标赛中获得男子110米栏第三。可是，就在徐州比赛即将结束时，刘翔的右膝也严重的扭伤了。

除了爸爸和爷爷，家人都反对刘翔成为专业运动员，他们害怕练不出结果，同时希望刘翔能够和平常孩子一样在学习上出人头地，决意让他远离体育，去考大学。这个时候，在孙教练的支持下，刘翔做出了自己的决定——他要把跨栏进行到底，他已经深深的迷上了这项运动。刘学根又一次站在了儿子身边，他苦口婆心地为儿子争取了最大的支持。

刘翔是个跨栏的奇才。要知道1995年的时候，他还在练跳高，当时刘翔很自信，他说："如果我的身高能够达到两米，我在跳高项目上将会有作为。"他当时已经拿过上海市少年跳高冠军了，的确是一个很不错的跳高人才。但是就是那一年，他现在的跨栏教练孙海平看上他了。用孙海平的话说，跨栏

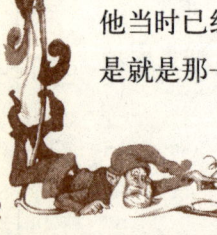

选手需要胆量，很多人看到 1 米多高的栏横在眼前就不敢过，而刘翔有这样的胆量，再就是从他练跳高看，他的速度和爆发力很好。

从此，刘翔一发不可收拾，在国际大赛中频频折桂，越来越多的人将目光投向了这位名不见经传的中国选手。

2004 年 8 月 28 日凌晨，刘翔生命中最激动人心的一刻就要到来了。

刘翔低头摆好姿势，然后将头慢慢抬起，目光如炬。就在这空气都要凝固的空当里，一刹那，刘翔脑子里浮现了爸爸妈妈的笑脸，他知道，此刻他们正用一种什么样的眼神在看着他啊！

前方是 110 米的跑道，以及跑道上连成一个平面的 10 个栏架。

发令、起跑、跨越，一个接一个的跨越，最后冲刺。当刘翔进入跑道，用 12 秒 91 完成梦幻般的一个奇迹的同时，刘翔的家人和邻居欢呼了不仅仅是 12 秒 91，而是一直持续了半个小时。鲜花也被抛上了天空，门口特意准备的庆祝的"28 届奥运会的鞭炮"也响了起来……

在亲人的肩膀上，刘翔看到了从前的路，自己的影子正穿过 10 年的时空飞奔而来，慢慢的消失在他湿润模糊的视线里；他也看到了更遥远的未来，那是自己的背影，每向前跑一段，就回过头来看看，向爸爸妈妈挥挥手，眼里满是欣喜的泪花。

 智慧箴言

人一定要在最适合自己的位置上才能发挥最大的作用，取得最大成功，相信自己独一无二的才华，并努力的寻求机会展示它。

 笑话碰碰车

皮埃尔是群集在巴黎蒙马特尔的肖像画家之一，他以前卫派画家自居。

有一次，他在塞纳河畔开了一个画展，把自己的作品都张挂起来。有个 50 岁的妇人从旁边走过，见了他的画，说："哎哟，这画可真有味。眼睛朝那边，鼻孔冲向天，嘴是三角形的呢！"

皮埃尔对老妇人说："欢迎你来参观，太太，这正是我描绘的现代美呀！"

"哦——！那太好了！小伙子，你结婚了吗？我把长得和这画像几乎一模一样的女儿嫁给你好吗？"

第三章 时刻展示自己最好的一面

最好的时机随时存在

适用作文主题
把握，犹豫，勇敢向前。

告诉自己我最棒【中学版】

激烈的拳击赛开始，穿红色短裤的红方和穿白色短裤的白方，在拳击台上全力争夺拳王的宝座。

第一回合打下来，几乎是一面倒的局面。红方的选手只顾着招架，勉强应付着白方选手凌厉的攻势，几乎没有出手的机会，如此这般地支撑到钟响。红方选手退到角落，不待教练开口，便立即向教练解释自己的战略。他告诉教练不用急，他的防守十分严密，只要等待合适的时机，白方选手一有破绽露出来，便可立即用重拳击倒对方。

第二回合的情况与第一回合大同小异，但红方选手的防守似乎较第一回合来得困难，而对手的攻势亦随之更加猛烈，破绽似乎尚未出现。

第三回合、第四回合、第五回合过去，红方选手的劣势丝毫未变。钟响后红方选手退回角落休息，不待他开口，教练终于忍不住了，"得了，干脆你明白告诉我，你是想拿冠军，还是想角逐诺贝尔和平奖？"

如果人生的竞赛犹如拳王争霸，请问你想拿冠军，还是期望角逐和平奖呢？

或许我们可以有许多的理由和借口，永远在等候下一次更佳的机会，好让自己得以奋力一击；但往往更常见到的结果是，终此一生抱怨怀才不遇，而让自己和家人过着平淡无奈的生活。

智慧箴言

了解自己的特质，勇往向前，再给自己一次机会，果敢地挥出漂亮的一拳，你将发现人生的确有其不同之处！

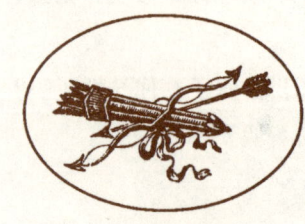

> 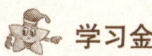 **学习金手指**
>
> 学习必须勤于思考。中学是一个重要的学习阶段。在这个期间要注意培养独立思考的能力。要防止那种死记硬背,不求甚解的倾向。学习中要多问几个为什么。一个问题可以从几个不同的方面去思考,做到举一反三,融会贯通。

狼狗与笨狗

适用作文主题
优劣比较,辨别敌友。

灵宝市是有名的黄金产地,当地的千万富翁有许多。有钱的人家都重视自己的安危,于是就选择凶残敏捷的藏獒、黑贝或牧羊犬作为家庭警卫。这些品种不一的名狗被他们统一称呼为狼狗,而千百年来在黄河流域看家护院的狗被鄙夷为本地笨狗,大部分上了人们的餐桌。

就在这时,灵宝、陕西交界的小秦岭产金区,出现了一个盗窃的团伙,那些养着狼狗的黄金小户,一般都被洗劫,而那些人家中养的被公认的凶残暴烈的狼狗则毫发无损。

最后,窃贼被公安干警逮住了。主犯竟是一个不到一米六的精瘦小男人。在他的交代中,有一个情节令我震惊:"我们都是晚上作案,白天踩好点。如果见这家养着本地笨狗,他家再有钱我都不去。因为笨狗只忠实于自己的主子,你要尽手段它也不认,只是不住声地叫。这样叫着,还不把家里人叫醒了?!狼狗就不一样,狼狗看着凶,其实好哄得很,你一到,它准要大声叫,但你不用怕,叫几声主人也不会醒,因为它耳朵太灵,鼻子太尖,生人一到它家院跟前,它就叫唤,这样叫得多了,主人就不在意。但如果它一直不停地叫,而且越叫越凶,主人肯定会起来。但是这儿的人不知道,我只要拿一根竹竿,在狼狗开始扑咬的时候,把拴着它的铁链子拨拉一下,它就以为这家主人把它转卖给我了,我就成了它的新主人,任凭我在这家做甚,它都一声不吭。它家里的东西被我们搬光了,钱也拿走了,我们走的时候,它还对我摇尾巴。"

 智慧箴言

被人蔑视的笨狗竟然比体型凶猛的狼狗更会看家护院，可见我们不能以貌取"狗"，要深入的了解后再下判断。而且当我们看到那些外表光鲜被人前呼后拥的人时，不要妄自菲薄，而是等到机会展示自己。

 好词好句

描写爸爸妈妈的好词：狮子鼻 甜蜜蜜 细高挑 双眼皮 笑吟吟 香喷喷

我爹虽是一校之长，但总爱做"鬼脸"追我，还扮成"日本军官"吓我，真是"老顽童"！

不择优录取

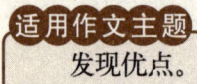
适用作文主题
发现优点。

德国一家著名的钢铁公司录取员工别具一格，他们不是择优录取。而是经过笔试和体验，从体检合格和笔试成绩优秀者中录取20%左右，从成绩平平者中录取60%，成绩较差者中录取约20%。

这家钢铁公司的老总解释说："成绩优秀者只录取20%，是因为笔试成绩优秀并不等于在实际操作时一定是佼佼者，成绩优秀的人往往骄傲、不合群、共事困难、搞不好团结，我们在录取员工时，倾向于更多地吸收成绩并不十分出众但具有一定水平的人。实践证明。这批人中往往会出不少人才。而且，笔试成绩差的人中也不乏人才。他们中有的笔试成绩不太好，可是在实际操作中却令人十分满意，再说，如果工厂都不收他们，会造成社会问题。"

 智慧箴言

每个人都有自己的长处，会有伯乐发现你的长处，重用你赏识你。可在那之前，你要寻找机会展示你的才华才行。

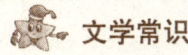 **文学常识**

白衣苍狗 亦叫白云苍狗，比喻世事变幻无常。出自杜甫诗《可叹》："天上浮云似白衣，斯须改变如苍狗。古往今来共一时，人生万事无不有。"人事变化，犹如浮云，一会儿像白云，一会儿像灰狗。宋刘克庄《沁园春·和吴尚书叔永》："笑是非浮论，白衣苍狗，文章定价，秋月华星。"人生是是非非如同天上白云，变化无常，难以逆料，只有"定价"文章如"秋月华星"，光照人间。

能人全都死在能耐上

适用作文主题
善用自己的才能，节制。

大回姓回，人高马大，手大脚大嘴大耳朵大，人叫他大回。

叫惯了大回，反倒没人知道他的名字。

大回是能人，专攻垂钓。手里一根竹竿子，就是钓鱼竿；一个用针敲成的钩，就是渔钩；一根纳鞋底子用的上了蜡的细线绳，就是渔线；还有一片鸽子的羽毛拴在线绳上，就是鱼漂。只凭这几样再普通不过的东西，他蹲在坑边，顶多七天，能把坑里几千条鱼钓光了。连鱼秧子也逃不掉。

甭管水里的鱼多杂，他想要哪种就专上哪种鱼；他还能钓完公鱼钓母鱼，一对对地往上钓。他钓的大鱼比他还沉，钓的小鱼比鱼钩还小。

人说钓鱼凭的是运气，他凭的便是能耐。

钓鲫鱼用的红虫子，又小又细，而且只有一层薄皮儿，里边一兜儿血红的水。要想把鱼钩穿进去，那可不易；弄不好钩尖一斜，一股红水出来，单剩下一层皮儿了。可人家大回把红虫子放在嘴里，在腮帮子那里存着。用的时候，手指捏着渔钩，张开嘴把钩往里边一挂，保管把那小红虫漂漂亮亮穿在渔钩上。就这手活，谁会？

他无论钓什么都有绝法，比如钓王八。

钓鱼时钓到王八,都是竿儿弯,线不动,很容易疑惑是钩上了水下边的石块。心里急,一使劲,线断了!大回不急,稳稳绷住。停了会儿,见线一走,认准那是王八在爬,就更不急着提竿。

尤其大王八,被渔钩钩住之后,便用两只前爪子抓住了草,假若用力提竿,竿不折线断。每到这时候,大回便从腰间摸出一个铜环,从渔竿的底把套进去,穿过渔竿一松手,铜环便顺着渔线溜下去。

水底下的王八正吃着劲儿,忽见一个锃亮的东西直朝自己的脑袋飞来,不知是嘛,扬起前爪子一挡,这便松开下边的草。嘿,就势把它舒舒服服地提上来!

这招这法,还在哪儿见过?

天津卫人过年有个风俗,便是放生。就是把一条活鲤鱼放到河里。为的是行善,求好报。放鱼时,要在鱼的背鳍上拴一根红绳,做个记号。倘若第二年把这鱼打上来,就再拴一根红绳。第三年照样还拴一根。据说这种背上拴着三根红绳的鲤鱼,放到河里,可以跳龙门。一切人间的福禄寿财,就全招来了。

可是鲤鱼到处有,拴红绳的鱼无处弄到。鱼要是给渔钩钩过一次,就变得又灵又贼。拴一根红绳的鲤鱼在鱼市上偶尔还能看见,拴两根红绳的鲤鱼看不见,拴三根红绳的连撒网打鱼的也没瞧见过。你想花大价钱买,他会笑着说:"你有本事把河淘干了,我就有本事把它弄上来。"

怎么办?找大回。天津卫八大家都是一进腊月,就跟大回定购这种三根红绳的鲤鱼了。

大回站在河边,看好鱼道。鱼道就是鱼在水里常走的路,大回有双神眼,能一眼看到水里。他瞧准鲤鱼常待的地界,把一个面团扔下去。这面团比栗子大,小鱼吃不进嘴,大鱼一口一个。

但这面团里边决不下钩,纯粹是扔到河里喂鱼,一天扔一个。开头,那贼乎乎的大鱼冒着危险试着吃,一吃没事,第二天再来一个,胆儿便渐渐大起,以后见了面团张嘴就吞。半个月二十天后,大回心想差不多了,用渔钩钩个面团扔下去。错不了——一条拴红绳的大鲤鱼就结结实实绷住了。

可是这法子最多只能钓到拴两根红绳的鲤鱼。三根红绳的鲤鱼决不上钩。这三根绳的鲤鱼已经被钓到三次,就是吃屎也不敢再吃面团了。使嘛法子?

就用小孩的干屎做鱼食！大回是不是把鱼琢磨透了？

南门外那些水坑，哪个坑里有嘛鱼，哪个坑里的鱼大小，哪个坑的鱼有多少条，他心里全一清二楚。他能把坑里的鱼全钓绝了，但他也决不把任何一个坑里的鱼钓绝了。钓绝了，他玩什么？

故而，小鱼不钓，等它长大；母鱼不钓，等它产子。远近钓者就称他"鱼绝后"，这可不是骂他，是夸他。

这外号并不好。

民国三年，夏至后转一天。大回钓了一天鱼，人困马乏。多半辈子，整天站在坑边河边，风吹日晒，身子里的油耗得差不多了。他在鼓楼北的聚合成饭庄，吃饱肚子喝足酒，提着一篓子鱼摇摇晃晃回家。走不动就靠墙睡会儿。他家在北城根，这一段路不近，他走走停停直到午夜，迷迷糊糊就趴在大街上了。

这时街上走过来一辆拉东西的马车，赶车人在车上睡着了。但就是醒着也瞧不见他——凑巧这段路的几盏街灯被风吹灭了。这真是该活死不了，该死活不了。马车从他身上压过去时，车夫那老家伙睡得太死，居然也没觉出来，转天亮才被人发现，大回已让车压成一个片儿了，贴在地面上。奇怪的是，人压瘪了，鱼篓子却没压着，里边的鱼还都活着。等巡警一追查，更奇怪的是，那车上拉的东西，竟然是一车鱼！这事叫人听一怔一惊，脖子后边冒出凉气来。

有人说，这事坏就坏在他那个外号上了，"鱼绝后"就是叫"鱼"把他"绝后"了。但也有人说，这是上天的报应，他一辈子钓的鱼实在太多了，龙王爷叫他去以命抵命。可事情传到东城里的文人裴文锦——裴五爷那里，人家念书的人说的话就另一个味儿了。人家说，能人全部死在能耐上。

 智慧箴言

善用自己的才能，利用自己的才能为社会做些有益的事，而不是用在玩乐的事情上。大回"玩鱼丧命"的惨剧，值得我们引以为戒。

生活小常识

仅剩一株的树木

在普陀山慧济寺西侧的山坡上生长着一株称作普陀鹅耳枥的树木。这种树木在整个地球上只生长在普陀山，而且目前只剩下一株，可见，它该有多么珍贵！因此被列为国家重点保护植物。普陀鹅耳枥是1930年5月由我国著名植物分类学家钟观光教授首次在普陀山发现的，后由林学家郑万钧教授于1932年正式命名。遗存的这株"珍树"高约14米，胸径60厘米，树皮灰色，叶大呈暗绿色，树冠微扁，它虽度过许多大大小小的风雨寒暑，历尽沧桑，却依然枝繁叶茂，挺拔秀丽，为普陀山增光添色。

写作专题

作文如何以"小"见"大"

 立意的高低,往往决定着文章的成败。立意高的文章,能够以尺水见波澜,反映社会生活,能让人感觉到时代发展的步伐。但在我们同学的实际生活中,所接触到的都是一些平凡的人和事,犹如和风,犹如细雨,犹如闲云,犹如轻烟,要用小弦拉出高调是何等困难!实际上,"小"与"大"是对立统一的,"小"是现象,"大"是本质,小是大的一部分,大是通过小来反映本质特征的。因此,在写作中,要从大处着眼,小处着手,通过小题材反映大主题。而要达到这个目的,应该从下面几点入手:

 1.联系实际,挖掘材料的闪光点。生活中有些事情看似平淡无奇,但它却是整个社会的基础,对这些生活素材进行多方面的思考,深入的开掘,就能够从具体的人事景物概括出人类普遍的感情和抽象的道理。从平凡中见不平凡,从无奇见有奇,使文章的主题得到升华。如作文《习惯》,写自己上学时习惯走老路,生怕走新路耽搁上学时间,有一次自己提前上路,放胆走一回新路。一路忐忑不安,但终于走到了学校。由此感悟到:"我们平时生活中,之所以保持旧习惯,不敢尝试,不也往往是患得患失心理在作祟吗?"。再如作文《鲇鱼跑了》,写家人虽然对买来的鲇鱼严加防范,但第二天发现它们还是逃脱了。作者不由感叹:"拼搏中的生命具有不可遏制的力量!"这两篇作文的题材都很平淡,但主题却比较深刻,成功之处就在于深入挖掘!

 2.想象联想,赋予新的内涵。想象和联想是写作中不可或缺的思维方式,它可以使我们在写作中由物及人,由人及社会,由平淡到有奇,由小到大。如《蒲公英》,作者由眼前的蒲公英想到战时的蒲公英,再想到自己收养的像蒲公英一样的孩子,从而揭示了反对战争,渴望和平的主题。再如《白杨礼赞》,作者由西北高原上平凡的白杨树,联想到抗战军民及其精神。这两篇的题材也很平常,但是作者通过想象和联想,赋予了事物新的内涵,给人耳目一新的感觉。

3. 放开眼量，提升到时代高度。优秀的文章总是跃动时代脉搏，传递时代信息，表现时代精神。小中见大，不是简单的结论和生硬的哲理，而是贵在从小事中折射出时代风貌。如作文《争》通过描写一家三口几年前争看电视和现在争用电脑两个场面，反映了科技的发展给人们生活带来的巨变。由家庭生活的细枝末节展示出时代风貌，文章的境界顿出，这不正是作者放开眼量的结果？

成功与失败往往仅一步之遥，如果没有对材料进行精心提炼，用心挖掘和认真构思，即使是很有价值的材料，也可能造成一文不值的平庸之作；相反，如果我们在写作时，追求高的立意，那么即使是平淡无奇的材料，也能写出意味隽永的佳篇来。

第四章

丢掉怯懦，勇敢面对困境

怯懦于我们好似一件"皇帝的新衣"，披上它，我们看不见了困难，看不见失败和沮丧，看不见我们的汗水和眼泪。可是不去面对并不意味着可以逃避。与其自欺欺人地逃避，不如勇于面对。

当影帝与摆地摊

适用作文主题
豁达，乐观。

梁家辉，香港著名艺员，主演了大量很有影响的影片，其名声和威望在国际影坛上也占有一席之地。

大陆观众认识梁家辉，是从他主演的《火烧圆明园》和《垂帘听政》开始的。由于主演这两部影片，他的演技倾倒了许多观众，他也因此而获得了香港影帝的称号。

正当他事业辉煌的时候，却遭遇了戏剧性的变故。这两部影片是在北京拍摄的，由于当时台湾对大陆的敌对，台湾方面把梁家辉当做通共的对象，导致他的所有影片不准在台湾放映。要知道，台湾是个巨大的市场，哪个片商也不希望失去这个市场。从此，没有人敢邀请梁家辉拍片，结果，一个影帝沦落到无人问津，接不到戏。

无奈之下，梁家辉联络了几个朋友，自己设计、自己制作了一些工艺品，诸如手镯、铜钱什么的，并拿着这些东西去铜锣湾摆地摊换取生活费。

一个记者拍到了这样的镜头。镜头从一个个摊位掠过，最后定位在梁家辉身上，还给了他一个特写。只见他蹲在地上，面前摆着他的工艺品。他没有躲避记者的镜头，反而很自然、很友好地向记者挥手笑笑，仍然蹲在那里守护、抚弄、叫卖着他的那些小玩意儿。记者问他，摆地摊和拍电影有什么不一样？他说，没什么不一样啊！都是艺术，你看，我卖的这些工艺品不都是艺术品吗？

梁家辉整整摆了一年地摊。这一年，他认识了很多人，包括他在香港电台工作的太太。这一年，他积累了很多人生经验，为他以后炉火纯青的表演并成为国际影星增加了许多素材。

曾有媒体报道说，摆地摊那年，是梁家辉演艺生涯中最黑暗、最落魄的一页。他却说："我不觉得这是落魄，我觉得这也是一种生活。"

谁说不是呢？生活就是这样豁达，当影帝是一种生活，摆地摊也是一种生活。面对豁达的生活，你的心境是否也如此豁达？

智慧箴言

怎么样都是生活，何不选择快乐一点的方式。影帝和摆地摊之间的落差如此之大，可梁家辉却安之若素，豁达的心境，乐观的面对挫折，这些品质也是一种宝贵的财富。

 好词好句

描写爸爸妈妈的好词：五官端正 面色铁青 面红耳赤 笑容可掬 浓眉大眼

我的爸爸身材矮小，瘦精精的，白白的皮肤，黑黑的头发，那一头自来卷的"大波浪"发型，

永不屈服的传奇英雄

适用作文主题

意志坚强，接受挑战，在绝境中奋起。

虽然可能一般人不太知道他是谁，但在美国、在商业界，他却是一个传奇性的人物，每个月里有成百上千个团体、单位邀请他去演讲。不论在美国的哪个城市，只要他一出现，就有许多人围着他，要他签名留念，他平均每天收到500封信，许多人都写信要求他去竞选总统。他的名字叫李·艾柯卡，在美国几乎家喻户晓。他曾是美国福特汽车公司的总经理，现在则是克莱斯勒汽车公司的总经理，今年60岁。他1985年发表的自传，成为非小说类书籍中有史以来最畅销的书，印数高达150万册。

1924年10月15日，艾柯卡生于美国宾夕法尼亚州。艾柯卡的父亲尼古拉12岁搭乘移民船来到新大陆，白手起家，略有一些资产。父亲在大萧条的艰苦岁月中，始终持乐观态度和坚定信念，这给艾柯卡留下深刻的印象。每当艾柯卡遇到困难时，父亲总是深情地鼓励他："太阳总是要出来的。要勇往直前，不要半途而废。"多年以后，艾柯卡在事业上遭受挫折时，他就以父亲的教诲激励自己，坚韧不拔地迎接挑战，从逆境中奋起，重振雄风。

第四章 丢掉怯懦，勇敢面对困境

父亲尼古拉从小喜爱汽车,很早就拥有一辆福特汽车公司最早期的产品——福特T型车。平时一有空,就摆弄汽车。这一嗜好无疑也传给了儿子。而儿子后来的事业都与汽车有关。

早期的意大利移民,在美国备受歧视,艾柯卡是个有骨气的人,学习成绩总是名列前茅。他毕业于美国利哈伊大学,得了工程技术和商业学两个学士学位。后又在普林斯顿大学获硕士学位,其间,还学过心理学。

1946年8月,21岁的艾柯卡来到底特律,在福特公司当了一名见习工程师,从而开始了他在汽车业中的传奇生涯。

然而,实习尚未结束,艾柯卡对整天同无生命的机器打交道的工作已感到索然无味。他感兴趣的是到销售部门同人打交道。经过一番努力,福特公司宾夕法尼亚州的地区经理终于给了他一个机会,他当上一名推销员。

推销员工作充满了酸甜苦辣。艾柯卡虚心好学,竭尽全力去干,很快学会了推销的本领,不久,他被提拔为宾夕法尼亚州威尔克斯巴勒的地区经理。销售,是汽车业的关键。艾柯卡从中明白了一个道理:想在汽车这一行获得成功,必须和销售商站在同一立场上。在以后的风风雨雨中,他始终牢记这一点,因此深得销售商的拥护。

在此期间,艾柯卡受到了一位知名人士的影响,此人是福特公司东海岸经理查利,他也是工程师出身,后来转入推销和市场工作。有一次,在本地区的13个小区中,艾柯卡的销售情况最糟。他为此而情绪低落,查利把手放在他肩上说:"为什么垂头丧气?总有人要得最后一名的,何必如此烦恼!"说完他走开了,不过他又回过头来说:"但请你听着,可不要连续两个月得最后一名!"

在他的激励下,艾柯卡灵机一动,想出了一个推销汽车的绝妙办法:谁购买一辆1956年型的福特汽车,只要先付20%的货款,其余部分每月付56美元,3年付清。这样,一般消费者都负担得起。艾柯卡把这个办法称为"花56元钱买五六型福特车"。

这个诱人的广告,使福特汽车在费城地区的销量像火箭般直线上升,仅仅3个月,就从原来的最末一名,一跃而居全国第一位。福特公司把这种分期付款的推销方法在全国各地推广后,公司的年销量猛增了7.5万辆。艾柯卡也因此名声大振。不久,公司晋升他为华盛顿特区经理。

几个月后,年仅32岁的艾柯卡又调到福特公司总部,担任卡车和小汽车

两个销售部的经理。在总部，他开始崭露非凡的管理才能，深得上司的赏识。4年后，即1960年11月10日，艾柯卡担任了副总裁和福特分部的总经理职务，时年36岁。这比艾柯卡在大学时发誓"要在35岁担任福特公司副总裁"的时间，仅仅晚了一年。艾柯卡发迹速度之快在世界上实属罕见。

进入60年代后，他亲自出马，夜以继日地研制出一款专为年轻人设计的新车，并定名为"野马"，第一年销售额竟高达41.9万辆，创下了全美汽车制造业的最高纪录。头2年"野马"型新车为公司创纯利11亿美元，他成了闻名遐迩的"野马之父"。后来"侯爵"、"美洲豹"和"马克3型"高级轿车型的推出，更是大获成功。1970年12月10日，艾柯卡终于如愿以偿地登上福特汽车公司总裁的宝座，成了这家美国第二大汽车企业中地位仅次于福特老板的第二号人物。

一瞬间，好似整个世界都在他的脚下了，艾柯卡从来没有这么得意过。可是，老天没有让他的高兴持续太久，1978年7月13日，由于"功高盖主"，他被妒火中烧的大老板亨利·福特开除了。当了8年的总经理，在福特工作已32年，一帆风顺，从来没有在别的地方工作过，突然间失业了，艾柯卡几乎无法承受住这个打击，这是梦还是现实，命运为什么要给他开这个玩笑呢？

不仅如此，亨利·福特要对艾柯卡的支持者进行一次整肃，谁要是继续保持与他的联系，自己也就有被开除的危险。艾柯卡被解雇一周后，负责公共关系的墨菲，接到了大老板亨利·福特打来的电话："你喜欢艾柯卡吗？""当然！"墨菲回答。"那你被开除了。"事情就是那么简单。

一时间，艾柯卡没有了朋友，没有了事业，仿佛他在世界上已不复存在。"野马之父"一类的话再也听不到了。昨天他还是英雄，今天却好像成了麻疯病患者，人人远而避之。

该怎么办呢？"艰苦的日子一旦来临，除了做个深呼吸，咬紧牙关尽其所能外，实在也别无选择。"艾柯卡是这么说的，最后也是这么做的。他没有倒下去。

在他被解雇之后，由于过去的威名，许多大公司诸如洛克希德、国际纸业公司等，都对他发出过邀请。但艾柯卡认为，54岁是个尴尬的年龄：退休太年轻，在别的行业里另起炉灶又太老；况且汽车的一切已经在他的血液里流动了。因此，他还是选择了汽车业这一老行当。

第四章 丢掉怯懦，勇敢面对困境

他接受了一个新的挑战——应聘到濒临破产的克莱斯勒汽车公司出任总经理。

但是克莱斯勒公司的状况比他预料的还糟。由于前任的无能,公司几乎处于无政府状态,纪律松弛,35位副总裁各把一方,互不通气;财务混乱,现金枯竭;产品粗制滥造,积压严重。就在艾柯卡上任当天,该公司宣布连续3个季度的亏损达1.8亿美元。在公司处于生死存亡的关键时刻,艾柯卡没有气馁,更不想退缩,而是深入员工中调查研究,认真分析国内外汽车市场的发展趋势。为了拯救克莱斯勒,确保65万员工的工作和生活,他没有简单地裁员,决定以紧缩开支为突破口,提出了"共同牺牲"的大政方针。艾柯卡从自己做起,把36万美元的年薪降为1美元,与此同时全体员工的年薪也减少了125倍。

"要想渡过难关,克莱斯勒人流出的血必须一样多。如果有人光等待别人为他付出,自己却袖手旁观,那就会一无所有。"他强调道:"作为企业的领导,最重要的一点就是身先士卒,做出样子。这样员工的眼睛都看着你,大家都会模仿你。"

艾柯卡把自己年薪减至1美元的做法在美国企业界没有先例,很自然地引起了轰动。克莱斯勒人长期以来一直很铺张浪费,讲究奢侈,他们无不对此深感震惊,开始时很不理解。然而榜样的力量是无穷的,老总的表率作用是最好的动员令。从各级领导到普通员工,人人渐渐地达成共识。大家毫无怨言,必甘情愿地勒紧裤腰带。

"共同牺牲"给克莱斯勒公司带来了生机,使广大员工看到了希望。艾柯卡率领高层领导班子对营销、信贷、财务、计划和人事等部门进行整顿改革,积极扶持新产品的开发,花大力气抓生产制造。

当然,更重要的是尽快拿出适销对路的产品。1982年,"道奇400"新型敞篷车先声夺人,畅销市场,多年来第一次使克莱斯勒公司走在其他公司前面。K型车面市,也一下子占领小型车市场的20%以上。

艾柯卡曾经说过——"齐心协力可以移山填海"。1983年8月15日,艾柯卡把他生平仅见到过的面额高达8亿1348万多美元的支票,交给银行代表手里。至此,克莱斯勒还清了所有债务。而恰恰是5年前的这一天,亨利·福特开除了他。

他的经历是如此的传奇,担任过福特汽车公司的总裁又被解雇,在50多岁接手濒临倒闭的克莱斯勒汽车公司，奇迹般的把这家公司从危境中拯救过来，东山再起，使之成为全美第三大汽车公司。他那锲而不舍、转败为胜的奋斗精神使人们为之倾倒。一时间，他成为美国人心目中的民族英雄。

智慧箴言

艾柯卡的成功就在于他的勇敢和智慧，在困境面前不放弃，在绝境中保持冷静地思考。在常人难以承受的打击下，他挺了过来。在外界质疑声中坚信自己的判断和选择。这些珍贵的品质成就了美国人心目中的民族英雄——艾柯卡。

文学常识

巴歌　亦称巴唱、巴讴、巴人之曲。借指鄙俗之作，多作谦词。唐人李群玉《自沣浦东游江表途出巴秋投员外从公虞》："巴歌掩白雪，鲍肆埋兰芳。"元人谢应芳《水调歌头·再和寄酬袁子英萧寺》："多谢寄来双鲤，白雪阳春数曲，为我和巴讴。"多和"阳春白雪"比照着来写，表达自己的微不足道。其典出自战国楚玉《对楚王问》。

阴影是条纸龙

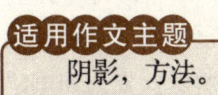
适用作文主题
阴影，方法。

人生中，经常有无数来自外部的打击，但这些打击究竟会对你产生怎样的影响，最终决定权在你手中。

祖父用纸给我做过一条长龙。长龙腹腔的空隙仅仅只能容纳几只蝗虫，投放进去，它们都在里面死了，无一幸免！祖父说："蝗虫性子太躁，除了挣扎，它们没想过用嘴巴去咬破长龙，也不知道一直向前可以从另一端爬出来。因而，尽管它有铁钳般的嘴壳和锯齿一般的大腿，也无济于事。"当祖父把几只同样大小的青虫从龙头放进去，然后关上龙头，奇迹出现了：仅仅几分钟，小青虫们就一一地从龙尾爬了出来。

第四章　丢掉怯懦，勇敢面对困境

智慧箴言

命运一直藏匿在我们的思想里。许多人走不出人生各个不同阶段或大或小的阴影，并非因为他们天生的个人条件比别人要差多远，而是因为他们没有想过要将纸龙咬破，也没有耐心慢慢地找准一个方向，一步步地向前，直到眼前出现新的洞天。

生活小常识

享有"海天佛国"盛名的普陀山，不仅以众多的古刹闻名于世，而且是古树名木的荟萃之地。普陀山环境幽美、气候宜人，是植物的极乐世界，全岛面积共约12平方公里，到处华盖如伞，绿荫遍布。据统计，共有高等植物400余种，仅树木就有184种，有"海岛树木园"之盛名。那里有许多古树名木,特别是古樟约有1,200余株。此外，像楠、松、桧、柏、罗汉松等屡见不鲜。在国家重点保护植物中还有被誉为"佛光树"的舟山新木姜子；只有普陀山分布的全缘冬青以及银杏、红楠、铁冬青、青冈、蚊母树、赤皮桐等。

坚强面对挫折方能成功

适用作文主题
面对挫折，勇于面对。

在美国有这样一件事：有一位青年在一家公司做得很出色，他为自己描绘了一幅灿烂的蓝图，对前途充满信心。突然这家公司倒闭了，这位青年认为自己是世界上最不幸，最倒霉的人，他垂头丧气。

但是他的经理，一位中年人拍了拍他的肩说："你很幸运，小伙子！""幸运？"青年人叫道。"对，很幸运！"经理重复一遍，他解释道："凡是青年时候受挫折的人都很幸运，因为你可以学到如何坚强。如果一直很顺利，到了四五十岁，忽然受挫，那才叫可怜，到了中年再学习，实在是太晚了。"

有这样一位同学：在她很小的时候，她的父母就去世了，她成为了孤儿。这使她过早的承受着过大的压力，承受着别的孩子不曾有过的痛苦，也承受着她不平凡的经历。

自从她失去双亲后,在亲人的帮助下,她勉强的读完了初中,就参加了工作,并且得到了一份很好的工作。她在那里完全可以找到自己的幸福,但她没有,她开始追逐着自己的梦想,不顾冷眼嘲讽,自学了许多科目,并参加了自考,学会了电脑,学了财会、法律等,都已经合格了,而且在她临时工作的单位里是最好的。

但这一切并没有让她满足。一边工作,一边学习,终于皇天不负有心人,在2003年她考取了本科专业。多么让人不可思议的事啊!在她的背后有多少辛酸和泪水呢?已离校6年再来考大学,谈何容易啊?难道这一切都不需要勇气和坚强的信念吗?

没有过失败,没有过挫折,就不可能有成功。这成功是需要人去追求一种精神力量才能达到的,那就是:坚强!

 智慧箴言

我们常听说挫折也是人生一种财富,也有歌曲唱到:"不经历风雨怎能见到彩虹",当挫折来临时,鼓起勇气去面对,积极想办法来解决,经历之后必能成长。

 笑话碰碰车

音乐家去世了,他留下遗嘱,请求把长笛与他埋在一起。
"天哪,幸亏当年他没学钢琴。"他的遗孀庆幸地说。

第四章　丢掉怯懦,勇敢面对困境

不肯放弃的林肯

适用作文主题

坚持自己的理想,勇敢面对困境。

坚持到底的最佳实例可能就是亚伯拉罕·林肯。如果你想知道有谁从未放弃,那就不必再寻寻觅觅了!

生下来就一贫如洗的林肯,终其一生都在面对挫败,八次竞选八次落败,两次经商失败,甚至还精神崩溃过一次。好多次,他本可以放弃，但他并没有如此，也正因为他没有放弃，才成为美国历史上最伟大的总统之一。以下是林肯进驻白宫前的简历：

1816年，家人被赶出了居住的地方，他必须工作以抚养他们；1818年，母亲去世；1831年，经商失败；1832年，竞选州议员但落选了；1832年，工作也丢了，想就读法学院，但进不去；1833年，向朋友借钱经商，但年底就破产了，接下来他花了十六年，才把债还清；1834年，再次竞选州议员，赢了！

1835年，订婚后即将结婚时，未婚妻却死了，因此他的心也碎了；1836年，精神完全崩溃，卧病在床六个月；1838年，争取成为州议员的发言人，没有成功；1840年，争取成为选举人，失败了；1843年，参加国会大选落选了；1846年，再次参加国会大选，这次当选了！1848年，寻求国会议员连任失败了！

1849年，想在自己的州内担任土地局长的工作，被拒绝了！1854年，竞选美国参议员，落选了；1856年，在共和党的全国代表大会上争取副总统的提名，得票不到一百张；1858年，再度竞选美国参议员——再度落败；1860年，当选美国总统。

"此路艰辛而泥泞。我一只脚滑了一下，另一只脚也因而站不稳；但我缓口气，告诉自己，'这不过是滑一跤，并不是死去而爬不起来。'"林肯在竞选参议员落败后如是说。

智慧箴言

谁能想到被世界人民视为伟人的林肯，经历过这么多的曲折和困难呢？在每次都足以压垮个人意志的磨难，林肯都挺了过来。他也失意和落魄过，但是在暂时的放弃后，林肯都再次站了起来，甚至可以说是这些磨难造就了我们心中的这个伟人。

学习金手指

学习必须一丝不苟。学习切忌似懂非懂。例如，习题做错了，这是常有的事，重要的是能自己发现错误并改正它。要在初中乃至小学学习阶段就要培养这种本领。这就要求我们对解题中的每一步推导能说出正确的理由，每一步都要有根据，不能想当然，马马虎虎。

当煤炭遇上了钻石

适用作文主题

勇敢的承受压力，选择展示自己的最佳机会。

桌上摆着一块光彩夺目的钻石，墙角的火炉边放有一些煤炭。

煤炭们哀声叹气："唉！为什么我们天生身体黑？天生没价值？天生这副德性？唉……"

钻石听了很不忍，便开口安慰道："同胞们，别难过了嘛！"

煤炭们一听，七嘴八舌地回答："同胞？不会吧！我们是同胞？我们可不像你天生好命，材质非凡呢！别挖苦我们了！我们怎么可能是同胞！"

钻石回答："真的，我没骗你们，我们可是远房亲戚呢！咱们的成分都是'碳'，难道不是同胞吗？"

煤炭们叹惋道："天啊！老天真是不公平！为什么我们的命运差那么多？"

钻石慢慢地说："这是因为——我在地底时承受到了很大的压力，再者，我没有像各位那么早出土，我选择在地下多待了好几千年，所以我们后来的样子会不同。同样都是碳构成的，差异却如此之大！"

人生，有两个重要的功课，做到了，就是"钻石"，否则，就是"煤炭"。

第一，要能受得住压力，否则不易成功。从来不会有一帆风顺的事，在我们努力的同时，外界总会给我们以压力，承受不住这些压力，谈不上成功。

第二，人要懂得"该出头时再出头"，不要浮躁、冒失地强出头，太急于表现，太急于出土，惯于太早"秀"出自己不成熟的意见、表现……将来您的价值不过是块"煤炭"；在土里多待一会儿，学习稳重一点，内敛一点，谨慎一点，该出头时再出头，该表现时再表现,则将来您的价值有可能是块"钻石"。急躁、爱表现都不是成功的通道。想十句，方可言一句，言一句，其作用得抵十句。

人生，要多学习稳重的功课。人不稳重，未来的路也不会稳。人生的价值是"煤炭"抑或"钻石"，关键在于如何面对压力，以及能否不毛躁、不冒进。

第四章 丢掉怯懦，勇敢面对困境

智慧箴言

无论你遇到多大的困难,只要你愿意,只要你永不言败,只要你把你的生命之灯点亮了,你都能攻克难关。煤炭、钻石,同是碳构成,却是相差万里。同样道理,人,一样的天分,不一样的结果。在这则故事里,钻石所告诉煤炭同胞们的话,也许就是答案。

 好词好句

描写爸爸妈妈的好词:怒目而视 横眉立目 双眉紧锁 愁眉不展 喜上眉梢

母亲方才转忧为喜,笑逐颜开道:"亏得儿子峥嵘有日,奋发有时。"

那个伟大的倒霉蛋

适用作文主题
失败是成功之母。

一个伟大而且倒霉的作家,他出生在一个穷医生家里。小时候没有受过很好的教育,参军后被俘身负重伤,左手致残,并屡立战功,得到元帅的嘉奖。可是当他拿着元帅的保荐书,做着即将成为将军的美梦时,在归国途中,遇到海盗,被俘后卖到阿尔及利亚,在那里做了5年苦工。

当他回到祖国的时候,很不幸,他的国家已经忘记了这位英雄,他连一个普通的工作都找不到,好不容易在无敌舰队找到一个军需的职位。一次他下乡催征,因不肯为乡绅通融减税,被乡绅诬陷入狱。从监狱出来以后,他改作税吏。一次他把税款交给一家银行保管,偏偏银行倒闭,他第二次入狱。第二次出狱,他依旧贫困,而且家里妻子、妹妹、女儿一帮人都靠他一个人养着。他住的地方,环境如此恶劣;楼下是酒馆,楼上是妓院。一天,酒馆里有人斗殴,一人倒在地上奄奄一息。他出于同情把那人背到家里,谁知人未救活,他涉嫌谋杀再次入狱。在此之后,他妻子死去,他又因为女儿的事情被法庭传讯。

就这么一个两次被俘三次入狱的人,命运从来不肯眷顾他。但恶劣的环境没有淹没他,倒霉的境遇没有打倒他,反而丰富了他。他的智慧是把倒霉

当作生命的一个必然结果加以接受，而化为生命的财富。凭着他对生活的反思和那个国家斗牛士的精神，他写出了名震世界的巨著——《堂吉诃德》。

这个伟大的倒霉蛋就是西班牙作家塞万提斯。而作品的主人公仿佛是作者的一个自我嘲讽。他证明了承受倒霉时的痛苦和顺风时的欢乐都是人生的收入，他的账本上没有支出。

 智慧箴言

失败是成功之母，这是古今中外的至理名言。塞万提斯数次遭遇这样残酷的灾难，不仅丝毫没有被压倒，反而从灾难中汲取智慧，成就了一部世界瞩目的文坛巨著。经历人生的磨难并以积极的心态去面对，那么磨难会变成生命的馈赠。

文学常识

哀鸿　比喻哀伤苦痛、流离失所的人。考其源流，"哀鸿"一语出自"鸿雁"。《诗·小雅·鸿雁》曰："鸿雁于飞，哀鸣嗷嗷。维比哲人，谓我劬（qú，劳苦）劳。"诗歌写使臣行于四方，见流民如鸿雁飞集于野，流民喜使者到来，皆合词倾诉，如鸿雁哀鸣之声不绝。后来以鸿雁在野、哀鸿遍野喻指百姓流离失所。龚自珍《己亥杂诗》："三更忽轸（zhěn，悲痛）哀鸿思，九月无襦淮水湄。"写的就是人民痛苦流离的生活。

第四章　丢掉怯懦，勇敢面对困境

不带钱去旅行

 **适用作文主题**
鼓起勇气，战胜怯懦。

一个平凡的上班族迈克·英泰尔，三十七岁那年下了一个疯狂的决定，放弃他薪水优厚的记者工作，把身上仅有的三块多美元捐给街角的流浪汉，只带了干净的内衣裤，决定由阳光明媚的加州，靠搭便车与陌生人的好心，横越美国。

他的目的地是美国东岸北卡罗莱纳州的"恐怖角"（CapeFear）。

这是他精神快崩溃时做的一个仓促决定,某个午后他"忽然"哭了,因为他问了自己一个问题:如果有人通知我今天死期到了,我会后悔吗?答案竟是那么的肯定。虽然他有好工作、美丽的同居女友、亲友和乐,他发现自己这辈子从来没有下过什么赌注,平顺的人生从没有高峰或谷底。

他为了自己懦弱的上半生而哭。

一念之间,他选择北卡罗莱纳的恐怖角作为最终目的,借以象征他征服生命中所有恐惧的决心。

他检讨自己,很诚实的为他的"恐惧"开出一张清单:打从小时候他就怕保姆、怕邮差、怕鸟、怕猫、怕蛇、怕蝙蝠、怕黑暗、怕大海、怕飞、怕城市、怕荒野、怕热闹又怕孤独、怕失败又怕成功、怕精神崩溃……他无所不怕,却似乎"英勇"地当了记者。

这个懦弱的三十七岁男人上路前竟还接到奶奶的纸条:"你一定会在路上被人杀掉。"但他成功了,四千多里路,七十八顿餐,仰赖八十二个陌生人的好心。

没有接受过任何金钱的馈赠,在雷雨交加中睡在潮湿的睡袋里,也有几个像公路分尸案杀手或抢匪的家伙使他心惊胆战,在游民之家靠打工换取住宿,住过几个破碎家庭,还碰到不少患有精神疾病的好心人,他终于来到恐怖角,接到女友寄给他的提款卡(他看见那个包裹时恨不得跳上柜台拥抱邮局职员)。他不是为了证明金钱无用,只是用这种正常人会觉得"无聊"的艰辛旅程来使自己面对所有恐惧。

恐怖角到了,但恐怖角并不恐怖,原来"恐怖角"这个名称,是由一位十六世纪的探险家取的,本来叫"Cape Faire",被讹写为"Cape Fear",只是一个失误。

迈克·英泰尔终于明白:"这名字的不当,就像我自己的恐惧一样。我现在明白自己一直害怕做错事,我最大的耻辱不是恐惧死亡,而是恐惧生命。"

花了六个星期的时间,到了一个和自己想象无关的地方,他得到了什么?

得到的不是目的,而是过程。虽然苦、虽然绝不会想要再来一次,但在回忆中是甜美的信心之旅,仿如人生。

也许我们会发现,努力了半天到达的目的地,只是一个"失误"。但只要那是我们自己愿意走的路,就不算白走。

后来他写了一本书《不带钱去旅行》(The Kindness of Stranger)。

智慧箴言

平顺的人生可能是很多人都向往的,但也因此错过很多的乐趣。未必每人都向迈克那样去找困难,但是起码在困难来临时我们不逃避不害怕。

生活小常识

据目前报道,我国只剩一株的树木,除普陀鹅耳枥之外,还有生长在浙江西天目山的芮氏铁木,又名天目铁木。这株国宝属于桦木科,铁木属。铁木属这个家庭共有4名成员。它们皆为落叶小乔木,分布于我国的西部、中部以及北部。可喜的是,仅剩的这株铁木1981年结了少数几粒果实,科学工作者已用它进行育苗试验,并进行了扦插繁殖。铁木材质较坚硬,可供制作家具及建筑材料用。

小母牛莫莉

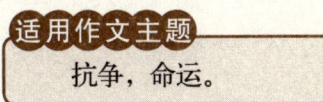
适用作文主题
抗争,命运。

一天,在美国蒙大拿州大瀑布城,一头重约1200英镑的黑色小母牛"莫莉"跳出屠宰场大门,悄悄地穿过居民区,开始它的逃亡之旅。

警方在9时30分接到报案时,它已经站在拥挤的十字路口中央,警察试图抓住它,他们使用栅栏将小母牛逼向一辆拖车,但是它拼命闯过栅栏,向密苏里河跑去,途中差点被一辆雪弗莱车撞上。

小母牛逃向铁路,从疾驰而来的列车前方跃过,将警察远远抛在后面,然后它毅然横穿公路,导致交通混乱,并吸引来大量围观人群。费了九牛二虎之力,警察和屠宰场工人终于在密苏里河旁边的一个公园里面包围了它,小母牛毫不畏惧,纵身跳入冰水之中,游向河流的西岸。警察不得不匆忙赶往河西岸,兽医也被要求带着麻醉枪前往缉捕。追捕者布下大量路障,小母牛行动放缓,兽医趁机向其射击,两枪过去,居然不见效果,直到发射第三枪麻醉剂才让它丧失活力，不再乱跑。

而再次来到屠宰场，"莫莉"的命运似乎已经出现转机。屠宰场经理莫里斯说："我们不想再宰杀'莫莉'了，屠宰场员工投票，以 10 比 1 压倒性票数同意'莫莉'继续活着。如果'莫莉'的主人坚持要宰杀它，我建议他去其他屠宰场。"美国多家动物保护组织均表示要为"莫莉"找个家，平安度过以后的日子，直至自然死亡。

 智慧箴言

莫莉的命运似乎注定了是被人宰杀，但是莫莉并没有放弃，为自己争取到了生存的权利。每个人都有着改变自己命运的力量，重要的是，你要有改变自己命运的意识。命运掌握在我们自己的手中。

笑话碰碰车

一位醉心于抽象派和立体派绘画的学生，在画展中花了大半天时间去选购名画，选了许多幅都不满意。最后他为一幅白底黑点铜框的画所倾倒，他问画展的工作人员："这幅标价多少钱？"

"这是墙上的电灯开关。"

充满力量的巨人

适用作文主题
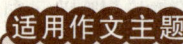
顽强，抗争，奇迹。

6 岁之前他是个健康聪明的孩子，尤其擅长背唐诗，被邻居称赞为"神童"。然而就在 6 岁那年，这个金色童年里，他却得了一种怪病，走遍全国求医问药，专家都一概摇头："这孩子患的是世界上罕见的恶性脑癌，患病的几率是十亿分之一，非常危险。"

在疾病的折磨下，他的视力急剧下降，12 岁左眼失明，26 岁右眼也彻底失明，完全坠入黑暗世界。与此同时，他的面部剧烈变形，头部骨骼日益突出。头疼难忍的冬夜，他甚至披着外套出门，一头扎进院子里冰冷的雪堆。同时，由于脑肿瘤刺激生长素分泌过多，他被猛然拔长到 2 米，细高如杆。当他摸索着墙壁走路的时候,简直令他的家人伤心透顶——这是一个巨人,却是一个痛苦而脆弱的巨人。

不过他深信,不幸总会结束的。直到有一天,他无意中听到家人的争吵。父亲沉声说:"从完全发病到死亡,专家说只有3个月。认命吧。"母亲哭道,"我还是不信,还有治的!"

自己从未体悟过幸福为何滋味,老天就宣判了死刑——他突然明白,为什么这些天碗里总有肉了,为什么父母的嗓音总沙哑着,为什么头痛得更加剧烈……那晚,院子里忽然吵吵嚷嚷,他又听到一个噩耗:邻家的女孩竟遭遇车祸当场死亡!犹如身立悬崖,又被踢了一脚,他心如死灰:"人生如此无常,即使健康美丽的她,也会顷刻间消失,活着又有什么意思?"

之后他闭门不出,几天后忽然如醍醐灌顶:既然余日不多,何不放下所有思虑,痛快地活一场?剩下的每个日子,都是最最宝贵的啊,不如走出去,感受一下这个大千世界!

他第一次拄着拐棍走进院子,走上街道。他及肩的长发随风飘着,头顶感受到了阳光丝丝缕缕的温暖——一切如此自由清新。他不再害怕嘲笑,羞辱或者死亡,置之死地而后生,焕然一新,本真生活。

奇迹竟然随之发生。被预言只有3个月生命的他,居然顽强地迎来了新一年的春天,而且右眼视力恢复到0.02,长年的头痛也忽然减轻。

他更加坚定了走出去的决定。他不顾父母劝说,租住在一间不足10平米的小房间里。

为了赚取房租和微薄的生活费,他开了一个小店。每天一早,他仔细地把头发梳理好,就在门口卖报纸、推销电话卡。他高瘦的身材,奇怪的头形,有点近视的眼睛和那副大黑框的眼镜,回头率几乎有百分之百。对各种怪异的眼神,他都一笑作罢,照样乐观。

还有多少人深陷痛苦不能自拔呢?他渴望和他们并肩战斗、互相鼓励,他又开通了求助热线,每个夜晚都守着电话机,等待需要倾诉的朋友。迄今为止,他已经收到过上千求助电话,甚至帮助不少自杀者恢复了生活勇气。

不久,他又异想天开,居然给一个有名的电脑公司发邮件,希望对方免费培训盲人,让他们也能共享网络方便。持续不断地发送邮件,居然得到回音,公司副总裁为此召集座谈会并邀请他参加。时下,第一期40人的盲人电脑培训班已经开始授课。这家公司的公关经理来到他简陋的住所,听取他希望建

第四章 丢掉怯懦,勇敢面对困境

立一家公益网站的设想——当天也恰巧是他的生日。

所有人都对这个患有绝症、能量非凡的巨人感到钦佩。对于他而言，一切却很简单：不管生命还能延续多久，双眼还能看见多远，从他走出家门时就变成真正充满力量的巨人，勇敢直面惨淡生活，无视所有恐惧犹豫——人生从此峰回路转。

智慧箴言

奇迹都是由人创造的，在渺茫的概率和艰苦的努力过程中，永远将生放在第一位的积极态度和不向命运妥协的力量让人敬佩。

学习金手指

学习必须持之以恒。俗话说"水滴石穿"、"一口吃不成胖子"。因此，最好制定一个学习计划，常常自我监督，严格要求，每天或分阶段自己或让父母检查，是否完成了学习计划，为什么没有完成，怎样补救等等。总之，学习不能只凭热情，三日打鱼，两日晒网是做不成大事的。

失败者的镇痛良药

适用作文主题
面对失败，承受疼痛。

每年8月份，我所在的学校都要迎来一些高考落榜的学生。他们是来复读的，我们常戏称之为"高四学生"。登记高考分数的时候，他们往往在讲出一个羞于开口的数字之后适时地补充一句：今年没考好。每逢听他们这样讲，我都忍不住追问一声：为什么？答案五花八门：自己病了，家人病了，心情很糟，知了太吵，天气太热，不许如厕，笔是假货（高考答题卡限用正宗2B铅笔填涂）……我知道了，在这些落榜考生的眼里，自己是世界上最值得怜惜的人，是"瞎了眼"的命运女神无情捉弄，才使得他们与一个本应实现的梦失之交臂。

失败是一件让人疼痛的事，但我们聪明地发现一种镇痛良药——为失败

找一个借口。小时候跌倒了，妈妈说：宝贝不哭，妈妈给你打这块破地，打这双坏鞋。大概就是从那个时候起，我们明白了有一种推卸很受用，有一种解脱很愉悦。于是，当那种锥心的痛再次袭来时，我们便乖巧地闪身，避进一个叫做"借口"的硬壳里，就像寄居蟹避进螺壳中，在一方安谧的天地中冷眼观看恶浪又掀翻了谁人的梦想。

有一个故事，可以用来嘲笑那些擅长为自己编造借口的人：有这么一位仁兄，他天天到湖边去钓鱼。但不知什么缘故，他总也钓不到大鱼。钓友们讥笑他道：你闯进幼儿园里去了吧？他脸孔红红，却梗着脖子讲出一个让人倒下的缘由——你们懂什么？我家只有一口小锅，如何能煮得下大鱼！

哲人说：成功的路上尽是失败者。但我以为，那些失败者必有一种共同的素质——正视失败。正视失败就是不惧怕展览愚蠢，把生命中每一个致败的"蠢细胞"都展览到光天化日之下，不让它藏匿，不让它躲闪。命运举起皮鞭的时候，就让血肉之躯去承受，没有永远的螺壳做我们终生的避难所，让皮裂开，让肉绽开，让血淌下，让舌尖一点点舔着那镂骨的腥咸，告诉自己：承受疼痛是为了作别疼痛，承认失败是为了永诀失败。为了拥抱成功，请你去寻觅路口、渡口、出口，但却不要寻觅借口。

 智慧箴言

为失败找借口，是一种逃避的表现。借口是给我们的懈怠提供一个着陆点，是给胆怯建筑的一个温室，是我们下一次失败的感染源。让我们勇敢的直面失败的疼痛，锤炼出一副叫做教训的盔甲。

 好词好句

描写爸爸妈妈的好词：肥头大耳 结结实实 粗手大脚 四肢发达 步履矫健

不管他上班有多忙多累，只要一进家门，确切的说，只要一见到我，他就立刻眉开眼笑，我也跟着手舞足蹈起来。

第四章 丢掉怯懦，勇敢面对困境

跌倒了别急着站起来

适用作文主题
勇气，自省。

读中文系的他在大四那年，借了一笔启动资金，雄心勃勃地召集了几个计算机专业的在校生，在中关村附近注册了一家电子公司，但他的公司没开张多久，便在内外交困中败下阵来，几个助手一哄而散，只留给他一个无法收拾的烂摊子。

很快，他又重打锣鼓另开张了，在新科技园内开了一个专营电脑器材的小公司，但运行的结果并不像他想像的那样轻松，没过多长时间，他的小公司再次关门。

两次失败，让他欠下了一笔不大不小的债务。而一向自负的他是绝不肯轻易认输的，此后，他又接二连三地在北京信息产业密集区创办了好几个与电子相关的公司，很遗憾，他的一而再、再而三的执著，并未让他赢得成功，接二连三的失败让他债台高筑。

一天，他沮丧地将创业经历讲述给老教授听，言语中流露出对自己连续创业失败的不甘和无奈。

老教授耐心地听完他的倾诉，没有马上发表自己的意见。而是给他讲了自己年轻时听到的一个小故事，故事的内容大致是这样的：

一个旅行者在自己进行的途中，突然改变了原来选定的路线，决定抄近道前往目的地。没想到，在他穿越那片看似很平坦的草地时，没走几步，脚被什么东西猛的绊了一下，把他摔了个跟头，对此，他没太在意，从草地上爬起来，他揉了揉有点儿痛的膝盖，继续前行，但没走出几十米，他又结结实实地摔了一跤，这一回，他没有急着站起来，而是躺在那里，一边揉着受伤的腿，一边仔细地打量脚下的草地。

原来，绊倒他的是一个草环，那是一种丛生的植物，用疯长的、极柔韧的枝蔓编织的一个很隐蔽的草环，在他跌倒的周围有很多这样的草环，行人稍不留意，就会绊个跟头，待他坐起来，将目光再往前一延伸，不由得大吃一惊——前方不远处，掩藏在繁花绿草间的，竟是一片可怕的沼泽。

转到另一条安全的路上，他仍在庆幸刚才跌的那个跟头，更庆幸自己没有像第一次那样漫不经心地急于爬起来赶路，而是细心地查清了让自己跌倒的原因，还认真地打量了自己原本自信的道路……

事后，他又心有余悸地说，那片隐藏在草地深处的沼泽，不久前好吞噬了两个粗心的过路人呢。

老教授的故事讲完了，他站起身来，向教授深鞠一躬，真诚地说道："老师，谢谢您的故事，我懂了——仅仅想到跌倒后赶紧爬起来还远远不够，还必须知道自己是因为什么跌倒的，知道怎样才能不跌更大的跟头……"老教授微笑着点头，送走了聪明的他。

数年后，已是北京一家大型企业文化策划公司老总的他，谈及创业的种种坎坷经历时说，让他感受最深，永远难以忘怀的，就是老教授给他讲的上面那个小故事。

是的，我们每个人在人生旅途上，都难免会遭遇各种各样的挫折和失败，能够不被挫折吓倒，勇于从失败中重新崛起，这固然可贵，但善于冷静地观察、分析、总结失败的原因，真正弄清楚究竟是什么东西让自己摔了跟头，从而避免再摔跟头或少摔跟头，却是跟为可贵的，因为成功不仅仅需要信心、激情和坚忍，还需要清醒的头脑，需要理智的经营。

智慧箴言

失败后的奋起固然可贵，但是能够及时的从失败中查找原因，通过自省寻找失败的内因，这也是很重要的。

文学常识

高山流水　也作"流水高山"。相传春秋俞伯牙善于弹琴，钟子期善于听琴。每当伯牙弹到描写高山、流水的曲调时，钟子期就感到他的琴声犹如巍峨的高山、浩荡的江河。钟子期死后，伯牙叹无知音，不再弹琴。后常借指知音或乐曲的高录。明唐寅《世情歌》："清风明月用不竭，高山流水情相投。"辛弃疾《谒金门》："流水高山弦断绝，怒蛙声自咽。"

第四章　丢掉怯懦，勇敢面对困境

没有走错的路

适用作文主题
困难，转变。

詹姆斯随着淘金大军前往美国西部冒险，希望能发大财。但他很快就发现，淘金的人太多，而金矿资源太少，想靠淘金暴富太难。事实上，有许多淘金人，后来都赔得血本无归。

后来他就开动脑子想其他门路。当时到西部淘金的人太多了，但那里服务简陋，资料也十分紧缺。詹姆斯从中看到了商机，开了一家杂货铺，出售铁锹、牛仔裤、水壶、威士忌等商品。詹姆斯很快凭此就赚了一笔钱。但后来积压了一大批货物卖不出去，资金无法周转，杂货店开不下去了，他只好低价抛售存货，盘点了小店，离开了西部。

回到故乡的詹姆斯，凭借之前的开店经验和一些积蓄，在故乡小镇上开了一家大型商场。这是小镇上首家大型综合商场，货物齐全而方便，人们都很好奇，纷纷前来购物，刚开业时生意还不错。但过了一段时间就不行了：小镇上居民太少，购物量有限，养活不了一家大型商场。勉强支撑了半年，詹姆斯把此前挣的一点钱全赔进去了，还欠了一屁股债。

但詹姆斯也并非一无所获。他在经营这家商场的过程中，进一步熟悉了管理经验和经商的技巧，他分析自己失败的原因，是浅水里养不了大鱼，小地方成不了大事业。于是，他把目光投向了人群密集的纽约。他跟在纽约的朋友联系，说服他借钱给自己，然后在纽约开了一家大型超市。超市开业后，生意十分兴隆。几年后，詹姆斯成了一个大富翁。

有记者去采访詹姆斯："詹姆斯先生，您有没有觉得您当初到西部淘金、到小镇开店是走错了路？如果您一开始就选择来纽约，而不是在西部和小镇上浪费时间的话，您取得的成就一定会比现在还要大。"

詹姆斯笑道："恰恰相反，如果没有那段经历，我根本就不可能来纽约。是那段经历，给了我经验、眼光、智慧、谋略和勇气，这些都是我得以到纽约经商并取得成功的保证。"

智慧箴言

　　就是曾经的弯路给了詹姆斯自信和豁达。在度过人生的低谷时，他养成了坚韧、乐观的性格。他经历的曲折和困难，对怯懦地人来说是无法跨越的高山，对他来说恰好是一次眼光、智慧的考验，有这样想法的人不管跌倒几次，都会再次站起来，走向成功的。

 生活小常识

　　最大的精子

　　生物的雄性生殖细胞叫精子。动物有，植物也有。植物中苏铁精子的体积是所有生物中最大的。那么，它究竟有多大呢？长 0.3 毫米，视力好的人，不用放大镜也可以看见。生物界最大的精子，只有那么一点点大，其他的精子，可以想象是多么的微小了。

　　苏铁的精子，形状像陀螺，它的前端着生很多的便毛，排成一环一环的能够在花粉管的液体内自由游动。它与雌花中的卵子结合，发育成胚胎，以后长成幼小的苏铁。

第四章　丢掉怯懦，勇敢面对困境

勇于冒险

适用作文主题
勇于冒险，挑战未知。

对于那些害怕危险的人，危险无处不在。有一天，龙虾与寄居蟹在深海中相遇，寄居蟹看见龙虾正把自己的硬壳脱掉，露出娇嫩的身躯。寄居蟹非常紧张的说："龙虾，你怎么可以把唯一保护自己身躯的硬壳也放弃呢？难道你不怕有大鱼一口把你吃掉吗？以你现在的情况来看，连急流也会把你冲到岩石去，到时你不死才怪呢？"龙虾气定神闲地回答："谢谢你的关心，但是你不了解，我们龙虾每次成长，都必须先脱掉旧壳，才能生长出更坚固的外壳，现在面对危险，只是为了将来发展得更好而做出准备。"寄居蟹细心思量一下，自己整天只找可以避居的地方，而没有想过如何令自己成长得更强壮，整天只活在别人的护荫之下，只能永远都限制自己的发展。

 智慧箴言

每个人都有一定的安全区，你想跨越自己目前的成就，请不要画地自限，勇于接受挑战充实自我，你一定会发展得比你想像中的更好。

笑话碰碰车

一位艺术家问画廊的负责人关于他正在展览的画是否有卖出。

负责人："嗯，我有一则好消息与坏消息要告诉你。好消息是曾经有一个人来过这儿，并且问我说：'如果你死后，画的价值是不是会提高？'我回答他：'是的。'于是他一口气买了你全部的12幅画回去。"

"太棒了！"画家欣喜若狂地说，"真令人高兴！"

"坏消息是……"负责人接着说，"那个人是你的主治医生。"

倒过来看世界

适用作文主题
开阔思路，逆向思维。

18世纪末期，英国政府把犯了罪的英国人统统发配去开发澳洲。一些私人船主承包了运输工作。起初，英国政府实行的办法是以上船的人数支付船主的费用，至于到了澳洲上岸的时候还有多少人活着就与船主无关了。船主为了牟取暴利，尽可能地多装人，又把生活标准降到最低限度。一旦船只离了岸，船主按人数拿到了政府的钱，对于这些人能否活着远涉重洋到达澳洲就不管不问了。事情过去三年之后，英国政府发现了这个问题，三年间从英国到澳洲运送的犯人在船上的死亡率达到12%，其中死亡最严重的一艘船上424个犯人死了158个，死亡率高达37%。英国政府想了很多办法：每一艘船上都派一名政府官员监督，再派一名医生负责犯人的医疗卫生，并对犯人在船上的生活标准做了硬性规定，还把船主召集起来进行教育培训。但是情况依然没有好转，死亡率一直居高不下。

一位英国议员提出假如倒过来，政府以到澳洲上岸的人数为准计算报酬呢？政府采纳了他的建议。这个措施一实行，船主主动请医生跟船，在船上准备药品，改善生活，尽可能地让每一个上船的人都健康地到达澳洲。

过去看来令人头痛的问题就这么轻而易举地解决了。

英国摄影师巴尔特，特别擅长拍团体照，他与别的摄影师一样，在准备拍照前都是喊"一、二、三"，所不同的是：别的摄影师要求大家先做好准备，拍出来的效果却不能让人满意，因为上百人之中，难免有人忍不住眨了眼睛；而巴尔特在未拍照前却要求大家先闭上眼睛，待喊过"1、2、3"后再睁开眼睛，结果拍出来的照片个个目光炯炯。

这个逆向思维的创新简单又奇妙。但在生活中许多人想不到，原因就是受惯性思维的束缚，因而窒息了创造力。

解决难题的办法，有时候就像瓶底的水，当你喝不到够不着的时候，只要倒过来就能喝上了。

智慧箴言

看似毫无头绪的问题，只要我们打破僵硬的思维，从新思考，必然会找到合适的解决之道。

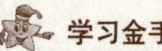 **学习金手指**

学习方法因人而异，但正确的学习方法应该遵循以下原则："熟读精思"——就是要根据记忆和理解的辩证关系，把记忆与理解紧密结合起来，两者不可偏废。我们知道记忆与理解是密切联系、相辅相成的。一方面，只有在记忆的基础上进行理解，理解才能透彻；另一方面，只有在理解的参与下进行记忆，记忆才会牢固，"熟读"，要做到"三到"：心到、眼到、口到。"精思"，要善于提出问题和解决问题，用"自我诘难法"和"众说诘难法"去质疑问难。

写作专题

如何为文章画龙点睛

一、什么是点题

点题，就是在恰当的地方用简明扼要的语句点明题意，揭示文章的主旨，暗示全文的脉络层次。这种用于点题的语句，我们称之为点题之笔。这种点题之笔，在诗歌中又称之为"诗眼"，在文章中又称之为"文眼"，是全诗文的精神"团聚处"。

二、为什么要点题

巧妙的点题之笔，着墨不多，但常会收到画龙点睛的艺术效果。所以，我们在写文章时，必须在关键的地方用上几句警语点明要旨，使文章的内容更加精辟有力，以起到画龙点睛的作用。

点题作用具体表现在以下三方面：

1．点明全文中心，使读者一目了然，便于掌握中心，抓住重点，提高阅读效率；

2．使中心突出，给人留下深刻的印象；

3．升华主题，有时着墨不多的几个词句，就能使读者豁然开朗，使文章思想内涵得到进一步升华。

因此，我们在阅读时可别忘了作者点题之笔，作文时更要注重运用点题之笔。"赘字冗词不能有，点题之笔不可无。"它是理解与写好文章的十分重要之处，决不能等闲视之。

三、怎样点题

点题之笔的艺术可谓多姿多态，精彩纷呈。常见的有以下五法。

1．开宗明义，篇首点。落笔入题，紧扣标题，为全文定下基调，使读者一下子就抓住意脉。如《挖荠菜》一文开头："我对荠菜，有着一种特殊的感情……"总领全文，点出题目，提供了贯穿全文的线索：这是一种怎样的特殊感情？为什么会产生这种特殊感情？因此，产生极强的艺术感染力和吸引力。

2. 卒章显志,结尾点。点睛之法,卒章显志,最为常见。在充分叙述、说明或议论的基础上,水到渠成,一语破的,既能让读者充分地、准确地把握中心思想,同时在结构上收束全文。如冯骥才的《珍珠鸟》。

3. 蕴涵深沉,含蓄点。这种方法,字面上看与标题没有直接联系,但在意义上含蓄点出了题意,让读者进行深思体味。如《七根火柴》的末句:"他用颤抖的手指打开了那个党证,把剩下的六根火柴一根根递到指导员的手中,同时,以一种异样的声调在数着:'一、二、三、四……'"这个结尾很容易引起人们去回味七根火柴的不平常的来历。

4. 貌似重复,强调点。《白杨礼赞》反复五次点题:"白杨树实在是不平凡的,我要高声赞美白杨树!"强调了对白杨树的赞美之情,歌颂了根据地的军民。

5. 前后呼应,首尾点。有些文章,作者让题目或题旨文字出现于文章开篇与结尾,既突出中心,又使结构严谨,首尾圆合,题贯始终。如臧克家的《闻一多先生的说和做》。

点题之笔,就是点睛之笔。"睛"者,"精"也。"重槌一击定亮音,肺腑一句见精神。"老舍先生说:"宁吃鲜桃一口,不吃烂杏一筐。"、"既有'睛',也要'精'。"这是文字大师的灼见。所以,点睛之笔,语言既要简洁又要闪光,我们要牢记之。

第五章
追逐梦想使你变得更耀眼

你可以沉默,但是不能内心平庸;你可以平凡,但是不可以甘于沉寂;你可以不自信,但是不能没有梦想。给自己制定一个梦想,让我们燃烧心底的渴望;孜孜不倦地追求梦想,发现我们未知的潜能;当达到梦想的时候,你会发现自己是多么闪耀。

为新生命的诞生而飞翔

适用作文主题
追求梦想。

1961年,艾雷罗·戴利格出生于意大利西西里岛的埃特纳火山脚下一个平凡人家。在独特自然环境中长大的戴利格,对大自然有一种特殊的爱。

19岁时,戴利格顺利考入了巴黎体育大学。在校读书期间,他便对攀岩、登山这类挑战高度极限的运动产生了浓厚的兴趣,而最令他痴狂的则是三角翼滑翔伞。

然而,滑翔伞运动是一项并非一般人都能参与的运动。这项运动有着较高的危险性,要求飞翔者必须具备较强的操控能力和娴熟的飞行技巧。因此有关部门规定:从事滑翔伞运动人员必须经过专业学习,经考试合格后方可允许。经过不懈的努力,戴利格最终通过了严格的考核,顺利领得了滑翔伞运动的执照。

一天,戴利格在一位酷爱登山的朋友家欣赏其拍摄的喜马拉雅山景色照片。突然,他发现在喜马拉雅山的上空有一个奇怪的小黑点。这顿时激发了戴利格的好奇心,于是他拿起放大镜仔细研究起来。原来那个极小的黑点竟是一只展翅翱翔的尼泊尔雄鹰。

从此,雄鹰在海拔9000米高空自由翱翔的画面,深深地烙印在了戴利格的心头。在喷气式飞机都难以企及的高空,雄鹰不惧起伏不定的气流和猛烈旋转的飓风,依然搏击翱翔近万米高空,这是一种多么伟大的精神啊!然而,这种鹰目前正处于濒临灭绝的边缘。戴利格决心要为尼泊尔鹰的生存和繁衍献出自己微薄的力量。

2001年,戴利格致电给英国布里斯托尔的一个鹰养殖基地,要求成为人工养殖鹰的志愿者。

不久,戴利格就收到了鹰养殖基地寄给他的邮包。打开邮包,他惊奇地发现里面安稳地"睡"着一枚鹰蛋。同时,邮包里还附有一封信,上面写满了关于鸟类饲养的注意事项。

于是，戴利格在朋友的帮助指导下，经过悉心人工孵化，小雏鹰终于破壳而出。

尼泊尔鹰有个奇特的天性，当雏鹰睁开眼睛时，首先映入其视线的那个形象，就会被当成是它的父亲。于是雏鹰在整个成长过程中，会一直依赖于"父亲"的保护和疼爱。即使这个"父亲"和它根本就是两种不同的生物，雏鹰也丝毫不会产生怀疑。

就这样，戴利格担负起了雏鹰"父亲"的职责，他经常通过爱抚让雏鹰感受到安全。并给雏鹰起了一个好听的名字叫"搏尔"。

在戴利格的百般呵护下，搏尔渐渐地长成了一只英姿勃勃的雄鹰。戴利格知道，是该教搏尔学习飞翔的时候了。

一个明媚的早上，戴利格把搏尔放置在自己的胳膊上，操纵着12平方米的三角翼滑翔伞直升高空。起初，从未离开过地面的搏尔用利爪拼命地抓住"父亲"的胳膊，全身紧张地颤抖。但天性使然，随着他们逐渐地上升，搏尔突然"呼"的一下松开鹰爪，振翅高飞。它一会儿向下俯冲，一会儿向高空盘旋飞翔。

尽管，戴利格很希望搏尔能够拥有属于它的自由和蓝天，但是当搏尔离他而去的瞬间，他依然感到一阵心痛。

然而，为了保证鹰的自然生存和繁衍，他必须把已经学会飞翔和捕猎的搏尔送到炎热的尼罗河，那里才是搏尔真正的家。

这天，戴利格操纵着滑翔伞在空中飞翔，搏尔伴随其左右，他们沿着尼罗河谷向南飞行。沿途，他们遇到了难以预料的种种艰难和险情。途经撒哈拉沙漠时，由于干燥炎热的气候，使他们严重缺水。为了寻找水源，戴利格不得不暂且停下行程。

在这里，他意外遇到了当地的图阿雷格人。这个仍处于游牧状态的群体，对从天而降的戴利格充满了敌意。

然而戴利格知道，在此时极度缺水的状态下，他必须从图阿雷格人那里取得淡水。为了表示友好并取得对方信任，戴利格依次用滑翔伞载着他们，让群体中的每一个成员都体会了"飞翔"的感受。最终，大开眼界的图阿雷格人，高兴地送给了戴利格很多的淡水和食物。

数天后，戴利格终于把搏尔送到它的"家"。搏尔振翅重归大自然，但戴利格心中依然充满忧虑，因为搏尔从小与"父亲"长大，根本不认识与它同类的鹰。戴利格希望它不会感到孤独和不安。

第五章 追逐梦想使你变得更耀眼

2002年，戴利格又着手人工孵化一只西伯利亚野鹤。为了让雏鹤在破壳时能够适应这里的环境，戴利格用录音机录下自己的声音，并在蛋的孵化过程中反复播放。

野鹤也同样处于濒危的边缘，这很大程度上归咎于人类的肆意捕杀。而人工喂养对野鹤的成长也存在着弊端。因为从小在人的照料下长大的野鹤，对人类丧失了警惕性，重新回到大自然后，它们可能会轻易地再遭猎人的枪口。

于是，戴利格在雏鹤破壳之前，就准备好了一副野鹤的面具，为了便于给雏鹤喂食，他还准备了一个人造鹤喙。

终于，雏鹤破壳了。身上还未长出羽毛的雏鹤，蜷缩在壳边瑟瑟发抖。戴利格戴上野鹤面具，一边向雏鹤问好，一边轻轻地把雏鹤捧到柔软的鸟窝中。雏鹤果然认出了戴利格的声音，逐渐平静下来。

数月后，羽翼日益丰满的雏鹤，已长成了一只美丽的野鹤。这也就意味着，又到了送它重回大自然的时候了。

为了不打乱野鹤迁徙的规律，戴利格带着野鹤乘车到西伯利亚，然后按照西伯利亚野鹤迁徙的途径，丝毫不差地飞越哈萨克斯坦、土库曼斯坦和伊朗，最终到达目的地野鹤的家乡——里海沿岸。而这一次，戴利格不再伤心，而是由衷的骄傲和欣慰。

2005年的春天，戴利格向维也纳实验中心申请了一枚尚在孵化箱中的受精南美秃鹰蛋。成年的南美秃鹰翅展宽达三米多，是世界上一种最大的猛禽。然而，如此威猛凶悍的禽类，依然难逃因人类的滥捕而濒临灭绝的命运。

为了让雏鹰在出壳后的第一时间，准确地记住同类鹰的样子，戴利格几经周折找到了一架无论是颜色还是形状都与成年的南美秃鹰一模一样的滑翔伞，并覆盖在孵化箱上。

不久，雏鹰终于破壳了。只要是出现在雏鹰的面前，戴利格便会身穿他亲手制作的黑色羽毛秃鹰装，故作展翅翱翔的动作，还会用人造鹰嘴给雏鹰喂食。

在戴利格的精心调教下，小秃鹰学会了飞翔和捕食。

2005年的冬天，戴利格再次操纵着滑翔伞，亲自送成年的秃鹰回家。他一路滑翔、盘旋、直升，一直把它送到了海拔6962米的南美洲安第斯山脉的主峰阿空加瓜山。

2006年3月26日，在返程的途中，戴利格操纵的滑翔伞不幸失事，年仅45岁的他带着无限的欣慰和希望走了。带着他"我为新生命的诞生而飞翔"的诺言悄然离去。

 智慧箴言

梦想的实现需要我么付出很多东西，但追逐梦想中的快乐，以及梦想实现后的成就感，对，也都是其他任何东西无法比拟的。

 好词好句

描写爸爸妈妈的好词：虎背熊腰　膀大腰圆　五大三粗　风度翩翩　杨柳细腰

我的妈妈30多岁，她是从事文字工作的——编辑。其实不用问，你从她那常年不离身的眼镜就能猜出来个八九不离十。

有梦的人生不会落空

适用作文主题
追求梦想，永不放弃。

出生于农村的门焕新，从小就喜欢写写画画。母亲对儿子的这一爱好并不赞成，她坚持认为儿子就应该好好读书。倒是他那身为小学教师的舅舅对外甥的这一爱好给予了巨大支持。门焕新的舅舅是位书画爱好者，并有一定的造诣，年少的门焕新在舅舅的辅导下，书画技艺有了突飞猛进的提高。

升入高中后，门焕新的一位同学帮他联系到了商丘市著名书画家孙民。孙民教门焕新从白描入手，临摹古今名作，苦练基本功。从此每到课余时间或者休息日，他就跑到田间地头对着花草树木写生，画完之后，他还要附上一行浑厚有力的隶体字。

渐渐地，只要纳入门焕新视线的景物，特别是农村田园风光，都被他画得栩栩如生、入木三分。尽管颇具专业水平，但门焕新还是感到不满足，他想更大程度地提高自己的书画技艺，便经常逃课，到一所艺术学校偷艺。当时，

第五章　追逐梦想使你变得更耀眼

那所艺术学校开设书画班,但学费很贵,门焕新交不起这笔钱,只好出此下策。

然而,门焕新的学习成绩在不断下滑,1984年参加高考时,他名落孙山。他很想复读来年再考,但母亲却含泪对他说:"儿子,放弃复读吧,家里实在没有能力供你啊……"就这样,这个从小就痴爱书画艺术的有志青年,却不得不接受命运的安排……

回到家里,门焕新依然痴迷书画艺术,母亲和乡亲们对他的做法都不赞同,但倔强的门焕新坚信自己会有成功的那一天。

1988年初,门焕新饱含激情地画了一幅农村田园风光图,他的舅舅看到后,鼓励他将这幅画寄给了河南农民报社,没过多久,《河南农民报》文艺版就将其刊登了出来。

门焕新简直不敢相信自己的眼睛,这可是他的处女作啊!这对于门焕新来说是个极大的鼓励,从此他就热情洋溢地描绘农村田园风光,作品屡见于全国影响较大的报刊。

这时舅舅提醒他说:"趁着年轻,你应该出去闯荡闯荡,多长些见识对你练习书画也有帮助。"门焕新正好有外出打工的想法,因为弟弟妹妹都在上学,家里毫无积蓄,很需要他外出打工资助,经舅舅这一提醒,他便立即跳出了农田,辗转到开封一家化工厂当运煤工。

运煤工作十分辛苦。白天进入煤厂后,门焕新立即成了一个黑人,他要推着很重的一车煤,走很远一段路。晚上洗漱,他发现连鼻孔和咽喉里都堆了厚厚的一层灰尘。拉了一天的煤后,他浑身酸痛得没有一点儿力气,甚至连胳膊都抬不起来,哪有心思和精力去练习书画呢?

渐渐地,门焕新迷惘起来:难道我永远跟煤堆打交道吗?在煤堆里能长什么见识?门焕新想摆脱这种命运,便作出决定:白天拉煤,晚上去打听开封市书画界比较有名望的前辈,他希望前辈们能给他指出一条光明大道。

不久,门焕新打听到开封市文联主席王宝贵的地址,这位书法名家建议门焕新到专业院校进修,系统学习专业知识。

门焕新何尝不想到专业院校进修啊,可他哪里有钱呢?但为了走进书画艺术"科班",他又到一家工厂打工挣学费。半年之后,学费勉强挣够了。于是,门焕新终于如愿以偿地进入河南书法函授院研修班。

经过两年专业系统的学习,门焕新的书画艺术水平上升到了一个新的高度。这时,他已结婚生子,生活压力越来越大。无奈,他又踏上了打工之路。

从此，门焕新先后在开封、安阳、郑州、常州、杭州、福州等十几个城市打工。每到一个城市，他都会去拜访当地有名的书画家，虚心地向他们请教。此外门焕新还通过各种途径到当地书画院校蹭课偷艺。就这样门焕新在辗转于各地的打工生涯中，不断汲取着多方的知识，并且迅速转为自己的创作激情，截至 2003 年底，门焕新的书画艺术作品多达 10 麻袋，仅在各大报刊上发表的作品就多达 800 幅。望着这些沉甸甸的作品，门焕新开心地笑了，他觉得自己实现梦想的日子已越来越近……

2004 年初，门焕新从朋友那里得知，福建省福清市国家级科普教育基地正在招收书画艺术类老师的消息后，便揣着一份简历和以前发表过的作品前去面试。可想而知，迎接他的是什么，主管人事的负责人当即拒绝了他的请求。但门焕新却由此而做出一个大胆的决定：带着他以前发表过的作品，找福清市国家级科普教育基地负责人毛遂自荐。

门焕新的胆略令该基地负责人感到意外，更令他感到意外的还是门焕新发表过的作品。他怎么也想不到，这一幅幅书画作品，竟然出自一个农民工之手！当即，那位负责人就决定聘门焕新为基地书画培训班老师，但有一个月试用期！

第一次授课那天，门焕新虽然讲得有些生硬，普通话也不够标准，但学生们都认真地听了下来。走出教室，他满头是汗。再次登上讲台时，他显得格外轻松和从容。学生们都被他那精湛的书画技艺所吸引，门焕新也越来越喜欢讲台，每堂课他都精心准备，认真教授。

一个星期之后，负责人突然向他宣布："你的试用期可以结束了，我们决定与你签订正式合同！"门焕新高兴得差点儿跳了起来，因为从这一刻起，他才算真正转身，步入书画界。

一天，门焕新正在讲课，一位学生突然发问："门老师，听说你只有高中学历，而且是一位农民，真是这样吗？"门焕新微微愣了一下，然后平静地说："是这样的。先请大家不要惊讶，我会把我的经历告诉大家……"

这堂课成了门焕新专门向学生们讲述自己人生经历的课程。他平静地说："命运和机会对于一些人来说也许不公，但只要有梦想，只要肯努力，也能改变命运。我从不因为我是一个仅有高中学历的农民工，而感觉比各位矮三分，因为每个人都有自己的特长，在书画艺术方面，我可以当各位的老师，但在其他专业领域，各位又是我的老师，所以在课堂上我们都是平等的……"

门焕新的一番坦陈，打动了所有的学生，赢得了他们的尊重。

2004年夏，门焕新的作品被编入一些权威的典籍中，他的影响越来越大，第二年他先后加入河南省书画协会、中国书画家协会，成为真正意义上的书画家。

2008年9月，福建医科大学开设的书画艺术教学班招聘讲师。没有过硬学历的门焕新，凭实力被破格录取，拿到聘书那一刻，门焕新激动得泪流满面。

从一个社会最底层的农民工，到一个令人敬仰的大学讲师，门焕新确实创造了一个奇迹。2009年初，在接受采访时，他却淡淡地说："我一生痴迷书画艺术，没有理由不成功；我几十年如一日追求书画艺术，也没有理由不成功。只要不抛弃梦想，不放弃追求，每个人都会创造这样的奇迹！"

 智慧箴言

只要不放弃自己的理想，不因为残酷的现实环境而忘掉当初的执着，即使走过弯路但也记得终点在哪里，这样追求梦想的我们没理由不成功，没理由不发光。

 文学常识

青眼　相传三国魏的名士阮籍，能为青白眼，对所讨厌的人，眼睛向上或向旁边看，露出眼白，表示轻视或憎恨。对喜爱或尊敬的人，就对他正视，青黑的眼珠在中间，表示尊重。他见到嵇康的哥哥嵇喜，就以白眼相待，见到嵇康就用青眼，后以"青眼"指对人喜爱或器重。杜甫《短歌行》："仲宣楼头春色深，青眼高歌望吾子。"

用右脑创业的少年总裁

适用作文主题
　追求梦想，大胆创意。

他叫张伯宏，今年22岁、原创音乐人、网游公司总裁、年薪百万，游走在娱乐圈和IT圈之间。这个唱RAP、迷恋网游的新锐人物，具备了时下新一代偶像的一切元素。

这个少年的生活经历就像一个童话，当同龄人在为中考焦头烂额时，15岁初中毕业的他远赴洛杉矶学习音乐制作；17岁的他回国发行第一张唱片，在娱乐圈崭露头角，荣登中国 TOP 排行榜第一名。很快他又华丽转身，18岁，成为上海一家网络游戏公司的 CEO！

在北京胡同里长大的张伯宏，从小就喜欢流行音乐，家里至今还堆放着一大摞各种各样的音乐碟片。

在他 15 岁初中毕业的时候，做外联工作的父母被单位派到洛杉矶，便把他带出了国门，在一所高中、大学连读的学校学习音乐制作，开始真正接受流行音乐的教育。这时，张伯宏在心里也暗暗把音乐作为今后的职业和发展方向。

这时候的张伯宏还是一个比较贪玩的孩子，网络游戏《石器时代》、《魔兽世界》和《魔力宝贝》都打得倍儿棒。他还有一个专长，就是做菜，因为吃不惯美国的比萨，父母又是四处奔波的大忙人，他只好自己动手，丰衣足食。

寄宿学校的留学生生活，让张伯宏有了一颗独立和早熟的心。以至于一年后回到国内，看到很多家长开车送孩子上学他就受不了。

留学第一年，他只出过两次校门，因为没有车，他大部分的时间还是待在学校里。安静的生活让张伯宏静下心来思考音乐，对老师布置的音乐制作作业认真打磨，并加入不同的新鲜元素进行尝试。

有一次，他把自己做的一首得意之作寄给国内的朋友分享。没想到朋友听了大声叫好，又把它推荐给了一家唱片公司。机遇就这样随之而来，这家唱片公司打电话要了张伯宏的一些小样后当即表示：想给他出一张专辑！

这对张伯宏是一个巨大诱惑，这样可遇不可求的机会多难得啊！

于是他跟父母商量，晚两年再回来上学，父母同意了。17 岁的他，满怀憧憬地回到国内。

尽管唱片公司看上了张伯宏这名新人的才气，但出专辑的时候还是慎之又慎，整张专辑基本上都是命题创作，剩下最后一首的时候，老板觉得已经不重要了，才对张伯宏说：你可以随便写。

张伯宏便有了发挥的余地。他从小跟父母走过很多城市，北京、上海、洛杉矶、伦敦、温哥华……每一个城市都有它自己的味道。但跟他贴得最近的还是北京。"别的城市要么很现代，要么很古老，不像北京，是古典和现代交织的。"

出国后，在一个华人都很少、压根儿没有北京人的学校里，张伯宏对于北京的感觉越来越强烈。而在回国后，看到这个城市一点点悄然变化，很多小时候熟悉的东西渐渐消失，这个"北京土著"男孩忍不住"有一点点感伤"了："随着时代的发展和年龄的增长，我儿时接触到的北京已经被更多的金钱欲望和商业气息所笼罩，自行车变成了地铁，小卖部变成了超市，早点摊被快餐店取代，就连扭秧歌的老人，也不知跑到哪里去了。人们住进了更高的楼房，开上了更快的汽车，但是城市的活力已经慢慢地被冰冷的机械所取代，每当夜幕降临，灯红酒绿的娱乐场所，高档奢华的KTV、PUB、CLUB、MALL等等变成了新北京的代名词，而从中间穿梭的也不再是靠下象棋取乐的老少爷们……"

为了描摹自己印象里那个"最美好的北京"，张伯宏写下了这首《北京土著》："切一片西瓜四五两，真正的薄皮脆沙瓤……当老城角的夕阳回荡拨浪鼓儿响，北京的土著有一点点感伤……"《北京土著》是张伯宏的试水之作，混合了R&B、HIP-HOP唱法，外加三弦、京胡、京味吆喝、京韵大鼓和京剧唱腔，二黄腔板儿带出来浓浓的京味儿，怎么听都像夏天吃完晚饭，大家在胡同里树下纳凉，大爷们喝茶下棋，大妈们拉着家常，小孩儿们在胡同里淘气……

歪打正着的这首歌，不由令老板眼前一亮！拿去试榜，很快荣获Channel[V]全球华语榜中榜第一名。中央人民广播电台"音乐之声"多周连续上榜，某次还冲到了第一。张伯宏的出道，成了娱乐圈的一大亮点：年仅17岁，全部包揽专辑的词曲创作，一举成为内地最小的原创音乐人！

花样年华里一切皆有可能。刚在娱乐圈火了一季度，一年后的张伯宏又迅速转身成为上海天实网络科技有限公司的CEO，聘约上的年薪高达百万。这个华丽的转身，又是怎么发生的？

原来，"上海天实"是2005年成立的一家网游公司，他们打算开发一款"实景北京2008版"的游戏，做成3D场景北京街道上的赛车，相当于《极品飞车》网络版。

当创始人江先生为游戏寻找主题曲时，发现了正在热播的歌曲《北京土著》。这首歌的音乐元素中西合璧，充分表现了既古朴又现代的北京，歌曲中新奇的创意和他们的游戏思路不谋而合。

于是，他找到了张伯宏，打算请这个男孩担任音乐总监。随着合作的深入，

在游戏发展的讨论中，张伯宏渐渐展露出了自己的商业才能。他对游戏产品化的思路提出了自己新颖的看法，认为不能把这款游戏仅仅做成游戏，而要做成社区类的服务媒体，那么它的整个赢利模式和发展前景是不可限量的。

在张伯宏的描述下，未来这款游戏将能够实现电子商务的功能。游戏网络的空间骤然扩张，"像第二人生一样，你可以在虚拟的'国贸'买东西，虚拟的三环两侧也会有广告牌。如果这个游戏发展到第三阶段，会员足不出户可以去银行办理任何业务，去商场购物，甚至去各家航空公司、旅行社订各种产品。"

这个想法令老板耳目一新。虽然张伯宏不是网游行业的专业程序员，但他思路很开阔，有最时尚、前卫、活力的头脑，能创造性地融入不同行业的理念，这正是网络游戏这个新行业最需要的素质。

于是，看重张伯宏创意的江先生下了一个赌注，100万元聘请张伯宏！虽然18岁的张伯宏此前毫无管理经验，而公司的员工却是从索尼、盛大、九城等成熟网络游戏公司中高薪挖来的。

对张伯宏来说，也是一个挑战。走到这一步，他也很惊讶。当时，脑子一片空白的他对老板说："我过两个小时给你回复。"然后，他首先想到的是给妈妈发短信，妈妈鼓励他试试。

其实张伯宏对这款网游有着非常大的兴趣。玩过很多游戏的他，对这个行业并不陌生。虽然管理方面并不是很内行，但公司的重点是在研发，运营是外包的，自己在这方面有很多创见可以帮助公司做大。因此，张伯宏决定接下这个担子。人肯定都是要承担一定的风险的，成功就是想赢不怕输。张伯宏说："我去做到我最好的，即使失败了，拿不到期权奖励的年薪，也不会饿死，大不了回头做我的音乐制作人。"

当有些人还在质疑张伯宏的CEO之旅是不是作秀时，他已经不声不响地挑起了重担。张伯宏穿梭忙碌于上海和北京之间，忙着管理公司团队，忙着出席大大小小的会议。游戏的开发也按照他的设想稳步进行，赛车和虚拟社区部分已在2008年完成。如果是跨到电子商务，不出两年，就可以全部上轨了。

随着张伯宏人气的不断提升，越来越多的商业合作向他抛来了"橄榄枝"。近期有公司正在跟他的经纪公司洽谈一部偶像剧的音乐制作，里面的全部音乐都将由张伯宏担当创作。除了与偶像剧联手外，那首红遍大江南北的《北京土著》也被一部国内的年底贺岁大片重金聘用做主题曲。

第五章　追逐梦想使你变得更耀眼

就这样，在各方质疑中，张伯宏稳稳当当地走过了一年。在 2009 年 3 月接受记者采访时，他正准备启程前往西雅图与一名收购商谈生意。这个少年老成的 CEO 看起来还像是个孩子，但人生职业的规划却始终超人一步——他正在申报北大的 EMBA。

当比尔·盖茨五十多岁、杨致远四十多岁、陈天桥三十多岁时，这个吃着麦当劳和果冻长大的小男孩，已经夹着一本叫"互联网"的大课本匆匆上路了。他格式化了父辈的"左脑型企业"模式，颠覆了商业学院奉行的一些金科玉律，他认为重要的已经不是资本，甚至不是技术和经验，而是创意，孩童般的丰富想象力，以及来自右脑的领悟力！

 智慧箴言

不管年纪多大，有梦想就要敢于追求和尝试。在追求的过程中，我们会不断地发现新的自己，挖掘新的潜能。勇敢追求梦想的人是最耀眼的。

生活小常识

最大的植物细胞

一般的植物细胞都很小，长度通常在 20-100 微米之间，1 微米等于千分之一毫米。一颗芝麻约有 3 毫米即 3000 微米，也就是说，要 30-100 个细胞排成队，才有一颗芝麻那么长，因此，必须借助显微镜放大 60 倍以上，才能看见他们的大体模样。但是也有例外，有少数植物细胞，用肉眼就可以看见。如我们切开成熟的"沙瓤"西瓜，就可以看见瓜瓤中的细胞，"沙瓤"中的每一个"沙粒"就是一个细胞，直径达 1 毫米左右，它可以算是植物细胞中的大个子。一条条雪白的棉花纤维，每一根纤维也是一个细胞，最长的可达到 75 毫米，差不多有成年人的手指那么长，西瓜瓤细胞同它相比，真是小巫见大巫。更有甚者，苎麻茎的韧皮纤维细胞，最长能超过半米，真是植物细胞中的"巨人"。它是最大的植物细胞。

追求忘我

适用作文主题
忘我，追求梦想。

1858年，瑞典的一个富豪人家生下了一个女儿。然而不久，孩子染患了一种无法解释的瘫痪症，丧失了走路的能力。一次，女孩和家人一起乘船旅行。船长的太太给孩子讲船长有一只天堂鸟，她被这只鸟的描述迷住了，极想亲自看一看。于是保姆把孩子留在甲板上，自己去找船长。孩子耐不住性子等待，她要求船上的服务生立即带她去看天堂鸟。那服务生并不知道她的腿不能走路，而只顾带着她一道去看那只美丽的小鸟。奇迹发生了，孩子因为过度地渴望，竟忘我地拉住服务生的手，慢慢地走了起来。从此，孩子的病便痊愈了。

女孩子长大后，又忘我地投入到文学创作中，并写出了一本叫做《骑鹅旅行记》的童话，这本童话在1909年获诺贝尔文学奖。获奖理由："由于她作品中特有的高贵的理想主义、丰富的想象力、平易而优美的风格"。

因此，女孩成为第一位荣获诺贝尔文学奖的女性，也就是茜尔玛·拉格萝芙。

智慧箴言

忘我是走向成功的一条捷径，只有在这种环境中，人才会超越自身的束缚，释放出最大的能量。

笑话碰碰车

一年轻人敲开了作曲家的房子，说："请问，罗西工程师是在这里住吗？"

"不，"作曲家回答，"罗西工程师的家比我高两个八度。"

积极的思考掌控人生

适用作文主题
心态，想法，事业。

在数十年前，福建某贫穷的乡村里，住了兄弟两人。他们抵受不了穷困的环境，便决定离开家乡，到海外去谋发展。大哥好像幸运些，被奴隶主卖到了富庶的旧金山，弟弟被卖到比中国更穷困的菲律宾。

数十年后，兄弟俩又幸运地聚在一起。今日的他们，已今非昔比了。做哥哥的，当了旧金山的侨领，拥有两间餐馆，两间洗衣店和一间杂货铺，而且子孙满堂，有些承继衣钵，又有些成为杰出的工程师等科技专业人才。

弟弟呢？居然成了一位享誉世界的银行家，拥有东南亚相当份量的山林、橡胶园和银行。经过数十年的努力，他们都成功了。但为什么兄弟两人在事业上的成就，却有如此的差别呢？

哥哥说，我们中国人到白人的社会，既然没有什么特别的才干，唯有用一双手煮饭给白人吃，为他们洗衣服。总之，白人不肯做的工作，我们华人统统顶上了，生活是没有问题，但事业却不敢奢望了。例如我的子孙，书虽然读得不少，也不敢妄想，唯有安安分分地去担当一些中层的技术性工作来谋生。

看见弟弟这般成功，做哥哥的，不免羡慕弟弟的幸运。弟弟却说，幸运是没有的。初来菲律宾的时候，担任些低级的工作，但发现当地的人有些是比较愚蠢和懒惰的，于是便顶下他们放弃的事业，慢慢地不断收购和扩张，生意便逐渐做大了。

这便是海外华人的真实奋斗历史。它告诉我们：影响我们人生的绝不仅仅是环境，心态控制了个人的行动和思想。同时，心态也决定了自己的视野、事业和成就。

一个人能否成功，就看他的态度了！成功人士与失败者之间的差别是：成功人士始终用最积极的思考、最乐观的精神和最辉煌的经验支配和控制自己的人生。失败者则刚好相反，他们的人生是受过去的种种失败与疑虑所引导支配的。

智慧箴言

积极的思考可以扩大我们的视野，强化我们的信心，让目标更加的远大；远大的目标自然给予我们强大的动力，去追寻梦想。

 学习金手指

形成良好的思维品质是理解数学问题的基础，数学作为培养人的思维能力的一门学科，以其理性的思考而引人入胜。它不像游山观景，以其迷人的景色让人赏心悦目，流连忘返。数学学习，是通过思考与反思去研究事物的空间形式和数量关系，让事物的空间形式与数量关系呈现出来。只有形成良好的思维品质，以良好的思维品质这把利刃拨开事物的表象，才能"看"到事物的本质。

快乐即成功

适用作文主题
成功，快乐，自尊

上个世纪初，一位少年梦想成为帕格尼尼那样的小提琴演奏家，他一有空闲就练琴，练得心醉神痴，走火入魔，却进步甚微，连父母都觉得这可怜的孩子拉得实在太蹩脚了，完全没有音乐天赋，但又怕讲出真话会伤害少年的自尊心。

有一天，少年去请教一位老琴师，老琴师说："孩子，你先拉一支曲子给我听听。"少年拉了帕格尼尼24首练习曲中的第三支，简直破绽百出，不忍卒听。一曲终了，老琴师问少年："你为什么特别喜欢拉小提琴？"少年说："我想成功，我想成为帕格尼尼那样伟大的小提琴演奏家。"老琴师又问道："你快乐吗？"少年回答："我非常快乐。"老琴师把少年带到自家的花园里，对他说："孩子，你非常快乐，这说明你已经成功了，又何必非要成为帕格尼尼那样伟大的小提琴演奏家不可？在我看来，快乐本身就是成功。"

少年听了琴师的话，深受触动，他终于明白过来，快乐是世间成本最低、风险也最低的成功，却能给人真实的受用。倘若舍此而别求，就很可能会陷入失望、怅惘和郁闷的沼泽。少年心头的那团狂热之火从此冷静下来，他仍然常拉小提琴，但不再受困于帕格尼尼的梦想。这位少年是谁？阿尔伯特·爱因斯坦，他一生仍然喜欢小提琴，拉得十分蹩脚，却能自得其乐。

 智慧箴言

快乐即成功，这是充满阳光的人生哲学。在现实生活中，我们不难见到这样一类人，他们脸色红润，身体健康，笑口常开，心情愉快，他们活出了人之为人的全部趣味，在事业上却没有太大的建树，与名利双收、功成名就不怎么沾边。这样的人果真是失败者吗？那可未必。

好词好句

描写爸爸妈妈的好词：西装革履　落落大方　不修边幅　言听计从　细嚼慢咽

妈妈的手是无所不能的。每当我肚子饿时，她总是用那双灵巧的手，做出许多美味可口的小点心。

前方不仅有罗马

适用作文主题
改变梦想，寻找新的目标。

麦瑞·格丽丝十三岁的时候，想做一名出色的医生。

那年的圣诞节，在床头挂上袜子的时候，她许下的心愿，是拥有一套完整的人体骨骼模型。

那副被处理过的骨架，被父亲带了回来。但它不能塞进床头的袜子，只能把它摆在家里的猎物室中。

这副模型是用金属的挂钩来把人体的骨骼组装起来的。麦瑞只用了两周时间，就可以把它完全拆卸，然后组装得毫无瑕疵。

她总是喜欢在手里攥一块白骨揣摩的习惯,让她失去了不少的朋友。毕竟,孩子们当中,没有几个人喜欢这种阴森森的东西。她"怪人"的绰号不胫而走。

在被霍普金斯医学院录取时,虽然没有实际坐诊经验,但就对疾病的深入研究来说,麦瑞或许不次于一些在医学院学习了四年的学生。

她的特殊,让霍普金斯医学院决定破例提前允许一个新生跟随教授们研究课题,到医学院的附属医院去坐诊,学习实际诊断的技术与经验。

霍普金斯的副校长说:"为什么不呢?既然她已经为到'罗马'而付出了那么多努力,我们不妨让她的速度更快一些。"

在一次医院的手术中,助手麦端发现,自己竟然晕血,当看到医师的手术刀割出剖口,鲜血涌出的时候,她四肢冰冷,头晕目眩。没听清楚医师在喊什么,就已经昏迷了过去。

这让麦瑞认为,自己不能这样就此止步。为洗刷耻辱,弥补缺陷,私下里,她在实验室里解剖青蛙、豚鼠。她为自己戴上了墨镜,想通过看不到殷红色的鲜血来缓解自己的紧张。可是,这也失败了,她闻到血腥的味道,也会出现晕血的症状。

学校建议麦瑞转修内科,这不需要与鲜血和手术接触。可大家都忽略了一点,内科的病号也有咯血等症状。

在查房时的再次晕倒,让麦瑞无法把握自己的前途。她心灰意冷,休学回到了家中,常常在卧室里一待就是一天的时间,甚至想要自杀。

最疼爱麦瑞的祖母为此焦虑,她决定找麦瑞好好地谈一谈。

那天下午,她拿了自己精心从《国家地理》上找出的一摞图片,然后来到了麦瑞的卧室。她一张张地把那些美丽的风景展示给麦瑞看。

麦瑞不理解祖母想向自己表达什么。祖母在她看完最后一张图片后,用沧桑的手抚摩着她金色的头发,柔声说:"孩子,这个世界上不仅只有'罗马',只要你愿意,你完全可以到达同样的美丽,甚至更加美丽的地方。"

看着祖母满是温暖的目光,麦瑞忽然哭了起来。

眼泪冲走了她之前关于理想的所有憧憬,无论什么原因,当自己与目标不得不擦肩而过,或者永远无法重合的时候,她知道,强求只可能是自取其辱,而方向不对,最好的方法就是半途而废重新开始。

我们不得不感谢麦瑞祖母的那些图片,那个温暖下午的温暖阳光。它们

第五章 追逐梦想使你变得更耀眼

在不经意间，为整个世界带去了快乐与可爱。麦瑞·格丽丝重新选择了一所大学。毕业后，她在报纸上看到了关于风靡世界的芭比娃娃的讨论。那些粉丝们说芭比的身体实在是太僵硬了，能活动的关节不多，眼睛不够大，与之前人们期待她越来越像真人的期望相差太远。

麦瑞想起了组成人体的那些骨骼，想起了自己之前所积累的知识。

她进入 Mixko 公司，并且完成了芭比娃娃征服世界之旅的重要一步，发明了骨瓷环，让芭比娃娃更接近真实的人体。赋予了芭比娃娃更宽大的额头、更大的眼睛、更灵活、更多的活动部位。

麦瑞无法想象，那个曾经固执的自己如果坚持下去，现在会是什么样子。或者一事无成，或者遥遥地幻想着自己的罗马，而永远无法到达。

其实，祖母说得直白，却无比正确，世界上不仅仅只有一个罗马那么美丽，而前方，更不仅仅只有罗马一个目标。

 智慧箴言

不适合自己走的路是很难走好的，再多美丽的风景也无法让我们体会到与梦想接近的喜悦；适时地改变梦想，寻找新的路途，说不定走下去就会有一片最适合自己的仙境呢。

 文学常识

烂柯　古代神话传说晋人王质上山砍柴，看见有几个小孩在下棋唱歌，于是就坐下来听他们唱，小孩给他一个像枣核的东西，他含在嘴里就不觉得饿了。过了一会儿，小孩催他回去，他站起来，发现斧头柄已全烂了。他回到家，原来的人一个都不在世了。后便以"烂柯"喻离家年久。刘禹锡《酬乐天扬州初逢席上见赠》："怀旧空吟闻笛赋，到乡翻似烂柯人。"

保持对梦想的忠贞

适用作文主题

追求并坚持梦想，抵制诱惑。

许多年轻人对我说，他要做一个作家。我总是鼓励这些人，但同时解释说，当作家与发表作品之间有很大差别。这些人大多梦想的是财富与名声，不是打字机旁漫长时间的孤军作战。"你是想发表作品，"我对他们说，"不是想做作家。"

事实上，写作是一种孤寂、隐遁、不赚钱的事情。每一位受到司命女神青睐的作家背后，都站着千万个终生壮志未酬的人们。那些成功者常常都经受过长期的冷遇与贫穷，我就是这么过来的。

结束 20 年海岸警卫队生涯时，我想成为一个自由作家，但毫无前途可言。我真正拥有的，是纽约市的一位朋友乔治·西姆斯，我和他是在田纳西州的亨宁一起长大的。乔治在我家里找到了我，家是一间搬空了的小仓库，在格林威治村公寓楼，他是这里的管理人。屋里阴冷，没有浴室，我不在乎。很快买来一台旧手工打字机，感觉如同一个天才大文豪。

过了大约一年，我仍然没有什么突破，开始对自己产生怀疑。卖出一篇小说是那么艰难，吃饭的钱都挣不够。但我明白我仍然要写作，我梦想这个许多年了，我不想成为这样一种人，临死时还在想："假如我怎么怎么可能会怎么或怎么怎么。我要保持操守，哪怕这意味着生活在收入不可靠与失败的忧惧之中。这是希望的幽冥区，大凡一个有梦想的人，都得学会过这种生活。"

后来有一天，我接到一个真正奠定我一生的电话，并非什么代理人或编辑提供大宗约稿，正相反，倒像海妖塞壬在引诱我放弃我的航程。打电话的是海岸警卫队的老相识，现在驻扎在旧金山，他曾借给我钱，并喜欢借此奚落我。"我什么时候能拿回那 15 美元呢，阿莱克斯？"他取笑说。

"下次卖出文章的时候。"

"我倒有个好办法"他说，"我们急需一个新的公共信息助理，年薪 6000 美元。如果你肯干，准行。"

6000 美元一年！这在 1960 年真还不少。可以买到一套好公寓，一辆汽车，

第五章　追逐梦想使你变得更耀眼

可以偿还债务，也许还能储蓄一点儿。尤其是，可以边工作边写作。

正当美元在我脑子里漫天飞舞的时候，内心深处某种倔强的东西抬头了。我一直都在梦想成为一个作家，全日制专业作家。"谢谢你，我不要。"我听得自己在说，"我要写作到底。"

然后，我在小屋子里踱来踱去，开始觉得自己是一个傻瓜。伸手摸进我的餐橱，一个钉在墙上的香橙板条箱，拿出里面所有的东西：两罐沙丁鱼。我双手插进身上口袋，掏出18美分，放进一个揉皱了的纸包。这个，阿莱克斯，我对自己说，就是眼下你为自己挣到的一切。我不能肯定，我从前是否像当时那样懊恼沮丧过。

真希望我的写作水平立刻提高，但没有。唯一感谢上帝的是，有乔治帮我苦度窘境。

通过他，我结识了另外一些只身奋斗着的艺术家，如乔·德莱尼，来自田纳西洲诺克斯维尔的老兵画家。乔经常没钱吃饭，不得不去造访左邻右舍，一个屠夫给他一些带少许肉的骨头，一个杂货商给他一些放了很久的蔬菜，乔用这些东西煮便餐汤喝。

另一位同村人是标致的年轻歌手，他惨淡经营一个餐馆。据传，如果顾客点了牛排，歌手就一溜烟儿跑出去，到街对面超级市场去买一份现成的来。他的名字叫哈里·贝拉方特。

德莱尼和贝拉方特这些人成了我的模范。我懂得，要坚持不懈地为理想而工作，人得作出牺牲，过有创造性的生活。

艰苦磨炼中，我渐渐卖出一些文章。写了当时许多人谈论的问题：公民权、美洲和非洲的黑人。不久，像鸟儿南飞一样，我的思想老是回到孩提时代。在我静静的房间里，好像听见奶奶，堂兄乔治亚，婶婶普拉斯，姑妈丽兹，舅妈蒂尔的声音，他们在讲述我们的家庭和奴隶制。

从前，这些故事美国黑人是不对外人讲的，我也基本上守口如瓶。但有一天与《读者文摘》编辑们共进午餐时，我讲起了我的奶奶姑婶堂兄，而且我说，我想追溯家族根由，直到那用铁链拴着卖到这边海岸上来的第一个非洲人。我带着一份合同离开餐桌，它将支持我采访写作9年。

这是一个爬出黑暗的漫长过程。然而1976年，离开海岸警卫队17年后，《根》出版了。立刻，我尽情享受到了少数作家所体验过的成功与名声带来的欢乐。炫目的聚光灯赶跑了漫长的黑暗。

平生第一次，我有了钱，门到处都为我敞开。电话整天响，不断结交新的朋友，签署新的协约。我收拾行李，搬到洛杉矶，帮助拍摄电视连续剧《根》。这是一个忙乱兴奋的时期，成功之光照得我晕头转向。

忽然有一天打开行李时，我无意间看到多年前住村里时装东西的一个箱子，里面有一个棕色纸包。

我倒出包中物，两个腐败了的沙丁鱼罐头、一个五分镍币、一个一角银币、三个便士。往事像漩涡似的一下子涌上心头，和打字机一起蜷缩在阴冷、滴漏的单间斗室的情景历历在目。然后我对自己说，纸包里的东西也是我的一部分根，终生不可忘记。

我把罐头送去加装有机玻璃框，把那个塑料箱干干净净摆在天天看得到的地方。如今它们摆在我在诺克斯维尔的桌子上，放一起的还有普利策长篇小说奖杯，电视剧《根》9项埃美金像奖的半身雕像，还有美国有色人种协进会最高荣誉——斯平加恩奖牌。我很难说出哪样东西对我最重要。但唯有那第一样东西给我以勇气与恒心，使我在梦想悠悠之中保持对事业的忠贞不贰。

这是所有胸怀梦想的人们都得修炼的功课。

智慧箴言

梦想的实现我们要为此付出很多东西，我们不仅要和内心的怯懦、懒惰作斗争，还要和外界的诱惑作斗争；坚持下去，让梦想的寿命长一些，你离成功也就近一些。

生活小常识

国宝水杉

1943年，植物学家王战教授在四川万县磨刀溪路旁发现了三棵从未见到过的奇异树木，其中最大的一棵高达33米，胸围2米。当时谁也不认识它，甚至不知道它应该属于哪一属？哪一科？一直到1946年，由我国著名植物分类学家胡先骕（音肃，马字边加肃）和树木学家郑万钧共同研究，才证实它就是亿万年前在地球大陆生存过的水杉，从此，植物分类学中就单独添进了一个水杉属、水杉种。

第五章 追逐梦想使你变得更耀眼

兴趣也可成就事业

适用作文主题
坚持自己的兴趣，追求梦想。

他是武汉街舞"第一人"，被誉为"街舞之王"；他在全国第一个取得了国家级街舞裁判资格，目前全国也仅有3人获此资格；他获得过多项全国范围内的街舞大赛冠军……然而谁知道他竟然是法律专业的大学生？又有谁知道他甚至为了别人眼中不成体统的街舞放弃了省高级人民法院的工作？

喻斌父亲是一名公务员，母亲是一位模特老师。他从小就喜欢各种运动，尤其对跳舞表现出特别浓厚的兴趣。

1993年的一天，叔叔从台湾回来，带回几盒街舞教学的录像带。强劲有力的音乐，青春动感的节奏，疯狂率性的舞姿，喻斌瞬间被深深吸引住了……

在没有培训、资讯也不发达的情况下，学跳街舞只能靠一味的模仿和自己艰难的摸索，对一些舞技把握不好，进步很慢，这让喻斌很苦恼。后来一次偶然的机会，喻斌在几个大型的的士高广场找到了几个学街舞的知音。通过这些朋友，喻斌又认识了一些美国来华的留学生，从他们那里，他又学到了不少街舞技巧，了解到一些最新的街舞信息和文化。这样，喻斌更加体会到了街舞对年轻人的魅力。

1997年底，喻斌报名参加了第一届全国JVC青春舞大赛。当时，他正上高三，还是抽出时间勤奋地练舞，有时练到午夜12点才回家，父母还以为他是在备战高考，心疼地给他准备了丰富的营养品。这次比赛他轻松获得第一届全国JVC青春舞大赛武汉赛区最佳创意冠军和全国总决赛亚军！直到此时，家里才知道他竟然背着他们跳了4年舞！

喻斌学习也很用功。1998年8月，他以优异的成绩考上了中南财经政法大学法律专业。收到大红通知书的那一刻，父母都流下了幸福的眼泪。左邻右舍也都对喻斌竖起了大拇指。他们都没有想到，这样一个喜欢蹦来蹦去的"街头流浪者"竟然在学习上也能成功！

上大学后，喻斌的父母已准许他在家里跳舞，还经常主动和他谈论街舞文化。喻斌也能读到父母眼中更多期待的目光,他把更多的精力放在了专业的学习上。四年来,喻斌的专业成绩一直不错,年年被学校评为优秀学生。当然,喻斌也还时不时地跳跳街舞,上网看看国外的街舞资讯。

2002年6月,喻斌大学毕业了,当不少同学还在为工作烦恼的时候,湖北省高级人民法院下的一家著名的律师事务所向他抛出了橄榄枝。

走进律师事务所,喻斌开始了一种全新的生活。然而,没有多长时间,他就对这种生活感到不自在了。

一天下班后,漫步在夜幕下的街头,喻斌偶然发现了几个十几岁的少年在路边跳街舞。一种久违的感动让他不由自主地停止了脚步,他看着他们轮番投入地表演"斗舞",一股似曾相识的冲动驱使他不顾一切地脱掉工作服,和这些街舞小子们跳了起来。动感的音乐、自由地摇摆、张扬的激情……喻斌又找到了曾经的自我。等他跳累了准备歇息时,他才发现,自己刚才完全是在单独表演,那些少年惊讶于他的表演,都停下来静静欣赏起他的舞姿来。当喻斌准备离开时,他们竟然跑上前来喊他老师。要求喻斌给他们传授舞技……

回到家,喻斌久久不能平静,他强烈地感觉到,武汉街舞已经开始慢慢发展起来了,不像他们当初那么孤单,而街舞爱好者也越来越多了,但是武汉还没有出现专门的街舞培训机构。他大胆地想像:如果自己占领街舞培训的空白市场,既可以过上自己梦想的生活,又能成就一番自己的事业。

要办培训班不是一个人可以胜任的,喻斌就想到一开始和自己跳街舞的兄弟。虽然,现在他们的情况各异,但最后在他的说服下,终于有几位已经"退隐"的愿意"出山"。他们同喻斌一起冒着酷暑顶着烈日,奔走于武汉各大高校之间,贴海报,发传单,网上遍撒"英雄帖"寻找新鲜血液。最后有15名B-BOY(街舞男孩)应征入选,这一批"老兵"加新人组成了武汉第一支街舞团队,取名为"特别团体",喻斌担任团长。

团队是成立了,可是喻斌又开始发愁了,因为他们找不到一块可以练舞的场地。喻斌一连好几天都在四处奔波,好不容易在首义广场附近找到了一家塑料厂的废仓库,可对方要每月收700元的租金。身为团长的喻斌一咬牙,自己掏出700元钱交了租金,"特别团体"终于有了自己的"家"。可是当队员走进练舞场一看,不禁皱起了眉头,室内光线暗淡不说,地上到处都是水,旁边还有车间里机器刺耳的轰鸣声。喻斌和队员们一起买来旧地毯铺在地面上,他鼓励大家说:"我们的条件是艰苦一点,能凑合就凑合吧!等我们以后

第五章 追逐梦想使你变得更耀眼

赚了钱，条件自然会好起来！"

练舞将近一个月时，喻斌感觉大家操练得差不多了，开始实施招收学员的计划。他们分头奔走于中学、大学等地，可是好几天过去了，收效甚微。有些会跳点街舞的学生对名不见经传的他们嗤之以鼻；有些街舞的启蒙者倒是想学，可对于每月收费100元嫌太贵；有些人完全是被他们现场演示的街舞征服前来学习，可是一走到破烂不堪的练舞场地就又打了退堂鼓……

就在喻斌无助之际，他听说，由湖南、湖北、江西三省联办的"康师傅每日C"青春舞大赛将于2002年9月在武汉举行。顿时，他像抓到了救命稻草——参赛去！他相信拿了大奖，现在的境况会发生逆转！最后，他们的努力没有白费，荣获了此次总决赛的冠军。

此后"特别团体"一发不可收，喻斌不断率领队员参赛，先后获得"冠生源杯"街舞大赛冠军；武汉"SOGO"街舞争霸赛冠军；武汉"统一冰红茶"街舞大赛街舞组冠军等多项大奖。他们的成绩在武汉乃至全国街舞界产生了不小的轰动，已成为武汉街舞界不败的神话、当之无愧的首席。

那一刻，喻斌才深深感悟到，付出和收获向来是成正比的。而现实也正如他所料，很多学员慕名而来，再也没有谁瞧不起他们，再也没有谁嫌弃他们破旧的练舞场！

就这样一步一步艰难的走来，叫人惊叹的"街舞之王"诞生了。

名气也带来了号召力。在喻斌和他的"特别团体"获得一系列大奖之后，不少商家主动开始找喻斌合作。

2002年10月中旬，一个商家找到喻斌，委托他在万圣节全权策划一场大型露天Party。喻斌和"特别团体"精心准备，在10月30日晚，武汉广场万圣狂欢夜大型街舞露天Party粉墨登场，喻斌把街舞文化融入市场，把B-BOY街舞表演第一次搬上了大型舞台。其壮观的动感场面，吸引了万千年轻男女的倾情和向往，商业的轰动效果令商家赞不绝口。此后，商家趋之若鹜，诚邀喻斌参加越来越多的商业策划活动。

除了商家，电视媒体也频繁邀请喻斌和"特别团体"参演电视节目。2003年3月10日，因为出色的街舞表演，他被幸运地吸收为湖北省舞蹈家协会会员，成为中国最年轻的舞蹈家一。

2003年4月，喻斌多方融资，成立了武汉第一家合法经营的街舞团体——武汉喻斌SKC街舞俱乐部，成为湖北地区第一个将地下街舞搬上大型舞台和

对社会招生的一个专业机构,他的街舞事业朝更高层面发展。之后,他们搬出了旧仓库,在一栋写字楼里租了一块宽敞明亮的练舞新场地。

2003年10月,经过层层评选,喻斌被国家有关部门批准为中国第一个国家级街舞裁判员,这是对喻斌开拓和推广中国街舞文化的认可。2004年7月30日至8月4日,"特别团体"赴北京中央电视台参加由一百多个舞团参赛的第二届全国街舞电视大赛全国总决赛,并获得团体斗舞冠军。

现在的喻斌很忙碌,他已基本退居幕后,充当团队的经纪人和管理者,联系明星演出、招收学员,在有了经济收益的同时将自己的街舞事业在全国普及开来!他相信,全世界有年轻人的地方就会有街舞!而有街舞的地方就有一番年轻人的事业!

智慧箴言

喻斌凭借着自己对街舞的一腔热爱,努力的发展自己的街舞事业,不放弃自己的梦想,不轻视自己的兴趣,最终跳出自己灿烂的青春年华。

笑话碰碰车

"为什么您专画风景画呢?"

"因为直到目前,还没有一棵树跑来找我的麻烦,说我把它画得一点都不像。"

成佛不自在

适用作文主题
追求梦想,永不放弃。

一座林木葱郁、险峻崎岖的深山里,每到半夜,便有一只灯笼,鬼火一般蜿蜒曲折地游移着。灯笼蒙眬地映现。细如羊肠、弯若盘丝的山径上,一个和尚匆匆行走的单薄身影,如山妖,似鬼魅。

和尚翻山越岭,登险境,潜深谷,一往无前。不论是淫雨之夜,狂风之夜,还是雪霰之夜……他在做一种叫做"千日回峰"的修行。这是佛教中最为严酷的修行。

出家人在山间养性的十二年中，必须花七年时间做此修炼。每天深夜一点半，离寺往深山中，不停地行走，每次得走完三十公里。前三年，各为一百天。第四第五年，各为两百天。总计是七百天的时间。

第三年的时候，这个和尚就完全适应了山径行走。从山谷至山峰，又从山峰至山谷，他来来往往，如履平地，健步如飞。起初，和尚孤零零地在山中行走，感到孤寂难耐。渐渐的，他与山里的野狗成了朋友。一只黑狗和一只白狗，成了他的"陪练"。同时，他还感知到山径两侧的花草、树木的生命活力近在身旁。和尚不再孤单。

不过，山里的"居民"并非都是善类。野狼和毒蛇等可怕的生物，时而对他发起进攻。和尚不能杀生，惟有拼命奔逃。

在和尚所住的寺庙门外，聚集着众多的信徒。因为，这天，是和尚结束"千日回峰"修炼的日子。但也是更为可怕的修行开始之日。等待和尚的，是不知能否活着出来的"入堂"。聚集在此的信徒，都为和尚捏着一把汗。

"入堂"就是关在佛堂里，不停地诵经9天。9天内，要不饮不食不眠不休，连躺一下都不允许。而这个和尚已经五十二岁了。"千日回峰"的修行，虽然已有一千二百多年的历史，但参加修炼的和尚都很年轻。年过半百的和尚，做此项修行，还是前无古人。

"咣——咣——"钟声在深谷间回响。和尚在入堂的钟声里，顺着陡直的石阶，登向佛堂。他的身影瘦小得像一个孩子。因为，在前七百天的修行中。和尚每天只吃两顿饭。每顿的伙食是：一碗面条，半块豆腐，两只盐水土豆。而自入堂的前一周起，已减少到每天一顿，每顿一碗流食而已。

和尚沉静地步入小小的佛堂。笨重的堂门发出咔咔的闷响，关闭起来。和尚在一尊佛像前打坐，开始诵经。

第四天，和尚渐渐衰弱，四肢发凉。腕部和腿部出现紫斑。他自感身上有一股尸臭在游荡。为了消除尸臭味，和尚焚上气味更浓郁的线香。堂内强烈的气味使人眩晕。

第五天，和尚开始意识模糊。出现在山中行走的幻觉。他的脸色苍白得像蜡人。"就这样化成木乃伊，该多么幸福啊。"第八天，和尚产生了这样的心愿。他已羸弱到皮包骨的程度，但依然诵经不止。

第九天。喜悦之情使他振奋。和尚改变了主意。充满希望地对自己说："我能活着出去。"

"咣——咣——"的钟鸣声响彻深谷,这是和尚出堂的信号。信徒们高声欢呼。和尚顺着佛堂的台阶,安静缓慢地走下来……完成这一系列严酷修行的和尚,从此,将被信徒们尊为活佛,予以奉迎。他。就是日本著名的活佛酒井雄哉。

禅语云:"成佛不自在,自在不成佛。"成为石佛的千刀万剐,成为活佛的"千日回峰""入堂",都是一个漫长、痛苦的修炼过程。要想有所成就,必经历苦其心志,劳其筋骨的磨难。只有经受千磨万击的锻造,经受炼狱般的洗礼,才能获得处处放光明、步生莲花的美妙。

 智慧箴言

不放弃梦想,在困境中的坚持,把漫长的成功路程当作命运的洗礼,经历锻造之后的我们,走到哪里哪里即是我们的天堂。

学习金手指

现行课本的生词量较大,单词的背诵是令很多学生头痛的一件事。而机械记忆的单词量再大,也不会真正提高英语水平。语言的应用是活的,要养成背诵句子的好习惯,因为句子中既包含了发音规则,又有语法内容,还能表明某个词在具体语言环境中的特定含义。所以科学的方法是把读音、拼写和用法融为一体,同步进行,并把它应用到句子里面去理解。做到词不离句、句不离文。

洛克菲勒给儿子的信

适用作文主题
野心,把握机会。

亲爱的约翰:

"没有野心的人不会成就大事。"这是我那位汽车大王朋友,亨利·福特先生,昨天来看我时向我吐露的成功秘密。

我非常敬佩这个来自密西根的富豪,他是一个执着而又坚毅的家伙。他几乎与我有着同样的经历,做过农活儿,当过学徒,与人合伙开办过工厂,通过奋斗最终成为了这个时代全美最富有的人之一。

在我看来,福特先生是一个新时代的缔造者,没有任何一个美国人能像他那样,完全改变了美国人的生活方式,看看大街上往来穿梭的汽车,你就知道我绝非在恭维他,他使汽车由奢侈品变为了几乎人人都能买得起的必需品。而他创造的奇迹也把他变成了亿万富翁。当然,他也让我的钱袋鼓起了很多。

人活着就得有目标或野心,否则,他就像一艘没有舵的船,永远漂流不定,只会到达失望、失败与丧气的海滩。福特先生的野心超过了他的身高,他要缔造一个人人都能享用汽车的世界。这似乎难以想像,但他成功了,他成了全球小汽车市场的主人,并为福特公司赚得了惊人的利润,用这个家伙的话说,"那不是在制造汽车,那简直是在印刷钞票"。我不难想像,既腰缠万贯,又享有"汽车大王"的盛誉,福特是怎样一个好心情。

福特创造的成就,证明了我的一个人生信条:财富与目标成正比。如果你胸怀大志、目标高远,你的财富之山就将垒向云霄,如果你只想得过且过,那你就只有做末流鼠辈的份儿了,甚至一事无成,即使财富离你近在咫尺,你只会获得很少的一点点而已。在福特成功之前,有很多汽车制造商都比他有实力得多,但他们当中破产的人也很多。

人被创造出来是有目的的,一个人不是在计划成功,就是在计划失败。这是我一生的心得。

我似乎从不缺少野心,从我很小的时候开始,要成为最富有的人,就一直是我冲动着的抱负与梦想。这对一个穷小子来说,好像有些过大。但我认为目标必须伟大才行,因为想要有成就,必须有刺激,伟大的目标能使你发挥全部的力量,也才会有刺激。失去刺激,也就等于没有了一股强大的力量推动你向前。不要做小计划,因为它不能激励心灵,我经常这样提醒自己。

当然,成为伟大的机会并不像湍急的尼加拉瓜大瀑布那样倾斜而下,而是慢慢的一次一滴。伟大与接近伟大之间的差异就是领悟到,如果你期望伟大,你必须每天朝着目标努力。

但对于一个穷小子而言,如何才能将这个伟大的梦想变成可触摸的现实呢?难道去靠努力为别人工作来实现它吗?这是个愚蠢的主意。

我相信为自己勤奋会致富,但不相信努力为别人工作就一定成功。在我住进百万富翁大街前,我就发现,在我身边,很多穷人都是工作最努力的人。现实就是如此残酷,不管雇员努力与否,替老板工作而变得富有的人少之又少。

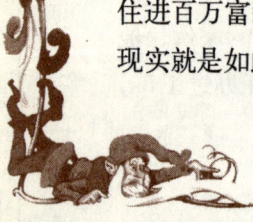

替老板工作所得的薪金，只能在合理预期的情况下让雇员活下去，尽管雇员可能会赚到不少钱，但变得富有却很难。

我一直视"努力工作定会致富"为谎言，从不把为别人工作当作积累可观财富和上策，相反，我非常笃信为自己工作才能富有。我采取的一切行动都忠于我的伟大梦想和为实现这一梦想而不断达成的各个目标。

在我离开学校、寻找工作的时候，我就为自己设定了一个目标：要到一流的公司去，要成为一流的职员。因为一流的公司会给我一流的历练，塑造我一流的能力，让我长到一流的见识，还会让我赚到一笔丰厚的薪金——那是开创我未来事业的资本，而这一切无疑是我通往成功之路的最坚实的基石。

当然，在大公司做事，能让我以大公司的方式思考问题，这点很重要。所以，我仰慕大公司，我要去的是高知名度企业。

这注定要让我吃些苦头。我先到了一家银行，很不走运，被拒绝了；我又去了一家铁路公司，结果仍是悻悻而归，当时的天气似乎也要跟我作对，酷热难耐。但我不顾一切，继续不停地寻找。那段日子，寻找工作成了我唯一的职业，每天早上八点，尽我所能地把自己打扮一番，就离开住地开始新一轮的预约面试。一连几个星期，我把列入名单的公司跑了一遍，结果仍一无所获。

这看起来很糟，不是吗？但没人能阻止你前进的道路，阻碍你前进最大的人就是你自己，你是唯一永久能做下去的人。我告诫自己：如果你不想让别人偷走你的梦想，那你就在被挫折击倒后立即站起来。我没有沮丧、气馁，连续的挫折反而更坚定了我的决心。我又径直从头开始，一家一家的跑，有几家公司甚至让我跑了两三次。

上帝终未将我抛弃，这场不屈不挠的求职之旅终于在6个星期后的一个下午结束了，1855年9月26日，我被休伊特－塔特尔公司雇佣。

这一天似乎决定了我未来的一切。直到今天，每当我问起自己，要是没有得到那份工作会怎么样时，我常常会浑身颤抖不停。因为我知道那份工作都给我还来了什么，失去它我又将如何。所以，我一生都把9月26日当作"重生日"来庆祝，对这一天抱有的情感远胜过我的生日。

写到这儿，我自己都被自己感动了。

人在功能上就像是一部脚踏车，除非你向上、向前朝着目标移动，否则你就会摇晃跌倒。三年后我带着超越常人的能力与自信，离开了休伊特－塔特尔公司，与克拉克先生合伙创办克拉克－洛克菲勒公司，开始了为自己工作的历史。

愚蠢的努力工作很可能在百般辛苦之后仍一无所获，但是，如果将替老板努力工作视为铸就有朝一日为自己效劳的阶梯，那无疑就是创造财富的开始。给自己当老板的感觉真是棒极了，简直无以言表。当然，我不能总沉浸在年方18岁就跻身贸易代理商行列的得意之中，我告诫自己："你的前程就系于一天天过去的日子，你的人生终点是全美首富，你距离那里还很远很远，你要继续为自己努力。"

做最富有的人，是我努力的依据和鞭策自己的力量。在过去的几十年中，我一直是追求卓越的信徒，我最常激励自己的一句话就是：对我来说，第二名跟最后一名没有什么两样。如果你理解了它，你就会认为，我以无可争辩的王者身份统治了石油工业不足为奇。

我们每一个人都生活在希望之中，但我更多的是生活在目标的达成之中。我的人生目标就是要成为第一，这也是我设法定出并努力遵守的人生规划，我所付出的所有努力和行动，都忠于我的人生目标、人生规则。

上帝赋予我们聪明的头脑和坚强的肌肉，不是让我们成为失败者，而是让我们成为伟大的赢家的。二十年后的今天，联邦法院解散了我们那个欢乐的大家庭，但每当想起我创造的成就，我就兴奋不已。

伟大的人生就是征服卓越的过程，我们必须向这个目标前进，不怕痛苦，态度坚决，准备在漫长的道路上跌跤。

智慧箴言

"伟大的人生就是征服卓越的过程，我们必须向这个目标前进，不怕痛苦，态度坚决，准备在漫长的道路上跌跤。"坚实可行的梦想让我们超越平庸，追求伟大的人生。

笑话碰碰车

英文女教师："eye是什么东西？"

学生："不晓得！"

英文女教师："看我鼻子的两边是什么？"

学生："是雀斑！"

比鞋子珍贵的袜子

适用作文主题

自信，自己动手，追寻梦想改变人生。

圣诞节前夕，已经晚上11点了，街上熙熙攘攘的人群稀疏了许多，偶尔还有匆匆忙忙往家赶的人，穿行在霓虹灯俯视下浓浓的节日氛围里。新的一年又要来了。

"感谢上帝，今天的生意真不错！"忙碌了一天的史密斯夫妇送走了最后一位来鞋店里购物的顾客后由衷地感叹道。透过通明的灯火，可以清晰地看到夫妻二人眉宇间那锁不住的激动与喜悦。

是该打烊的时候了，史密斯夫人开始熟练地做着店内的清洁工作，史密斯先生则走向门口，准备去搬早晨卸下的门板。他突然在一个盛放着各式鞋子的玻璃橱前停了下来——透过玻璃，他发现了一双孩子的眼睛。

史密斯先生急忙走过去看个明白：这是一个捡煤屑的穷小子，八九岁的光景，冻得通红的脚上穿着一双极不合适的大鞋子，满是煤灰的鞋子上早已"千疮百孔"。他看到史密斯先生走近了自己，目光便从橱子里做工精美的鞋子上移开，盯着这位鞋店老板，眼睛里饱含着莫名的希冀。

史密斯先生俯下身来和蔼地搭讪道："圣诞快乐，我亲爱的孩子，请问我能帮你什么忙吗？"

男孩并不作声，眼睛又开始转向橱子里的鞋子，好半天才应道："我在乞求上帝赐给我一双合适的鞋子，先生，您能帮我把这个愿望转告给他吗？我会感谢您的。"

正在收拾东西的史密斯夫人这时也走了过来，她先是上下打量了这个孩子，然后把丈夫拉到一边说："这孩子蛮可怜的，还是答应他的要求吧！"史密斯先生却摇了摇头，不以为然地说："不，他需要的不是一双鞋子，亲爱的，请你把橱子里最好的棉袜拿一双来，然后再端一盆温水来，好吗？"史密斯夫人满脸疑惑地走开了。

史密斯先生很快回到孩子身边，告诉男孩说："恭喜你，孩子，我已经把你的想法告诉了上帝，马上就会有答案了。"孩子兴奋起来。

第五章 追逐梦想使你变得更耀眼

水端来了，史密斯先生搬了张小凳子示意孩子坐下，然后脱去男孩脚上那双布满尘垢的鞋子，他把男孩冻得发紫的双脚放进温水里，揉搓着，并语重心长地说："孩子，真对不起，你要一双鞋子的要求，上帝没有答应你，他讲，不能给你一双鞋子，而应当给你一双袜子。"男孩脸上的笑容突然僵住了。

史密斯先生急忙补充说："别急，孩子，你听我把话说明白，我们每个人都会对心中的上帝有所乞求，但是，他不可能给予我们现成的好事，就像每个人都追求宝藏，但是上帝只能给我们一把铁锹或一张藏宝图，要想获得真正的宝藏还需要我们亲自去挖掘。关键是自己要坚信自己能办到，自信了，前途才会一片光明。就拿我来说吧，我在小时候也曾企求上帝赐予我一家鞋店，可上帝只给了我一套做鞋的工具，但我始终相信拿着这套工具并好好利用它，就能获得一切。二十多年过去了，我做过擦鞋童、学徒、修鞋匠、皮鞋设计师……现在，我不仅拥有了这条大街上最豪华的鞋店，而且拥有了一个美丽的妻子和幸福的家庭。孩子，你也是一样，只要你拿着这双袜子去寻找你梦想的鞋子，义无反顾，永不放弃，那么，肯定有一天，你也会成功的。"

脚洗好了，男孩若有所悟地从史密斯夫妇手中接过"上帝"赐予他的袜子，像是接住了一份使命，迈出了店门。他向前走了几步，又回头望了望这家鞋店，史密斯夫妇正向他挥手："记住上帝的话，孩子！你会成功的，我们等着你的好消息！"男孩一边点着头，一边迈着轻快的步子消失在夜的深处。

一晃三十多年过去了，又是一个圣诞节，史密斯夫妇早晨一开门，就收到了一封陌生人的来信，信中写道：

尊敬的先生和夫人：

您还记得三十多年前那个圣诞节前夜，那个捡煤屑的穷小子吗？他当时乞求上帝赐予他一双鞋子，但是上帝没有给他鞋子，而是别有用心地送了他一段比黄金还贵重的话和一双袜子。正是这样一双袜子激活了他的自信与不屈。这样的帮助比任何同情的施舍都重要，给人一双袜子，让他自己去寻找梦想的鞋子，这是你们的伟大智慧。衷心地感谢你们——善良而智慧的先生和夫人，他拿着你们给的袜子已经找到了对他而言最宝贵的鞋子——他当上了美国的总统。

我就是那个穷小子。

信末的署名是：亚伯拉罕·林肯。

 智慧箴言

梦想的实现需要我们自己一个一个脚印的去寻找，天上掉馅饼的好事只有在梦里才会发生。一旦确定了梦想，我们穿上合适的鞋子去追寻它吧，而这双鞋子则是由自信、企图心、努力、汗水、智慧等等做成的。有了这样一双鞋子，我们是无往不利的。

 文学常识

金鸡　古代流传天鸡星动就要大赦，所以古人便在大赦日竖起长竿，在竿上立一金鸡，把该赦的罪犯集中在一起，向他们宣布大赦令。后便以"金鸡"借指大赦令。李白《流夜郎赠辛判官》："我愁远谪夜郎去，何日金鸡放赦回？"

89岁老人的航海梦

适用作文主题
没有借口，行动。

海伦在没有认识车的时候就认识了船，11岁时她已经是一个划船高手。她太迷恋那种驾驶一叶孤舟纵横于水上的感觉了。

海伦的父亲拉罕姆是一个优秀的弄潮儿，他的人生理想就是以最快的速度驾舟横渡1.28万公里的大西洋。在海伦23岁那年，拉罕姆决定实施自己伟大的横渡计划，但他拒绝带着一心想与他同行的海伦上路——他担心航途莫测的危险会吞噬了心爱的女儿。就这样，拉罕姆只身登舟，不久，一项新的吉尼斯世界纪录就在他手中诞生了。

海伦的心在那一片浩瀚的蔚蓝上摇曳。当一个叫约翰的青年驾着一艘自己设计的帆船向她驶来的时候，她毅然嫁给了他。她开始寄希望于自己的爱侣，希望能与他一道去领略那1.28万公里的蔚蓝。然而，水波不兴的甜美日子水草般羁绊住两个人的手脚，那条帆船在岸上做起了与水无关的梦……

拉罕姆走了。约翰走了。转眼就有11个孩子追着海伦喊祖母了。

海伦重新走向那条闲置已久的帆船。在能够携手的人相继辞世之后，她才顿然明了——有一种灵魂深处的焦躁只有自己的双手才可以去安妥。

2000年8月，一个阳光灿烂的日子，89岁的海伦只身离开了英格兰，开始了她向往已久的大西洋之旅。

她在那一片蔚蓝中晤见了自己离别已久的父亲，沿着他当年的航道，追随着他当年的足迹，她跟过来了！在死神衣袂飘忽的海上，她没有给自己丝毫畏惧的权力，毕竟，与那生长了差不多整整一辈子的渴望相比，风浪显得太微不足道了。海伦成功了，她以"最年迈的老人驾舟横渡大西洋"刷新了一项世界纪录。

 智慧箴言

有梦想而有了前进方向的人，即使经过了多年的沉寂，依然能够准确的找到那份执着。梦想是不会变老的，只要依然对自己的梦想充满热情，89岁的海伦也能创造奇迹。

 生活小常识

最大的孢子

采蘑菇时，只要你稍稍触及老熟的蘑菇，在它那雨伞般身躯翻面的皱褶里，会落下很多细细的"粉末"，随风飞扬。这就是蘑菇繁殖后代的孢子。象蘑菇这样的孢子植物，不会开花结子，它们都以孢子繁殖后代。

孢子的个儿一般很细小，直径只有几微米到几十微米，肉眼一般看不见它们。可是，也有例外情况，象高卷柏的孢子就很大，它的直径竟有1.5毫米，也就是1500微米，约有芝麻大小。在三亿年前石炭纪的地层中，地质学家发现了世界上最大的孢子化石，它叫大三缝孢子，直径竟有6-7毫米，比赤豆粒还要大。而红蘑菇孢子的直径只有10微米，也就是0.01毫米。

伟大的方向

适用作文主题

梦想，方向，正确的选择。

渤海口有一只小鱼，它下定决心要一路游到山顶。于是它逆向而行，这只小鱼泳技精湛，一会儿冲过浅滩，一会儿划过激流穿过了层层渔网，躲过水鸟的追踪。好不容易它游到了山顶，可它还来不及喘口气呢，刹那间，被冻成了冰！

一万年后，一群登山队员在山顶上的冰封中发现了它。立刻有人认出了这是产于渤海口的鱼。

一位年轻人赞道："真是一只勇敢的鱼啊！穿越千山万水来到一个截然不同的环境，了不起！"

一位老者却说："不！它只有伟大的精神，却没有伟大的方向，所以只换来死亡。"

 智慧箴言

成功，除了努力以外，更需要方向的指引。这个方向就是目标，或者说理想。如果走错，甚至走反了方向，不但到不了目的地，反而会离目的地越来越远。在尝试之前，先预定一个理想吧！

笑话碰碰车

某发明家不爱交际，在一次宴会中他想中途逃脱，回到实验室去。当他正在楼梯口徘徊时，遇见了主人，主人高兴地说，"我们很荣幸你的光临，但你现在正目瞪口呆，是否又有什么新发明么？"

发明家点点头说："是的，我现在正想发明一条出路。"

第五章 追逐梦想使你变得更耀眼

想做间谍的普京

适用作文主题
理想，目标。

俄罗斯前总统普京小的时候品学兼优，常常产生一些与众不同的想法。

有一次，老师在黑板上写了一个作文题：《我的理想》。同学们写出自己的理想：有想当科学家的、有想当作家的、有想当工程师的、有想当农艺师的、有想当教师的、有想当军人的、有想当工人的——而小普京的脑海里，却有自己不同寻常的独特思考。

课余时间，小普京非常喜欢读《盾与剑》杂志，对里面描写的"克格勃"产生了浓厚的兴趣。从杂志上他知道了在第二次世界大战中，由于"克格勃"准确地截取了敌人的情报，使苏军取得了一次次巨大的胜利……他想："很小的时候，父亲就教育我要做一个对国家和人民有所贡献的人。老师也经常教育我们要好好学习，报效祖国和人民。而我应该怎样去报效祖国和人民呢？做一名出色的间谍，用我的牺牲去换取祖国和人民的胜利，这不是非常有意义的吗？"

于是，他在作文本上写道："我的理想是做一名间谍，尽管全世界的人们对这个名字都不会有任何好感，但是从国家的利益、人民的利益出发，我觉得间谍所做的贡献是十分巨大的……"在这篇作文中，普京还列举了一个苏联名间谍的英雄事迹，论述了在苏美对峙的冷战时期间谍的重要作用。当教师打开普京的作文本时，不禁又惊又喜，连声赞叹他"年纪不大，志气不凡"。

后来，在一次参观"克格勃"大楼之后，普京走进了"克格勃"列宁格勒局的接待室。一位工作人员听了他的要求后，对他说："你的想法很好。但是，我们不接受主动来求职的人，只接受服过兵役或者大学毕业的人。"1970年，18岁的普京中学毕业，以优异的成绩考入列宁格勒国立大学法律系国际专业。1975年，他大学一毕业就从事对外情报和国外反间谍工作，实现了自己"做一名间谍"的理想。

智慧箴言

梦想没有疆域，普京与众不同的理想，从传统印象中挣脱出来，通过自己的努力完成报效祖国的目标，并由此而产生强大的动力，实现自己的抱负。

学习金手指

理解词义利用分解组合法。先逐个分析词语中每个词素的字义，然后再合起来理解。如"健美"，"健"是"健康"，"美"是"优美"，合起来就是"健康而优美"。还有以旧带新法。有些新词是以几个旧字组合而成的，那么我们可以通过对旧字的理解带理解词义可以出新词的含义。如"无价之宝"，"无价"，没有价钱，"之"是"的"，"宝"是"宝贝"，合起来的意思是"用多少钱也买不到的宝贝"，指极为稀有的珍贵物品。

被上帝选中的孩子

适用作文主题

树立梦想，实践。

他是一位匈牙利木材商的儿子，由于从小生得呆笨，人们都喊他"大头"，他也确实名副其实。9岁之前，除了因遵守秩序在学校里获得一枚玩具螺丝之外，并没有获得过什么奖励。

12岁时，他做了一个梦，梦到有位国王给他颁奖，因为他的作品被诺贝尔看上了。他很想把这个梦告诉别人，但又怕人嘲笑，最后，只告诉了妈妈。妈妈说："假如这真是你的梦，你就有出息了！我曾听说，当上帝把一个不可能的梦放在谁的心中时，就是真心想帮助谁完成的。"男孩从来没有听说过梦想和上帝有这层关系，妈妈说完，他就信以为真了。他想，他真是天下最幸福的人！世界那么大，上帝却一下子选中了自己。

为了不辜负上帝的期望，从此他真的喜欢上了写作。"倘若我经得起考验，上帝会来帮助我的！"他怀着这样的信念开始了他的写作生涯。3年过去了，上帝没有来；又3年过去了，上帝还是没有来。

就在他期盼上帝前来帮助他的时候，希特勒的部队却先来了。他作为犹太人，被送进了集中营，在那里，数百万人失去了生命，而他却靠着"生命

第五章 追逐梦想使你变得更耀眼

就是顺从"的信念活下来。"我又可以从事我梦想的职业了！"他怀着这种心情走出奥斯维辛集中营。他写出一系列作品。就在他不再关心上帝是否会帮助他时，瑞典皇家文学院宣布：把2002年的诺贝尔文学奖授予匈牙利作家凯泰斯·伊姆雷。

他听到后，大吃一惊，因为这正是他的名字。当人们让他谈一谈获奖后的感受时，他说："没什么感受，我只知道，当你说我就喜欢做这件事、多困难我都不在乎时，上帝就会抽出身来帮助你！"

 智慧箴言

梦想皆有神助！伊姆雷成为这一信条又一位证明人。只要我们勇于梦想，并不遗余力的实践，必然能够感受到上帝关注的目光。

 好词好句

描写爷爷奶奶的好词：老气横秋 慈眉善目 和颜悦色 眉开眼笑 皱纹堆积

奶奶爱笑，一笑就合不拢嘴。这时，你可以看见她嘴里只剩下仅有的几个"卫兵"——门牙。

命运的抉择

适用作文主题
抉择，命运。

她在音乐方面独具的天赋和他人难以企及的家学，似乎没有人能够轻易地否认。

小时候素有"神童"之誉的她，从小就跟着当小学音乐教师的母亲弹钢琴，4岁时就开了第一个独奏音乐会。不但学习成绩极其出色，跳了两次级，而且还把网球和花样滑冰玩得特别出色。16岁时，进入丹佛大学音乐学院学习钢琴，她梦想成为职业钢琴家。

梦想是人生的羽翼，梦想是成功的酵母，人生因梦想而绚丽多姿。在梦想之灯的温暖吸引下，在优越天赋的滋生下，大家都相信过不了几年她就会成为乐坛翘楚。

可是，出人意料地是她打起了"退堂鼓"，开始了崭新梦想的破冰之旅。原来在著名的阿斯本音乐节上，她受到了打击。"我碰到了一些11岁的孩子们，他们只看一眼就能演奏那些我要练一年才能弹好的曲子，"她说，"我想我不可能有在卡内基大厅演奏的那一天了。"于是，她开始重新设计自己的未来并发现了新的目标——国际政治。"这一课程拨动了我的心弦，"她说，"这就像恋爱一样……我无法解释，但它的确吸引着我。"她从此转而学习政治学和俄语，并找到了她一生追求的事业。

这个美国女孩名叫康多莉扎·赖斯，出生于1954年11月14日。不久前，她被提名接替辞职的国务卿鲍威尔，她被媒体称为华盛顿"最有权力的女人"。

智慧箴言

没有任何一个人的未来是既定的，看似确定的未来，也会有着惊人的巨变。命运的篇章在你的指尖，随着你心的方向去画出一片天地。

文学常识

还珠　古时合浦地区盛产珍珠，但是地方官员很贪，珍珠都自动移到别的地方去了。东汉的孟尝到这里来当太守，革除贪污流弊，珍珠又回到合浦来了。故以"还珠"喻官吏为政清廉。杜牧《春日言虢州李长侍十韵》："今日还珠守，何年执戟郎？"

大师荟萃的地方

适用作文主题
放下，成功，出乎意料。

杰克和迪曼从小就热爱歌唱。在家乡的酒吧里，两人一起开始了演唱生涯，并很快成为挚友。两个人都不满足于现状，怀着伟大的梦想：有一天要去柏林，站在国家歌剧院的舞台上演出。

机会终于来了。当柏林国家歌剧院面向全球招聘签约歌唱演员，杰克和迪曼马上去报了名，互相鼓励，信心勃勃。经过几轮选拔，迪曼如愿成为柏林国家歌剧院的一名签约演员，而杰克落选了，无比沮丧。

两人的命运就此不同，但并非人们预想的那样。

迪曼踌躇满志地走进了柏林国家歌剧院，仿佛看见幸运女神的微笑，照耀着自己光明的前途。他被安排在合唱团，主要工作是为大师们的歌剧伴唱。虽然几乎没有什么露脸的机会，甚至在和谐动听的合唱声中，他几乎听不见自己的声音，但迪曼坚信，通过自己的努力，他一定能够成为一部歌剧的主角。

迪曼勤奋刻苦，也很谦逊好学。其实，合唱团的每一位青年都是如此，怀揣着瑰丽梦想来到这里。但几年过去了，他们中只有寥寥几位被挑了出来，成了歌剧的签约主角，更多的人和迪曼一样，仍然是合唱团的普通一员。艺术总监遗憾地告诉他们，主角永远只有区区几位，更多的人，只能当配角。

此时，自认星途暗淡的杰克，却意外地崭露头角，凭借经验、实力和独特的忧伤气质，成为大名鼎鼎的歌唱演员，活跃在全国各地的舞台上。每到一处，他都会引起欢呼和掌声。杰克曾经力邀迪曼回到他们的二人组，共同打拼。迪曼拒绝了。他虽然没能站在巨人的肩膀上，但他好不容易站在了巨人的身边，他舍不得放弃这一切。

智慧箴言

舍不得放弃环境的优势，可能会把自己的优势埋没。放下原本优越的一切，反而可能更容易实现自己的价值，何必执著于那些自己无力追寻的东西呢？

生活小常识

蜚声国际的"中国鸽子树"

1869年，一位法国神父在四川省穆坪看到了一种奇特的树木。时值开花季节，树上那一对对白色花朵躲在碧玉般的绿叶中，随风摇动，远远望去，仿佛是一群白鸽躲在枝头，摆动着可爱的翅膀。当时，他被这种奇景迷住了。自此以后，便引来欧洲许多植物学家，他们不畏艰险，深入到四川、湖北等地进行考察。1903年首先引种至英国，后又传至其它国家，从此，便成为欧洲的重要观赏树木。被赞誉为"中国鸽子树"。这就是我国特产的珙桐。现在人们习惯称它为"鸽子树"了。据说国际城市日内瓦，家家都种有珙桐树，可见人们对它的珍爱。

三棵小树的梦想

适用作文主题

追寻梦想，艰辛方能成才。

从前，在某个山岗上，三棵小树站在上面，梦想长大后的光景。

第一棵小树仰望天空，看着闪闪发光的繁星。"我要承载财宝，"它说，"要披着黄金，载满宝石。我要成为世上最美丽的藏宝箱！"

第二棵小树低头看着流往大海的小溪。"我要成为坚固的船，"它说，"我要遨游四海，承载许多强大的国王，我将成为世上最坚固的船！"

第三棵小树看着山谷上面，以及在市镇里忙碌来往的男女，"我要长得够高大，以至人们抬头看我时，也将仰视天空，想到神的伟大，我将成为世上最高的树！"

许多年过去，经过日晒雨淋之后，小树皆已长大。

一天，伐木者们来到山上。

第一位伐木者看到第一棵树说："这一棵树很美，最合我意。"于是利斧一挥，第一棵树倒下了。

"我要成为一只美丽的藏宝箱，"第一棵树想，"我将承载财富。"

第二位伐木者看着第二棵树说："这一棵树很强壮，最合我意。"利斧一挥，第二棵树倒下来了。"现在我将遨游四海，"第二棵树想，"我将成为坚固的船，承载许多君王！"

当第三位伐木者朝第三棵树看时，它的心顿时下沉，它直立在那里，勇敢地指向天空。但第三位伐木者根本不往上看。"任何树我都合用。"他自言自语地说。利斧一挥，第三棵树倒下来。

当伐木者把第一棵树带到木匠房里，它很高兴，但木匠准备做的不是藏宝箱。他那粗糙的双手把第一棵树造成一个给动物喂食的料槽。曾经美丽的树本可承载黄金或宝石，但如今它被铺上木屑，里面装着给牲畜吃的干草。

第二棵树在伐木者把它带到造船厂时发出微笑，但当天造成的不是一条坚固的大船。反之，那一度强壮的树被做成一般的简单的渔船。这条船太小也太脆弱，甚至不合适在河流上航行，它被带到一个湖里。每天它承载的均是气味四溢的死鱼。

第三棵树被伐木者砍成一根根坚固的木材，并且放在木材堆置场内，它心里困惑不已。"到底是怎么一回事？"曾经高大的树自问，"我的志愿是站在高山上，指向神。"

一天晚上，当金色的星光倾注在第一棵树上面，一位少妇把她的婴孩放在料槽里。"我希望能为他造一张摇床。"她的丈夫低声说。母亲微笑着捏了捏他的手，星光照耀在那光滑坚固的木头上面。"这马槽很美。"她说。忽然，第一棵树知道它承载着世上最大的财宝。

一天晚上，一位疲倦的旅客和他的朋友走上那旧渔船。当第二棵树安静地在湖面航行时，那旅客睡着了。不久强烈的风暴开始侵袭。小树摇撼不已，它知自己无力在风浪中承载许多人到达彼岸。疲倦的旅人醒过来，站着向前伸手说："安静下来。"风浪顿时止住如同起初一样。忽然，第二棵树明白过来，它正承载着天地的君王。

星期五早上，第三棵树惊讶地发现它竟从被遗忘的木材堆中拉出来。它被带到一群愤怒揶揄的人群面前，它感到畏缩。当他们把一个男人钉在它上面时，它更是颤抖不已。它感到丑陋、严酷、残忍。但在星期天早晨，当太阳升起，大地在它之下欢喜震动时，第三棵树知道梦想改变了一切。被钉在他身上的，正是耶稣。

 智慧箴言

梦想使第一棵树美丽，梦想使第二棵树坚强，梦想让第三棵树靠近神。这样比成为世上最高大的树更好。梦想有着无穷的力量，就算我们面对阻碍什么也无法做，仍旧有梦想做我们的精神支柱。

笑话碰碰车

一个悲剧作家对他的妻子说："亲爱的，你能不能帮我做个海绵枕头？"

"干什么？"

"我每写完一个剧本，就躺在这海绵枕头上看一次，让流下来的眼泪滴到这个枕头上，看完后把眼泪挤出来，看眼泪的多少就知道剧本的效果好坏了。"

被嘲笑的梦想最有力

适用作文主题
面对嘲笑，坚持梦想。

7岁那年，他便在台北百货公司的魔术专柜前留连忘返，对专柜前表演的奇幻魔术深深着迷。于是，他用零花钱买下了生命中第一个魔术道具，它叫"空中来钱"。这个少年开始在课堂上偷偷练习"空中来钱"的魔术。有一次上课练习时，一不小心硬币滚落到了讲台，气愤的老师当场没收了他口袋里的全部硬币。男孩羞红着脸，站起身来奶声奶气地说了一句："老师，我要成为一个魔术师！"

小男孩的话遭到了全班同学的哄堂大笑。委屈的男孩回到家，向父亲说："爸爸，我的梦想是成为魔术大师，可他们却嘲笑我……"他的话还没有说完，气急败坏的父亲也跺着脚朝他大声叫："孩子，你疯了啦！"

他瞒着父母，继续陷入对魔术世界的痴迷中。为了练好一个动作，他一个人在家里重复了上千遍。为了让自己的一双手在魔术表演中"呼风唤雨"，他在家里用瓶瓶罐罐搞化学实验，有一次还酿成了火灾，滚滚浓烟引来了消防车。因为对魔术的热情和痴迷，他遭到了父母的痛骂，同学的冷落，邻居的嘲笑。人们都说，这个整天陷入奇思妙想的孩子病了，是痴人做梦。

有一天，内向羞怯的男孩突然站在教师的讲台上宣布："我的魔术师梦想不会远了！"同学们又一阵哈哈大笑。在同学们的嘲笑声中，他开始当着学校的老师和同学表演神奇货币穿盒术，表演结束，教室里顿时响起雷鸣般的掌声。他的魔术表演成功了，也轰动了全校。

12岁那年，因为天天到魔术专柜报到，加上长期购买魔术道具，他与一个负责魔术道具专柜的大男孩汤文龙交上了朋友。一天，汤文龙鼓励他去参加举办的儿童魔术大赛，并陪着他一起编排节目，构思魔术创意。比赛那天，在数百人的竞争强手下，他脱颖而出，获得了魔术国际大师大卫·科波菲尔颁发的比赛大奖。他把奖杯高高地举起，父母惊讶地张大了嘴："唉，看来，我们得尊重这个孩子的梦想了，并帮助他去慢慢实现。"

16岁时，他认识了职业魔术师徐先生，徐先生教授这个聪明的爱徒更加

第五章 追逐梦想使你变得更耀眼

专业的魔术手法,并告诉他:"魔术不是闭门造车,魔术同这个世界一样,奇妙无比。"在徐先生那里,他的魔术手法迅速成长。

22岁那年,他正读大三,第一次参加了国际魔术比赛,便夺得了第二名。那次比赛,父母陪着他去了。在台上,他举起奖杯,朝台下的父母深深地鞠了一躬,父母的泪水一下夺眶而出。这个孩子啊,他当初的梦想,连至爱他的父母,也是持嘲笑态度的。可自从那次以后,父母再也不忍心去看他的赛事了。因为父母知道,为了台上的精彩,他不知吃了多少苦。

获奖后,他对父母说:"爸,妈,我离梦想还远,我要夺第一!"这一次,父母相信他的话了。从孩子明亮的眼神里,他们知道,孩子的梦想是有力的。后来,他接连同当时夺得第一名的对手参赛,一连5次夺魁。

在随后征战世界各地的魔术表演大赛中,他获得了十多次国际性大奖,成为了驰名世界的魔术大师。有人称这个"魔法无边"的年轻人为现实版的哈利·波特。因为他总是喜欢戴上那副著名的黑框眼镜,精瘦机灵的样子俨然就是哈利·波特附体,总是给欢呼他的人们带来闪亮的惊喜。

这个年轻人,在2008年央视春节晚会上,表演了让人叹为观止的近景魔术《魔手神采》,在新年的春天里成为全国观众最为津津乐道的年轻魔术大师,他叫刘谦。

正如他的名字一样,他有着最谦和的外表,激励他在通往魔术大师的长路上不懈探索和奋进,到底又是什么样的动力呢?他轻声说出了一直埋藏在心里的秘密。他说,就是因为小时候那个被嘲笑的梦想,才让他一天一天的去用心用力实现,最终摘得了"魔术王国"的桂冠。

被嘲笑的梦想,往往会有最璀璨的那一天。被嘲笑的梦想,最终得到了命运的馈赠。

 智慧箴言

在追寻梦想的路上,我们总会听到这样的声音"别傻了","你不行","简直是笑话"……顶住这些压力继续迎难而上的人最终会获得好的结果,堵住那些怀疑和嘲笑的声音。相信自己,坚持梦想,努力实现,还有比这样的人生更充实的吗?

学习金手指

理解词义可以用词义引申法。有些词有本来的意思,还可以引申其他方面的含义,对这类词的理解,我们要先弄清它的原来意思,再理解它的引申义。如"碰壁"原指把头撞在墙上,而在《我的伯父鲁迅先生》一文中有这样一句话:"碰墙"指的是在黑暗的旧社会,革命者处处受迫害的意思,是引申义。

第五章 追逐梦想使你变得更耀眼

年轻时你想砍哪棵树

适用作文主题
相信自己，寻找目标。

上大学时，我们曾去一位老教授家做客，那时豪情无限，高谈阔论，仿佛无所不能。老教授一直微笑着倾听，不参与我们的种种话题。

待大家热情一过，他提出要做个测试，我们顿时都来了兴致。

老教授先问："如果你去山上砍树，正好面前有两棵树，一棵粗，一棵细，你会砍哪一棵？"

问题一出，大家都说："当然砍那棵粗的了！"

老教授一笑，说："那棵粗的不过是一棵普通的杨树，而那棵细的却是红松，现在你们会砍哪一棵？"

我们一想，红松比较珍贵，就说："当然砍红松了，杨树也不值钱！"

老教授带着不变的微笑看着我们，问："那如果杨树是笔直的，而红松却七歪八扭，你们会砍哪一棵？"

我们有些疑惑，就说："如果这样的话，还是砍杨树，红松弯弯曲曲的，什么都做不了！"

老教授目光闪烁着，我们猜想他又要加条件了，果然，他说："杨树虽然笔直，可由于年头太多，中间大多空了，这时，你们会砍哪一棵？"

虽然搞不懂老教授的葫芦里卖的什么药，我们还是从他所给的条件出发，说："那还是砍红松，杨树都中空了，更没有用！"

老教授紧接着问："可是红松虽然不是中空的，但它扭曲得太厉害，砍起来非常困难，你们会砍哪一棵？"

我们索性也不去考虑他到底想得出什么结论，就说："那就砍杨树，同样没啥大用，当然挑容易砍的砍了！"

老教授不容喘息地又问："可是杨树之上有个鸟巢，几只幼鸟正躲在巢中，你会砍哪一棵？"

终于，有人问："教授，您问来问去的，导致我们一会儿砍杨树，一会儿砍红松，选择总是随着您的条件增多而变化，您到底想告诉我们什么、测试些什么呢?"

老教授收起笑容,说:"你们怎么就没人问问自己,到底为什么砍树呢?虽然我的条件不断变化,可是最终结果取决于你们最初的动机。如果想要取柴,你就砍杨树,想做工艺品,就砍红松。你们当然不会无缘无故提着斧头上山砍树了!"

 智慧箴言

制定一个目标,而不是漫无目的的瞎闯。这样只会浪费我们的时间和精力。为自己寻找一个梦想吧,沿着梦想的轨迹,我们会越走越坚定,越走越开心。

 好词好句

描写爷爷奶奶的好词:说三道四 谈天说地 东拉西扯 谈古论今 高谈阔论

爷爷长着一副古铜色的脸孔,一双银铃般的眼睛,尖尖的下巴上,飘着一缕山羊胡须。

写作专题

实现话题立意的激情飞越

中考话题作文提倡的"三自"原则,即题目自拟、文体自选、立意自主,鼓励同学们解放思想,放飞心灵,张扬个性,写出极具个性化的作文来。从中考作文来看,同学们的立意还是令人担忧,即使是优秀作文,立意的空间太小,视野还不够开阔,甚至出现了雷同的立意。事实上,中考作文要想得满分,立意不创新是根本不可能的。

话题作文的立意应该做到以下几点:

一是放开视野,寻求广度。也就是说,我们围绕所给的话题,把选材和立意的视野放开,不只是局限于话题本身。如2003年山西省中考作文题目以"桥"为话题,我们在立意时就不能只想到生活中有形的普通的"桥",更应该想到文学作品中的"桥",以及沟通人与人心灵的"桥"等等。有了广阔的视野,然后选择自己最能写好的角度立意。

二是有的放矢,把握精度。同学们写文章立意要做到有很强的针对性,紧跟社会和时代的步伐,或倡导健康向上的精神,或针砭时弊,发人深省,或提炼哲理,令人警醒。如2003年湖南益阳市以"书"为话题的中考满分作文《西游后传》,通过唐僧师徒取经成功后的打算,揭示人们的内心世界,讽刺当今社会上贪求功名利禄的风气,具有很强的现实意义。

三是纵横拓展,追求深度。即在立意时,要放开思想,多往更深的层次上去思考,挖掘出深刻的内涵来。如2003年重庆市中考满分作文《责任》,记叙了婆媳之间矛盾的产生到最后解决的过程,得出人与人之间应该怎样相处的道理,使文章的立意有了深度,给人启迪。

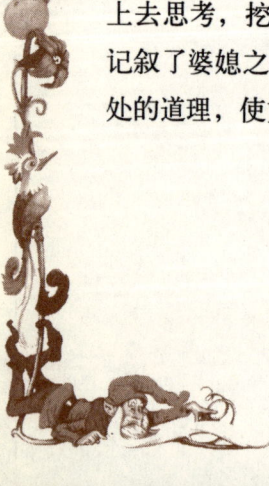

第六章

在挑战和竞争中壮大成长

通常我们害怕面对挑战怯于竞争,是因为我们害怕未知,害怕失败,害怕暴露我们的缺点。可回避这些缺点并不能有益于我们的成长和进步,倒不如坦然地面对,勇敢地接受挑战和竞争。

绝境中你要做上帝

适用作文主题

绝境中的反击，永远充满斗志。

他从小就钟情于音乐，才学会走路的时候，父亲就在家里摆了一大堆物品，让他去抓阄，结果他一手就抓到了一个音乐盒。父亲对这个结果虽然不太满意，但还是从小着重培养他的音乐特长。

12岁，他师从当时黑龙江最著名的舞蹈大师，学习芭蕾舞和民族舞，后来他跟随老师在香港、澳门和美国进行了多次演出，他出色的舞技获得了观众的一致好评，他甚至是被媒体评价为下一代中国的舞蹈天王。

17岁，在父亲的支持下，他报名参加了一场选拔大赛，他以全场满分的优异成绩脱颖而出。

之后，他带着梦想只身来到韩国接受一系列的专业训练。举目无亲，再加上性格内向、不善交流，他受了很多的苦。三个月后他闻讯父亲得了一场大病，耗光了家里所有的积蓄，他的生活费和学费也没有了着落。此时，摆在他面前只有两条路，要么回国，要么凭自己的双手自食其力。他流着眼泪给父亲打电话，病床上的父亲并没有想因为自己的不幸而拖累儿子。他不止一次告诫儿子要坚持，当听到儿子仍然要回来，父亲火了，扔下一句话：你要是回来，从此就不再是我的儿子。挂了电话，他悲痛地跪在了地上。

他开始奔波于各大歌厅，但在韩国他只是一个新人，开始的几天里，几乎没有人愿意聘请他。那几天是他一生最艰难的日子，睡过马路，也吃过别人扔下的馒头，就是这样的绝境，他都没有放弃。一周后，终于有一家歌厅愿意录用他，尽管薪水很低，条件也很苛刻，他还是毫不犹豫地答应了。白天他接受培训，晚上就到歌厅来唱歌，他是来得最早，也是走得最晚的。很多时候，他只能睡上三个钟头，就要马上起来去接受训练。为了自己的歌唱梦，他咬牙坚持着，这一唱就是五年。2006年，他所在的组合一举拿下了韩流中国十大组合奖，他也声名鹊起。

眼看着自己距离梦想只在一步之遥，他幸福地笑了。然而一场意外顷刻

间而至。在一次演出时,他不幸从高空坠下。医生告诉他,他左腿膝盖骨遭到了严重损伤,就算好了也很难再从事剧烈的运动。这对以歌唱为生命的他几乎无法接受。

一个月后,他咬牙强迫自己站起来。很快他发现,他所做的一切都是徒劳。他清楚地知道,自己的后半生很可能将在轮椅上度过。但是他实在不甘心,他的梦想才刚刚开始,怎么能眼睁睁就看着这样夭折呢?他立刻冷静下来,父亲也专程赶来给他打气。他深受感动,他一再告诫自己,只要还有一口气在,就要唱下去。他拄着拐杖参加演出和培训。父亲也咨询了很多医生,为他制定了科学的康复训练。

后来,他成功了。凭着成熟而稳重的表现,他所在的团队,囊括了音乐风云榜、腾讯星光大典、第九届CCTV—MTV音乐盛典中的内地最佳组合奖,而他也成功地丢掉了拐杖,再一次生龙活虎地站在了舞台中央。

"父亲从小就教导我:世上没有绝望的处境,只有对处境绝望的人。所以我会把人生的每次不幸都当成一次转机,也惟有这样,我才能成为绝境中的上帝而非甘愿被束缚的奴仆。"这是他说的话。他不怕别人嘲笑他的固执,也不怕别人说他傻。因为他知道,在接二连三的绝境来阻碍成功时,命运的大门从来只会青睐迎难而上的智者。

智慧箴言

"世上没有绝望的处境,只有对处境绝望的人。所以我会把人生的每次不幸都当成一次转机,也惟有这样,我才能成为绝境中的上帝而非甘愿被束缚的奴仆。"让我们铭记这句话,在绝境中不放弃不抛弃,战胜自己的怯懦勇敢往前走。

好词好句

描写爷爷奶奶的好词:晓之以理 动之以情 谆谆告诫 苦口婆心 语重心长

无论何时,爷爷总爱穿那件褪了色的蓝上衣,和一条早已过时的军装绿裤子。

成功就是打磨自己

适用作文主题
磨砺自己,坚持积累。

一个年轻人到一家杂志社实习,遇到一位以严格要求和博学多才而闻名的老编辑。年轻人每次交稿时,这位老编辑总是一句话:如果你对某一个字的写法没把握,就查字典。并且规定,年轻人每天得写一篇文章放进老编辑桌上的盒子里。哪天没有,他就敲着桌子说:文章呢?就这样,在日积月累的岁月中,年轻人的文章一天一个样,终于在写作上取得很大成就,并参与了美国独立宣言的起草。

这位年轻人就是美国著名的科学家、民主主义革命者乔·富兰克林。指点他的那位编辑名叫弗恩。富兰克林一直以一种敬畏和崇拜的心情,按照弗恩的严格要求磨砺自己,终于取得了成功。

后来,弗恩去世了,富兰克林在整理弗恩的遗稿时,看到了这样一句话:孩子,其实我不是你心目中的那个人。我并不懂写作,每个单词都得查字典,一篇稿子要看上几十遍。当然为了生活,我给自己创造树立了一个权威的形象。你让我教你,我尽量去做,其实多数时候是你自己在打磨自己。

自己打磨自己?富兰克林简直不敢相信,指点自己写作的权威竟然近似于写作盲!自己的写作才能竟然就是自己在一天一篇的积累中打磨出来的!老编辑只不过是对他持之以恒地严格要求而已!富兰克林再读弗恩的其他遗稿时,才相信他的话句句是实情,那些手稿幼稚得令一个真正的作家心碎!

如果说岁月是磨刀石,那么一个人的才华就是磨刀石上的那把刀,握住刀柄的磨刀人其实就是你自己。只有不停地磨砺自己,不停地给自己淬火,在勤奋的熊熊炉火中锻打锤炼,你的才华才会锋锐明亮起来,并最终放射出夺目的光芒,抵达成功的彼岸。

 **智慧箴言**

一天一篇文章的积累,培养出一个作家;一天一点的进步,培养出一个伟人。抓住时间,善于积累,不断的磨炼自己,绽放自己。

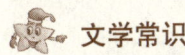
 文学常识

三尺 古代,剑约三尺长,故用为剑的代称。《汉书·高帝纪下》:"吾以布衣提三尺,取天下。"又因古代把法律刻在三尺长的竹简或木板上,故又作法律的代称,也叫"三尺法"。《汉书·杜周传》:"三尺安出哉?"

人生如题,题有千解

适用作文主题
坚持,命运没有定式。

同学从深圳回来了。现在在深圳混得风生水起,两年前加入了某知名IT企业,现在已是部门经理,月薪能抵我半年的工资。既然是高薪,门槛自然不低,早就听说,这类企业的面试题目刁钻古怪。经不住好奇,闲聊时,我向同学问起此事。见我饶有兴致,同学微微一笑,既然你有兴趣,那就考考你?我说好,摩拳擦掌,跃跃欲试。他开始出题:

有12个外观相同的小球,其中有11个是标准球,质量完全相等,还有一个是质量不标准的小球。假如给你一架天秤,只能称三次,你能找出那个不标准的球吗?

这是同学当初参加面试的原题,答题时间限定30分钟。为了降低难度,同学还特地提醒,这不是脑筋急转弯,说完便专心看电视去了,留下我在那搜肠刮肚、抓耳挠腮。半个小时眨眼即过,把我憋得面红耳赤,别说答案,连个头绪都没理出来。自愧不如,我只好长叹一声,向同学求教。同学却给我鼓劲,先别急着放弃啊,反正现在也没什么事,你再想想,说不定就能答出来。我摇头说,不必浪费时间了,就我这个智商,恐怕这辈子都答不上来。同学被逗得大笑,无奈,只好将答案和盘托出:

第一步:首先把12个小球分成三组,然后将1、2、3、4号和5、6、7、8号分别放在天秤两边,如果天秤平衡,证明1到8号都是标准球,不标准球应该在9到12号之间。第二步:从1到8之间随意取两个标准球,放在天秤的一侧,再取9号和10号两个球放在天秤的另一侧,如果天秤平衡,证明不标准球应该在11号和12号之间。第三步:随意取一个标准球,放在天秤的一侧,把 11 号球放在天秤的另一侧,如果天秤平衡,说明剩下的 12 号球不标准;反之,如果天秤不平衡,证明 11 号就是不标准球。

当然,这只是方法之一,但无论哪种情况,只要从这种思路出发,都能以最少的步骤找出答案,同学补充说。当下折服,我又问,能答出来的人恐怕不多吧?同学说,当时十个人参加面试,只有两个人答出来了,包括我。说到当时的情景,同学脸上有些得意,又生出些许感慨。

那次面试,安排在下午进行,老总亲自主持。题目就是上面那个,在规定的 30 分钟内,只有我和另外一个人答出来了。我们两人被当场录用,其他没通过的都打道回府了,惟独一个人还不肯走,说非要把题目做出来才走。直到天黑,老总要带我们两个新人出去吃晚饭,又劝那个人回去,可他依然赖着不走,求老总再给点时间,说只要答出来马上走人,他显然跟自己较上劲了。拿这种人没办法,老总只好让他留下继续做题,带着我们出去吃饭去了。两个多小时后,等我们吃完饭回来,那人还在冥思苦想,显然还没答出来。最后,公司要关门了,他才无可奈何地走了。

我忽然有点同情那个人,忍不住摇头惋惜,如今找个饭碗真不容易。

同学忽然笑了,人家干嘛要你同情啊,公司第二天就通知他来上班了,现在还和我坐对面呢。

我愕然。人生如题,题有千解,同学说,他虽然没答出那道题,但是那种永不放弃的精神,正好也是老总想要的答案。

这也能算答案?我细想,应该算的,人生最彻底的失败就是放弃。

 智慧箴言

人生最彻底的失败就是放弃,所以一定要坚持到底,不可半途而废。当挑战降临到我们面前时,别着急和胆怯,坚持下去,不管结果如何,你做了就已成功一半了。

笑话碰碰车

一位印象派画家画了一幅作品,题为《日出》,送去展览。在展览会上,工作人员出于无知或是疏忽,把这幅大作挂倒了。他们正准备把他纠正过来,这时画家制止说:"不必了。"他拿起笔来把作品的标题改为《日落》。

孤注一掷的力量

适用作文主题
孤注一掷，面对挑战不放弃。

小时候，他是家里人的骄傲：四岁时能背下一百多首唐诗。不到五岁就识得上千个字，六岁左右已经自学了小学一年级的数学课程。这对于一个长在偏僻山村的孩子来说，是一件令人羡慕的事情。

孩子在人们羡慕的目光中念上了小学。开学第一天，老师教写了三个拼音字母："a""o""e"。课后布置的作业是，把这三个字母在练习本上各写十遍，第二天早上交上去。

他背着母亲为他缝制的新书包回到家的时候，他的伯父和几个哥哥已经在那里等了好长时间。因为是开学第一天，他们都急于想知道他在这一天学到了哪些东西。

吃完饭，在亲人们的催促下，他拿出练习本开始写作业。"o"和"e"很顺利地写出来了。"a"却怎么也写不像。半个多小时过去了，本子上留下了近百个"半成品"。

亲人们怎么也不愿相信，这样一个聪明的孩子竟然写不出"a"来。爸爸按捺不住了，他握着儿子的手，手把手地教，教了几十遍，把手放开让他自己写，他还是写不出来。大家都有些着急了。哥哥、姐姐们轮番上阵，尝试用各种办法教弟弟，但都无济于事。煤油灯下几个小时的写呀写，孩子的额上渗出了一层层汗珠。

奶奶见此情景心疼了，她把孩子揽在怀里，不让他再写下去了。在奶奶的庇护下，孩子自己也决定放弃努力了。一直默不做声的伯父一下子冲过来，把他从奶奶的怀里夺下，重重地按在凳子上："你给我写，要是写不出来，晚上就不许睡觉！"

望着严厉的伯父，孩子的眼里淌下了伤心的泪水。打小他就是家人的骄傲，他身上寄托着他们的全部希望，他们希望自己面朝黄土背朝天的生活在他身上发生转变，这希望是如此的执拗和迫切，以致于它一旦坍塌，那将是

第六章 在挑战和竞争中壮大成长

对他们致命的打击。当时他只是模糊地懂得这些，他还清楚地知道，伯父的话是不容违背的。孩子咬紧牙关，强忍着泪水，心里只有一个念头：写出来！他好像把全身的力气都用在笔尖上，写成落笔的那一刻，笔尖断了，他哇的一声大哭出来。

十几年后，凭着坚韧不拔的努力，他成了村里唯一的大学生。当他跟我讲起这个故事时说，那是他伯父给他上的最重要的一课：在面对挑战的时候，不要在心理上给自己留下太多退路，要对自己说，你别无选择。这种孤注一掷的信念，往往会激发起身上的潜能。创造出意想不到的奇迹。

智慧箴言

常常我们会给自己找很多的借口，比如外在环境恶劣、时间不够、太忙了、或者其他人怎样造成了自己的失误等等，都是为自己的懒惰和逃避找借口。如果我们在面对挑战的时候告诉自己：除了前进我别无退路！世界上会增加很多成功减少很多遗憾。

学习金手指

读懂一篇课文：①识字理词，即认识字，理解字词的含义。②理解句子，特别是反映人物品质、事件意义、事物特点的句子。③认识结构，即给课文分段和概括段落大意。④了解内容，即弄清楚课文的主要内容是什么。⑤认识中心，即弄明白课文的中心思想是什么。⑥体味技法，即文章的写作特点。

钢玻璃杯的故事

坚韧的心理，强硬的意志，追求目标。

一个农民，初中只读了两年，家里就没钱继续供他上学了。他辍学回家，帮父亲耕种三亩薄田。在他19岁时，父亲去世了，家庭的重担全部压在了他的肩上。他要照顾身体不好的母亲，还有一位瘫痪在床的祖母。

八十年代，农田承包到户。他把一块水洼挖成池塘，想养鱼。但乡里的干部告诉他，水田不能养鱼，只能种庄稼，他只好有把水塘填平。这件事成了一个笑话，在别人的眼里，他是一个想发财但又非常愚蠢的人。

听说养鸡能赚钱，他向亲戚借了500元钱，养起了鸡。但是一场洪水后，鸡得了鸡瘟，几天内全部死光。500元对别人来说可能不算什么，对一个只靠三亩薄田生活的家庭而言，不啻天文数字。他的母亲受不了这个刺激，竟然忧郁而死。

他后来酿过酒，捕过鱼，甚至还在石矿的悬崖上帮人打过炮眼……可都没有赚到钱。

35岁的时候，他还没有娶到媳妇。即使是离异的有孩子的女人也看不上他。因为他只有一间土屋，随时可能在一场大雨后倒塌。娶不上老婆的男人，在农村是没有人看得起的。

但他还想搏一搏，就四处借钱买一辆手扶拖拉机。不料，上路不到半个月，这辆拖拉机就载着他冲入一条河里。他断了一条腿，成了瘸子。而那拖拉机，被人捞起来，已经支离破碎，他只能拆开它，当作废铁卖。

几乎所有的人都说他这辈子完了。

但是后来他却成了我所在的这个城市里的一家公司的老总，手中有两亿元的资产。现在，许多人都知道他苦难的过去和富有传奇色彩的创业经历。许多媒体采访过他，许多报告文学描述过他。但我只记得这样一个情节——

记者问他："在苦难的日子里，你凭什么一次又一次毫不退缩？"

他坐在宽大豪华的老板台后面，喝完了手里的一杯水。然后，他把玻璃杯子握在手里，反问记者："如果我松手，这只杯子会怎样？"

记者说："摔在地上，碎了。"

"那我们试试看。"他说。

他手一松，杯子掉到地上发出清脆的声音，但并没有破碎，而是完好无损。他说："即使有10个人在场，他们都会认为这只杯子必碎无疑。但是，这只杯子不是普通的玻璃杯，而是用玻璃钢制作的。"

于是，我记住了这段经典绝妙的对话。这样的人，即使只有一口气，他也会努力去拉住成功的手，除非上苍剥夺了他的生命……

智慧箴言

把我们的心铸造的像钢玻璃杯一样坚硬,在打击中保持自己的原状,在挑战面前迎难而上;有这样一颗钢化玻璃心,我们有什么做不到的。

 好词好句

描写爷爷奶奶的好词:寿比南山 精神矍铄 目光炯炯 勤俭持家 一本正经

爷爷那神气呀,活像是半路捡了块宝石,乐得嘴都合不拢了,八字胡一抖一抖的怪得意的。

气出来的《陋室铭》

适用作文主题

自己掌控心情,坦然面对困境。

刘禹锡的《陋室铭》表现出一种达观而又充满哲理的人生态度。然而,这篇名作竟然是气出来的。

唐代著名诗人刘禹锡因得罪当朝的权贵宠臣,被皇帝贬至安徽和州当通判。按照当时的有关规定,他应该住衙门里,并且应有三间屋子。可是,和州知县见刘禹锡被贬,便多方刁难。先是安排刘禹锡住在偏僻的县城南门,面江而居。

刘禹锡不但没有埋怨,反而很高兴,特撰写一联贴于房门:面对大江观白帆,身在和州思争辨。

这个举动气坏了知县,他便将刘禹锡的住房调到更僻远的城北门,由三间缩小到一间半。这一间半房子位于德胜河边,附近还有成排的杨柳树。

刘禹锡见了这个环境,也没有计较,又写了一幅对联贴在新居:杨柳青青江水边,人在历阳心在京。

知县见刘禹锡仍是悠然自得,就又把他调到一间仅能容下一床一桌一椅的房子。

半年时间,刘禹锡连搬三次家,住房一次比一次小,遂愤然提笔写下《陋

室铭》一文,并请人刻于石头上,立在门前。时至今日,此文仍是一篇脍炙人口的佳作。

 智慧箴言

有着良好的心态,安然自适的对待生活中困扰和挫折,生活也会还你阳光与绚丽的色彩。刘禹锡以古代文人高洁乐观的人格面对知县的刁难,以超脱的人生境界,用简练豁达的文字,写出了千古名篇。

 文学常识

钓鳌 传说古渤海东面有五座大山随海波漂流,上帝叫十五只大鳌顶住,山才固定不动。友伯国有一巨人举起脚来跨出没几步,就到了五座山的地方,他一下钓去只六只鳌,因此,有两座山就沉入海底了。后以喻豪迈的举止或远大的抱负。李白《赠薛校书》:"未夸观海作,空郁钓鳌心。"

骂人的是屋顶

第六章 在挑战和竞争中壮大成长

适用作文主题
挑战,相处之道,人际。

有一个来自名牌大学的毕业生,在一家大企业谋到了一个他仰慕已久的职位。可是,等他上班后,他才知道,自己的顶头上司,不但文凭低,而且能力也低。更可气的是,那个上司还一天到晚对他指手画脚,横挑鼻子竖挑眼。一气之下,他辞职了。

不久,他又找了一份新的工作。这次,他是在完全了解了自己的上司后,才决定去上班的。他的上司不但毕业于名牌大学,而且业务能力也很强。他想,只有跟着这样一位上司,自己才有出头之日。

上班的第一天,他发现,居然有人敢对他的上司指手画脚,横挑鼻子竖挑眼。后来一打听才知道,原来那人是他上司的上司。让他不能理解的是,他上司的上司不但文凭低,而且能力更低,而他的上司在面对这一切时,居然毫不介意。

他在找准机会后，终于将自己的疑问跟上司说了。上司没有直接回答他的问题。而是给他讲了一则伊索寓言。寓言的题目叫做《站在屋顶的小山羊与狼》，里面讲的是：小山羊站在屋顶上，看见狼从底下走过，便谩骂他，嘲笑他。狼说道："啊，伙计，骂我的不是你，而是你所处的地势。"

他终于点了点头对上司说："我明白了，既然骂人的不是他，而是他所处的地势，那我们也没必要跟他计较了。"上司这才舒心地笑了。

在我们的日常生活中，很多有着像狼一样超强能力的人，却要受无能的羊的欺负，不正是因为羊有"屋顶"这块无人能及的法宝吗？此时，如果你能绕开"屋顶"，便能通往成功之路，如果你绕不开"屋顶"，又偏要将羊从"屋顶"上揪下来，那么"屋顶"很快便能将你压垮。

 智慧箴言

在生活中我们避不开这些站在屋顶上对我们指手画脚的人，这时我们要定下心来，坚定自己的立场和信念，明辨当前的处境，以成绩证明自己的实力，将骂人的"屋顶"抛在远远的身后。

 生活小常识

鸽子树是一种落叶乔木，高可达20米，枝干平滑。其叶片很大，为阔卵形，边缘有许多锯齿。它的花序是球形的，上面聚集着许多小花。那被赞赏的仿佛鸽子翅膀似的美丽花朵，其实是它的苞片，就长在花序的基部。

芒刺上的花丛

适用作文主题
创新，转变，打破常规思维，竞争手段。

面对2008年的北京奥运会，许多商家都看到了其中所存在的无限商机。其中，阿迪达斯公司和耐克公司就是其中竞争最激烈的两家。阿迪达斯作为北京奥运会的主赞助商，具有相当强大的主场优势，其势头紧逼同行业的其他品牌。

耐克公司看到了阿迪达斯作为奥运赞助商的主场优势，同时，也想方设法通过其他途径来破局，其中，体育明星就是一个绝佳的突破口。于是，耐克公司瞄准了许多有望夺冠的知名运动员，并期望通过他们的"金牌效应"来拉动商机。

中国"飞人"刘翔就是其中一名，面对这位曾经取得辉煌战绩的中国运动员，历时一年多，他们为刘翔专门设计了一种"战靴"。这种"战靴"仅为214克，轻便、减阻，有人分析，仅仅从这双"战靴"上，刘翔就能提高0.02秒！另外，他们了解到刘翔每次比赛的时候，都喜欢在起跑前沉思默念，搭上鞋面的"粘贴带"是起跑前的最后一个动作，于是，耐克公司自雅典奥运之后，为刘翔每一双战靴都保留了粘贴带。

万事俱备，一切只待发令枪打响的那一瞬间。哪知道，2008年8月18日上午，在这样一个决定性的瞬间，刘翔却因脚伤倒在了预赛的起跑线上——刘翔退出了比赛。

对于耐克公司来说，这无疑是一个晴天霹雳，一年多的辛苦眼看着要付诸东流。在那一刻，许多人断言，以耐克为首的诸多广告商肯定要崩溃。没有想到的是，就在刘翔宣布因伤退赛的12小时后，耐克公司发表官方声明，他们认为："刘翔一直是中国最杰出的田径运动员。耐克为能与刘翔紧密合作而感到自豪。在此时，我们理解他的感受，并期待他伤愈复出。"继而，耐克公司的创意人员根据刘翔退赛为题材，主题为"爱运动，即使它伤了你的心"的平面广告伴随各报社"刘翔退赛"的头条消息，出现在华东、华南、华北各地区的主要都市报的头版位置。广告上写着："爱比赛／爱拼上所有的尊严／爱把它再赢回来／爱付出一切／爱荣耀／爱挫折／爱运动／即使它伤了你的心。"广告词恢宏大气，鼓舞人心，不仅安慰了代言人刘翔，而且字里行间坚信刘翔一定能够东山再起！

据耐克公司的负责人介绍，该创意广告推出以后，耐克体育用品的销量不仅没有因"刘翔退赛"而减少，反倒大幅度上升！

代言人突遭事故，这对大多数商家无疑都将是一种致命的打击，然而，耐克公司不但没有在这片"荆棘地"里摔跟头，反倒拨开困窘的"芒刺"，在艰难的"荆棘地"里开出轻松绚烂的"花"来。

耐克公司清楚地知道中国的市场空间，也非常清楚地认识到刘翔在中国人心目中的地位，耐克公司巧妙地借用了这一"事故"，进行温情炒作，不光

第六章　在挑战和竞争中壮大成长

攫取了所有的商机，而且收获了一片掌声与喝彩，更重要的是耐克公司巧妙地赢得了所有中国人的心！

这就是耐克公司的智慧，面对突发事件，他们不但没有让其成为制约自身发展的"短板"，反而以此为契机，迅速起跳，把"短板"劣势演化成了"长板"优势！其实，任何"短板"和"长板"之间都隔着一块跳板，关键是看我们朝着哪个方向起跳……

智慧箴言

可见任何难题并不像看起来那么糟糕，一定会有转机，这就需要我们动脑，打破常规思维，从新的角度看待问题，说不定能在困境中找出很好的解决办法。

笑话碰碰车

一天，德国著名诗人海涅收到一个大邮包，里面填塞着一大堆软纸，纸堆里藏着一只小盒子，盒子里有一封信。这是一个朋友写给海涅的，信只有一句话："我很健康，也很快活！"

不久，这位朋友也收到了一个邮包。但他发现那是一只又大又重的木箱，要请搬运工人才能运回家去。打开一看，除了一块大石头和一张便条外，并无别的什么样东西。便条是海涅写的："亲爱的朋友：读到您的来信，知道你很健康，我心里的这块大石头也就落下来了！"

盐碱地里的羊

适用作文主题
艰苦的环境，激发潜力。

如果给你两块牧场放牧，一块是牧草稀少的盐碱地、一块是水草丰美的绿洲，为了养出肉质优良的羊，你会选择哪一块？

有经验的西北牧民的选择是：盐碱地。因为在盐碱地上啃食草根长大的羊比水草丰美的绿洲上吃鲜嫩青草长大的羊肉质更好，市场销售价格也更高。

这就奇怪了，每天吃都吃不饱的恶劣条件下长大的羊怎么反而会肉质更好、价格也更高呢？原来，盐碱地中几乎没多少植物，仅有的几丛细草也分布得稀稀落落的。由于生存条件艰苦，这里的羊为了获得足够的食物，只能一天到晚不停走动去寻找仅有的发黄的青草和盐分较多的水源，有的时候甚至要靠刨草根为食。在这种环境下成长起来的羊，由于得到了足够的运动再加上吸收了盐碱地土壤中本身含有的一些特殊元素，生长得比较缓慢，但是肉质特别细嫩，味道特别鲜美且毫无膻味。甚至羊肉本身就有点儿咸，烹制很容易入味，因此特别受人们的欢迎。

而生活在水草丰美处的羊群，由于食物充足，一天到晚几乎不用挪动多远的地方就能吃饱，这样一来，吃得好休息得好的羊群生长自然要快得多。然而，这种在较短的时间内就能长大的羊肉质却只有一般，而且膻味大部分都很重。拿到市场上去卖，价格自然也要更低。这就像药材中的灵芝，长在险峻峭壁上恶劣环境中的野生灵芝，与人工培植在气温土壤等条件都更加舒适的苗圃中的灵芝身价有着天壤之别。

正是由于这个原因，在新疆，卖羊肉的生意人都愿意标榜自己的羊是在盐碱地中放牧长大的；买羊肉的顾客，也更愿意花更高的价格去买盐碱地中长大的羊。而附近养羊的牧民，自然也知道这个道理，他们宁愿自己的羊长得慢一点儿、放牧得辛苦一点儿，也愿意将羊赶到盐碱地中去放养。

这真是一个值得人深思的现象。盐碱地的生存条件是如此恶劣，草料和水源都很稀缺，似乎不适合放牧牲畜。但却恰恰正是这种恶劣的环境让羊群在谋求生存的同时增加了运动，同时也让羊群因为啃食从盐碱地里生长出来的草而抑制了羊肉的膻味，还让羊肉含有了多种特殊的酶的成分，烹制出来味道格外鲜美。在这里，本来是不利于养殖牲畜的自然条件，却成了牲畜身价倍增的直接原因。生活中的事情往往就是这样，物极必反，美好的东西常常是产生于极端恶劣的环境中，而舒适的环境，虽然有利于事物的成长，却未必有利于其品质的提升。盐碱地里的羊，让懂得深思的人感触良深。

 智慧箴言

恶劣的环境更容易激发潜在的能力，舒适的环境容易滋生懒惰。优质的羊肉依靠的是贫瘠的盐碱地里的矮草，坚强的人生经过困难的打磨愈加锋利、耀眼。

> **学习金手指**
>
> 　　5种分段法：①事序分段法，即按照事情发展的顺序给课文分段。②时序分段法，即按照时间推移的顺序给课文分段。③地序分段法，即按照地点变换的顺序给课文分段。④事类分段法，即按照事物的不同类型、不同性质去给课文分段。⑤总分分段法，即按照先总结后分述，或先总后分再总的文章结构去给课文分段。

一支扭转乾坤的粉笔

适用作文主题
竞争产生前进的动力。

　　1912年，美国钢铁大王安德鲁·卡内基以100万美元年薪，聘请查理·斯瓦伯为该公司第一任总裁时，全美国企业界议论纷纷。因为在当时，100万年薪是全美最高的待遇，而斯瓦伯对钢铁业并不十分内行，卡内基为何要付那么高的薪水呢？原来卡内基看上他激励部署的特殊才干。

　　斯瓦伯上任不久，他管辖下的一家钢铁厂产量落后，他问该厂厂长："这是怎么一回事？为什么你们的产量老是落后呢？"

　　厂长回答："说来惭愧，我好话与丑话都说尽了，甚至拿免职来恐吓他们，没想到工人软硬都不吃，依然懒懒散散。"

　　那时正是日班快下班，夜班接班之时。斯瓦伯向厂长要了一支粉笔，问日班的领班："你们今天炼了几吨钢？"领班回答："6吨。"斯瓦伯用粉笔在地上写了一个很大的"6"字后，默不作声的离去。

　　夜班工人接班后，看到地上的"6"字，好奇的问是什么意思。日班工人说："总裁今天来过了，问我们今天炼了几吨钢，领班告诉他6吨，他便在地上写了一个'6'。"次日早上，斯瓦伯又来工厂，他看到昨天地上的"6"已经被夜班工人改写为"7"了。

　　日班工人看到地上的"7"字，知道输给夜班工人，内心很不是滋味，他们决心给夜班工人一点颜色看看，大伙儿加班努力，结果那天炼出了10吨钢。

　　在日夜班工人不断地竞赛之下，这座工厂的情况逐渐改善；不久，其产量竟跃居公司所有钢铁厂之冠。

人的天资是需要激发的，要克服自己的惰性，实现人生的超越，可在自己的学习、工作、生活中，为自己寻找一个竞赛的对手。一旦为自己树立了一个较劲的对手，我们便为自己找到了一个赶超的对象，我们就会警醒振作，努力奋斗，前进不止。可以说"对手"是促进自己不断前进的动力之一。

不过在对手的选择上我们需要注意一个问题：该对手必须有一定的实力，至少要与自己水平相当，这样才值得一"争"。最好是其实力略高自己一筹，那样就更有具有挑战性，刺激性。但是不要高于自己太多，这样容易给自己挫败感，反而不利于竞争。

让我们给自己找个对手，努力超越吧！

智慧箴言

给自己找个对手，不断的磨砺自己。在旗鼓相当的对手中我们可以获得胜利的快感，找到一个优秀的对手，在不断的挑战和追赶中，我们获得成就感和进步。竞争让我们变得自信和优秀。

好词好句

描写爷爷奶奶的好词：坚持原则 絮絮叨叨 沉默寡言 身体硬朗 不苟言笑

爷爷长方脸，脸上充满了皱纹，横一条、竖一道的，灰白的眉毛下一双不大的眼睛炯炯有神。

第六章 在挑战和竞争中壮大成长

狼比狗聪明的原因

适用作文主题
勤奋，鞭策自己。

在河边，一只狼要带好几只小狼过河。以我们粗浅的经验，它一定会一只一只地叼过去。但事实并非如此。老狼因怕子女受伤害，它会咬死一只动物，把动物的胃吹足气，然后再用牙咬住蒂处，做成一只鼓鼓囊囊的皮筏。借着这生命的皮筏，全家渡河。

在动物界，狼是一种非常聪明的动物，如果让单个的狗与单个的狼搏斗，败北的肯定是狗。虽然狗与狼是近亲，它们的体型也难分伯仲。但为什么败北的总是狗呢？有人曾就这问题仔细地将狗与狼作对此研究。结果发现，经人类长期豢养的狗，因为不面临生存的危机，脑容量远远小于狼；而生长在野外的狼，为了生存，它们的大脑被很好地开发，不但非常有创造性，而且有着异乎寻常的生存智慧。

狗并不是天生就比狼愚蠢，而是后天豢养的结果。因为万事万物皆有惰性，一旦条件优越，就难免不思进取。

智慧箴言

动物如此，人也如此，在过于安逸的环境中生活会影响我们潜力的开发，我们要防止在安逸的环境中丧失了斗志，迷失了自己的方向。

文学常识

请缨　汉武帝派年轻的近臣终军到南越劝说南越王朝。终军说："请给一根长缨，我一定把南越王抓来。"后以喻杀敌报国。岳飞《满江红·遥望中原》："叹江山如故，千村落寥。何日请缨提锐旅，一鞭直渡清河洛。"

大风大浪大鱼

适用作文主题
坎坷磨砺出坚毅的品格。

一群年轻人常在一泓深潭边钓鱼，而有一个渔夫总是在潭上边水流湍急的河里捕鱼。

年轻人觉得这渔夫可笑，在大风大浪的河里怎么会捕到鱼呢？有一天，年轻人忍不住去问渔夫："鱼能在这么湍急的地方停留吗？"渔夫说，当然不能了。年轻人又问："那你怎么能捕到鱼呢？"渔夫笑笑，什么也不说，只是提起他的鱼篓往岸边一倒，顿时泻出一团银光。那一尾尾又肥又大的鱼，在地上翻跳着。年轻人看傻了，他们在深潭里从来没有钓到过这么又肥又大的鱼，那水潭里只有很小的鱼。渔夫竟在湍急的河水里捕到这么大的鱼，这是为什么呢？

渔夫笑笑说："潭里风平浪静，经不起大风大浪的小鱼喜欢待在那里，水里那些微薄的氧气就足够它们呼吸了。而这些大鱼就不行了，它们需要水里有更多的氧气，浪越大，水里的氧气就越多，它们会拼命游到有浪花的地方。"

水流湍急浪花飞溅之处才有大鱼，那么，命运沉浮遭遇坎坷才能砥砺出巨人。

 智慧箴言

我们是要做河里的大鱼，还是要做潭里的小鱼，就看我们是选择可能会有波折、有风浪的追求梦想之路，还是甘于待在安逸、一成不变的原地了。

 笑话碰碰车

有人问一位名人："你和平庸的人有什么不同？"

"他们活着是为了吃饭；而我吃饭是为了活着！"

花腹驼鹿的秘密

适用作文主题
淬炼自己，艰辛出英才。

在西伯利亚针叶阔叶混交林中生活着一种奇特的驼鹿，它们的外形与普通驼鹿并无二致，但其腹部布满了不规则的花纹。因此，动物学家把它们命名为花腹驼鹿。据当地人说，他们的祖辈管这种驼鹿叫"西伯利亚丛林勇士"。在这里，花腹驼鹿受到人们的保护，不捕杀花腹驼鹿的戒律更是在猎户中代代流传。

一个偶然的机会，几个猎手遇到了一只遭黑熊袭击而受伤的母花腹驼鹿。他们将它带回村里豢养起来。次年春天，伤势痊愈的驼鹿产下了一窝鹿崽儿。猎人们发现，那些可爱的鹿崽儿的腹部并没有花纹。原来花腹驼鹿腹部的花纹并不是先天就有的。

鹿崽儿渐渐长大，可是，花纹还是没有出现。猎人们越发好奇，就更加关注起来。一直等了四年，这些鹿崽儿长成成鹿，依然没有看到花纹。

这一怪事引起了俄罗斯动物学家的注意。经过跟踪研究，他们终于发现

第六章 在挑战和竞争中壮大成长

了野生花腹驼鹿的一个惊人习性：每年秋季来临，母鹿都会带领小鹿找一个荆棘丛生的地方，然后群鹿依次跳跃着穿越大片荆棘丛。因为幼鹿个子矮，所以每只小鹿的腹部都被划出了一道道渗血的伤痕。

再观察，一个令人惊叹的秘密被揭开：因为受了伤，小鹿觅食时即使吃得已经够饱，也不能躺下休息，那样会扎痛伤口。所以，它们只好一直站着吃草。这样拼命进食的好处便是，在酷寒的西伯利亚冬天来临之前，每只小鹿都储存了足够御寒的营养和能量。一只鹿需要经历三个被荆棘刺伤的秋季，直到它成年。而那些花纹，其实就是这些伤痕留下的印记。

由此，动物学家们明白了在西伯利亚山林里每年冬天因体弱而冻死的各种动物中为什么唯独没有花腹驼鹿，同时也解开了这种驼鹿被祖辈们称作"西伯利亚丛林勇士"的原因。

有句格言叫做"艰难困苦，玉汝于成"，是说艰辛可以淬炼人的意志和精神，促使人走向成功。花腹驼鹿自然不懂人类的哲理，但它那主动受伤，只为能更好生存的本能，却颇为雄辩地再次诠释了这句格言的真谛。

智慧箴言

艰辛出豪杰，坎坷出英才；经历过磨难并坚持下来的人，必成大业！

学习金手指

概括文章的中心思想：先概括出课文的主要内容，再想一想作者为什么要写这些内容，然后领会写作目的，即中心思想。分析课文的重点段。

从文题找中心，有些文章的题目就直接点明了中心。如《伟大的友谊》。

从中心句找中心，如《我的伯父鲁迅先生》。

逃跑的麦种

适用作文主题
勇于面对，不怕艰险。

耕完地，农民来到地头一棵大树下休息的时候，躺在盆里的一粒麦种思想开了小差：就这样被抛到露天地里，以后从抽芽到结穗肯定要遭受风吹日晒之苦，还不如找个凉爽的地方生长呢，这该有多舒服！这样想着，这粒麦种就从盆里跳了出来，落在树阴里的泥土中。

到了七月，金黄的麦浪翻滚着成熟的喜悦，大树下这株长高的麦子却还绿着，抽出的麦穗嫩得能掐出水，前来收割的农民对它视而不见。它问："为什么冷落我？"农民回答："这怪你太聪明了！当你逃避日光照晒风吹雨淋的时候，也同时失去了成熟的机会！"

 智慧箴言

该我们面对的挑战和困难，不要因为害怕而去逃避。逃避只能得到一时的安逸，但很能会因此失去生命中最美丽的风景。

 好词好句

描写爷爷奶奶的好词：和蔼 慈祥 花白 保守 花甲

爷爷喜欢坐在公园里，一只手捋着胡子，一只手拿着报纸，仔细地读着。

沙尘暴里也有鱼子

适用作文主题
希望永存，不放弃。

一个来自农村的朋友讲过一个故事。他说家乡有一片黄土地，在一次暴雨成灾之后，就变成了水塘。第二年，水里长出了鱼。他咬牙跺脚地说，从来没有任何一个人往池塘里撒过鱼苗，那里离海洋和其他的鱼塘也非常遥远，决不会有什么鱼子能跋山涉水地找到这里安家落户。真是怪了，这些鱼子是从哪里来的呢？他啧啧称奇。

我当然没有法子为他提供答案，我对鱼的了解，只限于在超市和自由市场看到它们。不过，我记住了这个疑问，一次看到一位渔业专家，赶忙请教。

他很平静地说，在黄土里，就有鱼的种子。

我说：那些干燥的黄土只能变成沙尘暴。

渔业专家说，这不妨碍鱼的种子藏在里面。沙尘暴里也有鱼子，等到适宜的时候，变成一条鱼。

我说，这么说，在我们周围，到处都有鱼的种子？桌子上？地板上？

专家说，理论上，可以这么讲吧。

我听后很惊讶，也很感触。我们都知道鱼离不开水，鱼必须一生都活在水中。可是在那么干燥的黄土里，甚至环境恶劣极点的沙尘暴里都有鱼子，我不仅感叹生物求生的欲望是多么的强烈；在这种强烈的意志下爆发出的潜能又是何其的惊人。那么身为人类的我们又有什么理由，在生活中的"寒流"来袭时畏惧甚至是放弃呢？

智慧箴言

无水的沙暴里都有鱼子，生命的力量可见有多么地强大。当遇到困境想放弃的时候，让我们想想沙暴里的鱼子吧！

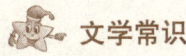 **文学常识**

辞第　汉时，北方匈奴贵族经常骚扰边境。一次汉武帝要为大将霍去病修建府第，霍去病辞谢道："匈奴未灭，无以家为也。"后以喻为国忘家。杜甫《奉和严中丞西城晚眺十韵》："辞第输高义，观图忆古人。"

谁怕谁

适用作文主题　勇气和意志，不畏强权。

朝鲜内战期间，一位将军率领军队毫无阻挡地前进，攻城占地，所向披靡，路经之处，一切全都摧毁。有一座城市的居民知道这位将军的残酷名声，所以听说他就要到来的消息后，全都逃到附近的山上躲避。

军队进城后，发现所有的房子都空无一人。经过仔细搜查，他们找到了一位留下来的禅宗僧侣。将军命令士兵将僧侣带到他面前，但是僧侣拒绝跟他们走。

将军狂怒，亲自到僧侣那里去。

"你显然是不知道我是谁！"他咆哮道，"我可以用我的剑刺穿你的胸膛，眼睛都不会眨一下。"

这位禅宗大师转过身，镇定地回答：

"你显然也是不知道我是谁。我能够让我的胸膛被剑刺穿，眼睛都不会眨一下。"

将军听了这番话之后，深深地鞠了一个躬，然后离开了。

 智慧箴言

用强权和暴力让别人屈服，这不是真正的胜利。以自己的勇气和意志战胜残暴的敌人，这是值得我们敬佩的。

生活小常识

鸽子树之所以珍贵,还由于她是植物界中著名的"活化石"之一,植物界中的"大熊猫"。早在二、三万年前第四纪冰川时期过后,地球上很多树种都绝灭了,我国南方一些地区,由于地形复杂,在局部地方保留下一些古老的植物,珙桐就是那时幸存下来的。现在在湖北的神农架、贵州的梵净山、四川的峨眉山、湖南的张家界和天平山以及云南省西北部,可以看到零星的或小片的天然林木。它们大都生长在海拔1200-2500米的山地。在分布区内常常可以看到高达30米,直径1米,树龄在百年以上的大树。为了保护这一古老的孑遗植物,它被国家列为一类保护树种。并把分布区划为国家的自然保护区。

写作专题

写是读写结合的好形式

《九年义务教育小学语文教学大纲》指出："作文教学要与阅读教学密切配合。""在作文教学中，要引导学生把从阅读中学到的基本功，运用到自己的作文中去"。这就明确地告诉我们：阅读是作文的基础阅读好像蜜蜂采花，作文好像蜜蜂酿蜜。可见，读和写是相辅相成的，犹如一对孪生兄弟。

那么，什么是读写结合中的仿写呢？写作理论告诉我们，所谓仿写，就是作文者模仿某些范文的立意、构思、布局谋篇或表现手法，进行作文的一种写作训练方法。可分为全仿和点仿。

全仿是从整体上模仿范文作文的方式。如写《我爱故乡的山水》，可全面模仿《桂林山水》一文的写法：以总——分——总的构段方式结构全文，按一定的顺序观察和描写每一个观察点的景物，在抓住特点描写景物的同时展开联想、抒发感情，在句式表达上要求运用比喻、排比等手法。又如学习《三味书屋》后，可安排学生以《我的卧室》和《我的小房间》、《我们的教室》等为题进行仿写。要求按空间顺序描写和介绍，并展开合情合理的想象。这样，便把读与写有机结合起来了，达到了篇与篇读写迁移的目的。

点仿是局部模仿范文的作文方式。局部模仿，内容较多，范文较广，它是训练学生作文基本功的一种有效方法。主要包括句式表达、段落构成、开头结尾、过渡照应、抒情联想、描写议论等。但应指出的是，不是课文中的每一个片断都可以作为仿写训练的材料，而是需要精心地选择那些具有明显特征的片断，进行仿写练习。换句话说，要精心指导学生学习、分析范文，找准和把握仿写之"点"。这仿写之"点"，就是范文中将被模仿的地方。因为一篇文章或一段话，可仿之"点"很多，需要研究的问题也很多。哪些该仿。哪些不该仿，模仿哪些"特点"，怎样模仿等，都需要教师细细指点。例如有些课文中的片断，或是属总起分述段，或是属分述总结段，或是空间叙述请楚，或是细节描写形象……像这样在写法上独具特点的片断，就可以作为读写结合的"点"进行仿写。仿写时，同时告诉学生这种片断在写法上的规律，使学生有规可循,有法可借,有例可仿。如要训练学生用总分方式结构段的写法,其规律是:①总起句位于句首,是全段的中心句;②分述句之间的关系大都是并列的或连贯的。比方说《手》(六年制第九册)这篇课文的最后一段,描写和刻画了陈秉正的手是一双灵巧的手,在构段方式上采用的就是先总述后分述的写法。待学生明白写法后,趁热打铁,进行读写结合,要求学生仿照这段先总后分的写作方法,以《爸爸的手》、《妈妈的手》等为题仿写一个片断。一学生以《妈妈的手》为题作了这样的仿写:

"什么事都难不倒我妈妈的那双'万能'手。就拿打毛衣来说吧,妈妈从来不买毛衣,而是用她那双'万能'手来织毛衣,妈妈编织的毛衣穿起来既舒服,又美观大方,当家里来了客人的时候,她那双'万能'手就又开始忙碌起来了。一会儿的功夫,许多香味扑鼻的菜就上了桌。展现在客人眼前的有正宗川味,有闻名遐迩的广东菜……不但花样很多,而且味道鲜美可口,客人们都称赞妈妈那双'万能'手。我为妈妈那双手感到骄傲和自豪!"

读了这段话,我们感觉到是一个成功的片断仿写,说它成功,就成功在小作者经历了从"读进去"到"写出来"的实践过程,更重要的是,作者把握了仿写的真正内涵,避免了因"仿"而"套"的毛病,这就是小作者仿写成功之所在。

实践证明,仿写不失为提高学生写作水平的一条有效之法,是读写结合的好形式。只要教师把规律教给学生,学生掌握了它,就会从读中悟出写的门径。久而久之,学生的阅读水平和写作能力就会得到同步提高。

第七章

努力学习汲取更多的力量

学习是一种信仰。拥有这种信仰的人,他的人生境界不会止于当下,他的思想也不会停止和堵塞。学习给我们会带来很多珍贵的东西,比如知识,比如能力,比如梦想……学会学习,热爱学习,从学习中汲取更多的力量,从而面对复杂多变的世界,找到自己的位置。

地灯与萤火虫

适用作文主题
学习，发现自己的长处。

一到晚上，安装在城市草坪上的地灯就亮起来，与附近的霓虹灯交相辉映，成为一道流光溢彩的风景线。一只萤火虫飞入草坪，立即遭到地灯的嘲笑：

"哈，看你那可怜样儿，竟敢在我们面前班门弄斧！"

"我们的光淹没你，比一杯开水融化一块糖还容易！"

就在这时，突然停电了，炫耀的地灯立即消失在黑暗中。萤火虫却依然闪亮着。萤火虫对羞愧的地灯说："记住，只有真正属于自己的东西才不会轻易失去。"

智慧箴言

不要羡慕、嫉妒那些有钱的同学，因为这些你也可以做到。外界给予的东西也会轻易的失去，倒不如通过学习找到自己的优胜点。努力学习，战胜自卑，找到自己的长处，并持续的开发它，你也会成为美丽的萤火虫的。

好词好句

描写兄弟姐妹的好词：尖嘴猴腮 少年老成 志向远大 浓眉大眼 明眸皓齿

他圆圆的脸蛋，水灵灵的大眼睛，眉毛又黑又长，高高的鼻梁，小小的嘴巴，一对深深的小酒窝儿，脸上总是挂着笑容。

找打的李小龙

适用作文主题
武术之道，学无止境。

落后就要挨打，这是人人皆知的道理。如何进步，避免挨打，这是每一个暂时落后者都要思考的问题。

李小龙初学武术时，也避免不了被动挨打的命运，但他的超人之处在于挨打之后不是退缩逃避，也不是一般意义上的韬光养晦、独善其身，而是变被动为主动，继续到胜利者和高手那里找打，在最短的时间内缩短彼此的距离，在超越自己的同时也领先他人。

李小龙开始学咏春拳，初有所得，稍感得意，却被另一家武馆的一个端茶倒水的小生用"王家腿"轻轻松松地打倒在地。他备感羞辱，也深感震惊，知道山外有山，天外有天。他没有躲起来独自发奋练拳，待到感觉良好再去雪耻，而是在挨打之后毫不削减自己的勇气、信心和锋芒，轻轻地抖落掉伤痛，前往这家武馆主动找打，请那个小子再次痛打他一次。而他在找打的过程中终于悟透了对方拳术的精妙之处，比较出了咏春拳和"王家腿"的区别：前者的优势在于速度，长于黏打，越近越容易发挥特长，打在人身上就像锤子凿了一样；而后者的力量在于凶狠，动作幅度大，擅长拉开距离跟人打，待对手出现空当，一脚便可解决问题，踢在人身上则如同被大棒子砸了一般。

找打可能依然会输，但这种输在本质上跟被动挨打不同，因为它是主动找上门的，是前来寻找暂时落后的原因的，输了却得到更多。切身体验彼此的差别，在最小的距离里知己知彼，在最短的时间里找准症结，最终"师夷长技以制夷"，以最快的速度直截了当地提高自己，超越自己，别人再也不能够轻易地打倒自己。

李小龙主动找打的结果是，他将"王家腿"的精妙之处运用到咏春拳上，改善和提高了自己的拳术，在最短的时间内将对手变成手下败将，大大出乎对手和师兄们的意料。

师父告诉李小龙：与其说武术是练出来的，不如说它是打出来的。这个"打"字可做"挨打"讲，更可做"找打"讲，不过在李小龙那里"挨打"永

第七章 努力学习汲取更多的力量

远不如"找打",这也是他最终能够成为一代宗师和巨星的一个很重要的原因。

后来,李小龙跟师父学寸拳,这是一种近距离攻击的拳法,他没有像师兄们那样跟着师父一招一式的练习,而是主动找打,请师父用寸拳直接打在他的身上。好一让他切身体验寸拳的力量和奥妙所在。这让师兄们吃惊不小,师父的寸拳可是致命的武器。但李小龙认为一个不能经受挨打的人不必练武,而一个不能主动找打的人不会成大器。他坚持以这种独有的方式向师父虚心请教,师父也大为赞赏他的这种非凡的武术精神,满足了他找打的要求。因为找打,李小龙跟寸拳来了一次零距离的亲密接触,他参悟到了其中的玄机,再加上夜以继日的刻苦练拳,很快掌握了所谓"力从地上起,拳从心中发,节节能发劲,攻守寸位间"的寸拳,不但能够一拳打烂木板,而且拳拳都能打出不可思议的力量。

变被动挨打为主动找打,就是要放下虚荣心和羞耻心,不搞隔靴搔痒式的自我修炼,坦坦荡荡、理直气壮地去找对手请教切磋、提高进步,在最短的距离和时间内告别落后,远离失败。这种精神不但可以让人领先一个对手,而且能够使人超越更多的人,包括自己。

来到美国后,李小龙继续实践自己挨打不如找打的练武精神,向空手道高手、柔术大师、拳王们一一找打,取百家之长,补自家之短,打破当时武术家们闭关自守的时代局限,创造出练武者共享的截拳道,成为令后人无比敬重热爱的创新武术家。

智慧箴言

李小龙自己挨打不如找打的练武精神,成就了一代武学大师。我们在学习中也要主动地去发现去学习,多与大家交流。

文学常识

问鼎 春秋时,楚望而却步王北伐,陈兵洛水,向周王朝炫耀武力。周定王孙满慰劳楚师,楚庄王向王孙满询问周朝的传国之宝九鼎的大小和轻重。后遂以"问鼎"喻篡夺政权。《晋书·王敦传》:"有问鼎之心,帝畏而恶之。"今常以喻谋求夺得。例:这次比赛,主队连输几场,失去问鼎冠军的机会。

曾国藩的读书"条规"

适用作文主题
学习，坚持。

曾国藩，既是镇压太平天国运动的刽子手，又是一个治学严谨、博览群书的理论家和古文学家。道光二十二年（1842年）冬，他曾给自己订下了读书的十二条规矩：

一、主敬：整齐严肃，清明在躬，如日之升；

二、静坐：每日不拘何时，静坐四刻，正位凝命，如鼎之镇；

三、早起：黎明即起，醒后不沾恋；

四、读书不二：一书未完，不看他书；

五、读史：念三史（指《史记》、《汉书》、《后汉书》），每日圈点十页，虽有事不间断；

六、谨言：刻刻留心，第一工夫；

七、养气：气藏丹田，无不可对人言之事；

八、保身：节劳，节欲，节饮食；

九、日知其所无：每日读书，记录心得语；

十、月无忘其所能：每月作诗文数首，以验积理的多寡，养气之盛否；

十一、作字：饭后写字半时；

十二、夜不出门。

咸丰八年（1858年），曾国藩在军务繁忙之际，犹定申、西、戌、亥四个时辰温旧书，读新书，写笔记。同治元年（1962年），他任两江总督，白天忙于军政事务，夜里仍温读诗文。他自道光十九年（1839年）正月初一起写日记，至同治十一年（1872年）二月初二止从未间断，数十年如一日。

曾国藩的读书特点是：日课有程，持之以恒；博求约守，不拘门户；提要钩玄，善于概括；挈长补短，与时变化。

在繁忙的政务中，曾国藩自立风格，创立晚清古文的"湘乡派"，他的文章深宏骏迈，能运以汉赋气象，故有一种雄奇瑰玮的意境，被后世的文人称道。他又在百忙中选编了一部《经史百家杂钞》，并著有《求阙斋文集》、《诗集》、《读

第七章 努力学习汲取更多的力量

书录》、《日记》、《奏议》、《家书》、《家调》及《经史百家杂钞》、《十八家诗钞》等。不下百数十卷,名曰《曾文正公全集》,传于后世。这些成就都是在这十二条书规日复一日的坚持下得来的。

智慧箴言

学海无涯,活到老学到老。每天坚持学习,丰富我们的视野和精神生活。掌握更多的知识,知道怎样更好的发展自己,并从中找到让自己充实和快乐的途径,这是学习给予我们最好的礼物。

生活小常识

花粉家族中的老大

如果你的眼力很好,又有适当的背景衬托,你用肉眼能够见到单粒西葫芦花粉,因为西葫芦花粉直径有200微米。它是花粉中最大的一员。可是,你要看清它的"庐山真面目",也非得借助显微镜不可。

老师的点名

适用作文主题
谦虚,学习。

一位老师接了一个新班。第一次上课点名时,点名簿上忽然出现了一个古怪的姓,他不知道这个字的读音。但凭着多年的经验,他很快就应付了眼前这个难题:他隔过这个学生的名字,继续往下念。念完后,他不动声色地问道:"刚才有没有没点到名的同学?如果有,请告诉老师添上。"

他以为这个办法很灵验,因为以前上课往黑板上写字,如果偶尔遇到记不起来的字,他就这样问学生:"这个字我们是学过的,谁能记得?"这时候学生就会争先恐后地举手。可是这次连问两遍,居然没人回答。老师觉得很奇怪,难道这个学生今天没来?他数了一下人数——那个没点到名的学生的确就在教室里。他很尴尬,只好自我圆场:"没点到名的同学请下课后到老师办公室来一趟。"

下课后，一个学生来到办公室，见了老师交上一张纸条，上面写道："今天这种场面，我经历过好几次了。也许我的姓很少见，可是您为什么不直接问我姓啥呢？"

智慧箴言

无论身份辈分，你都不必过分在意，更不必刻意自我包装。没有人是什么都懂的，人一生都有可以学习的东西，要懂得用谦虚的态度面对不懂的事物，从中学习，才能一直进步。

笑话碰碰车

弗林德夫人执意要请一位画家为她画一幅半身肖像。"画上的我要佩戴钻石项链、绿宝石手镯、纯金耳环和红宝石挂件。"她坚决地对画家说。"夫人，可您实际上并没有佩戴这些贵重的物品呀。"画家认真地说。"这你用不着管，"弗林德夫人说，"我这样做是有道理的，我平时身体不太好，我怕万一我死得比丈夫早，而他肯定很快就会另娶一个年轻貌美的女人为妻。有了这幅画，他就难以向新娘讲清这些贵重物品的去向了。"

匡衡的故事

适用作文主题
好学，创造学习的条件。

少年时的匡衡，非常勤奋好学。由于家里很穷，所以他白天必须干许多活，挣钱糊口。只有晚上，他才能坐下来安心读书。

不过，他又买不起蜡烛，天一黑，就无法看书了。匡衡心痛这浪费的时间，内心非常痛苦。他的邻居家里很富有，一到晚上好几间屋子都点起蜡烛，把屋子照得通亮。匡衡有一天鼓起勇气，对邻居说："我晚上想读书，可买不起蜡烛，能否借用你们家的一寸之地呢？"

邻居一向瞧不起比他们家穷的人，就恶毒地挖苦说："既然穷得买不起蜡烛，还读什么书呢！"匡衡听后非常气愤，不过他更下定决心，一定要把书读好。

第七章 努力学习汲取更多的力量

匡衡回到家中，悄悄地在墙上凿了个小洞，邻居家的烛光就从这洞中透过来了。他借着这微弱的光线，如饥似渴地读起书来，渐渐地把家中的书全都读完了。

匡衡读完这些书，深感自己所掌握的知识是远远不够的，他想继续看多一些书的愿望更加迫切了。巧的是附近有个大户人家，有很多藏书。

一天，匡衡卷着铺盖出现在大户人家门前。他对主人说："请您收留我，我给您家里白干活不报酬。只是让我阅读您家的全部书籍就可以了。"主人被他的精神所感动，答应了他借书的要求。

匡衡就是这样勤奋学习的，后来他做了汉元帝的丞相，成为西汉时期有名的学者。

 智慧箴言

真正的学习是件苦差事，这意味着我们要放弃很多好看的电视，好玩的游戏，热闹的聚会。在单调和刻苦中探索书中的另一世界。只要能坚持下来，我们便会在那个世界中建立起自己的王国，在现实生活中活得更出彩。

学习金手指

古人云："字如其人，人如其字。"不同的字迹，亦能反映出不同的人的性格和精神面貌。所以拥有一手好字，是语文学习的一部分。建议学生可以练习楷书，可以临摹，久而久之的楷书练习，其精神与风格会对学生起到潜移默化的作用，同时，要给予扎实有恒的要求，让学生的意志受到了考验与磨炼。

"托尔斯泰灯"

适用作文主题

从小培养学习习惯，家教。

在图拉州托尔斯泰故居的屋顶上吊挂着一盏大灯，灯罩巨大，比灯罩更大的是下方一张直径近两米的圆桌，桌面上等距离地立着十几块隔板，隔板直接与灯罩连接，均匀地平分了灯光。这就是矗立在19世纪俄罗斯文学高峰上的巨人列夫·托尔斯泰的发明。

孩子长到三四岁就要开始识字读书，为了培养孩子阅读的习惯，并从阅读中发现快乐，当了父亲的托尔斯泰就构思这盏"连桌灯"，或者叫"桌连灯"。

最初这张大桌子上只有3块隔板，宽宽敞敞地坐着他们夫妇和一个孩子。后来他的夫人陆续地为他生下了13个孩子，其中有两个夭折，到最后这张大桌子上均匀地分布了13块隔板。

每到晚上，全家人必须都坐到这同一盏灯下开始阅读，可以读《圣经》，读课文或其它自己喜欢的书，找不到书读的孩子就得读托尔斯泰的手稿。

教育的意义不全在内容，而是教育的手段。这捎带着也是一种测试，看哪些孩子或哪个年龄段的孩子，喜欢或不喜欢他的手稿，他的哪部小说的手稿受到了孩子们的欢迎，或者相反。

这一习惯一直延续下来，煤油灯曾改成汽油灯，再后来有了电，灯就更亮了。即使托尔斯泰不在家的时候，孩子围着他们的母亲阅读，父母都不在的时候自己读，他们"常常是充满期待地等着晚上的全家共同阅读"。

每个人心里都有一盏灯，人不是由于决心才有毅力，应该是由于习惯而有毅力。一个人的精神成长史，取决于他的阅读史。只有阅读能最有效地培养精神生活习惯，而好的习惯又陶冶出聪明优秀的孩子。

 智慧箴言

从文章里可以看出好的学习习惯是多么的重要。那么在我们学习的时候，放弃电视、游戏、漫画的诱惑，专心致志的学习，全神贯注的阅读，坚持下去一定会大有收获的。

 好词好句

描写兄弟姐妹的好词：眉飞色舞 眉开眼笑 眉清目秀 油嘴滑舌 亭亭玉立

胖嘟嘟的身子，圆乎乎的脸蛋儿，圆鼓鼓的胳膊腿儿，浑身都是肉。

第七章 努力学习汲取更多的力量

结了茧子的耳朵

适用作文主题
征服命运，坚持，成功。

美国著名的激励大师莱斯·布朗的左耳上结有厚厚的茧子。

布朗不是个幸运儿，他一出生就遭父母遗弃，稍大一点又被列为"尚可接受教育的智障儿童"，他实在有太多太多的理由自暴自弃。然而，他在中学阶段遇到了"贵人"——一位爱他的老师。老师告诉他："不要因为人家说你怎样你就以为自己真的怎样。"这句看似平常的话彻底改变了布朗的命运。

布朗决定加入演讲会，为每一个像他一样被"瞎了眼的命运女神"无情捉弄的不幸者呐喊，让每一颗怯懦的心都滋生出进取的勇气，让每一个平凡的生命都迸发出向上的力量。他咬定青山不放松。

布朗很有自知之明，他明白自己没有过人的资质，没有个人魅力，也没有经验，要获得演讲的机会，只有一天到晚给人打电话，有时一天打一百多个电话，请求别人给他机会，让他去演讲。就这样，日久天长，布朗的左耳硬是被话筒磨出了茧子。

现在，布朗成了美国最受欢迎的励志演说家，他的演讲酬金每小时高达2万美元。一切都如期而至：掌声、鲜花、荣誉、金钱……

布朗笑了，他摸着左耳上的茧子不无得意地说："这个老茧值几百万美元哩！"

我想，那茧子本身就是一篇撼人心魄的励志演说！把粗暴的拒绝记下来，把冷漠的推挡记下来，把所有泼进生命的冷水都记下来。然后，让他们沉积、凝结，最终开出了一朵离聪明和成功最近的惊世之花。

手上有茧，那是辛苦劳作的明证；脚上有茧，那是艰难跋涉的印痕；耳上有茧，那是征服命运的戳记啊！

智慧箴言

没有谁是可以随随便便就成功的，每一个辉煌的成功背后都有着自己的一部血泪史。要收获多少荣耀，就要付出多少的坚持。

文学常识

班马 春秋时，晋、鲁、郑伐齐，齐军趁夜间撤走。晋国大臣邢伯听到齐军营里马叫，推测道："有班马之声，齐国军队一定连夜撤走了。"班马为离群之马，后送别诗多用以抒发惜别之情。李白《送友人》："挥手自兹去，萧萧班马鸣。"

98 岁上小学

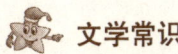 适用作文主题
坚持，学习，成功。

在美国德州有一位名叫乔治·道森的老人，他 98 岁才背起书包，一尝上学的夙愿，创下了世界上年纪最大的小学生的记录；4 年过去后，102 岁的他，出版了一部长篇小说《索古德的一生》，又成为世界上最老的处女作作家。接受媒体访问时，这位百岁作家风趣的说，在美国，他的小说就像泡泡糖和街舞，可流行了。

1898 年，乔治·道森出生于德州的一个农奴家庭，4 岁起就下田摘棉花，没机会上学的他把种种历练当作另一种形式的学习。

成家后，他常常督促自己的子女做家庭作业，隐瞒自己不识字的事实。直到儿子当兵时才被发现。98 岁那一年，因为一位扫盲教师米歇尔的误闯，开启了他上学的机缘。当米歇尔发现他是一位年近百岁的老人，边道歉边退出他的家门的时候，乔治却已经穿上外衣，兴致勃勃地跟着他上学去了。

就这样，乔治成了有记录以来，年龄最大的小学生，上学以后，乔治在刊物上发表了一篇短文，引起了西雅图一位小学教师的注意，在这位教师的鼓励下，乔治完成了他的长篇小说。现在，他住在用稿费翻修过的房子里呢！

第七章 努力学习汲取更多的力量

智慧箴言

学无止境，不管你的人生过了多少，只要开始学习，都不会晚，也只有一直学习，你才能进步，才不会被社会所淘汰。

生活小常识

花粉是植物体中蛋白质和维生素含量较高的部分，它富有营养价值，是蜜蜂的主要食料。花粉还可以制成药剂，能增强体质，防治慢性前列腺炎、出血性胃溃疡、感冒等疾病。近年来，国外将少量玉米花粉加入猪、牛、鸡的饲料，有提高猪、牛的生产率和鸡产蛋率的效果。

王冕读书

适用作文主题
刻苦，努力，成功。

王冕是元代著名的诗人。小时候，王冕家里很穷，不能上学读书，父亲便叫他去给人家放牛，好挣钱补家用。当时他才8岁。

一天，王冕从学堂门前走过，听到里面老师在教学，忍不住停下了脚步在学堂外听老师的讲解。还把老师教的字记在心上，听完之后用树枝在地上练习。就这样，他不仅偷学了不少字，还学会了不少文章，能够背诵下来。

有一次，王冕听完课后却发现牛不见了，他知道，肯定是牛饿了，等不及于是自己挣脱绳子去吃草了。王冕急忙四处寻找，直到晚上才把牛找到。回到家里，正赶上一个邻居找上门来，说王冕放的牛偷吃了他们家的麦苗。王冕的父亲以为儿子贪玩，打了他一顿，王冕后来把事情告诉了父亲，父亲心里有些愧疚。

过了不久，父亲给王冕找了一个到寺庙帮忙的活计，这样王冕就可以有更多的时间来读书。于是王冕便去了寺里。

在寺庙里，王冕非常勤快，老和尚非常喜欢这个机灵好学的孩子，除了工钱以外还常常给他一些小钱，王冕就把钱攒起来买书。一到夜里，王冕就

悄悄起来，坐到佛像的膝盖上，就着佛像前的长明灯开始读书。

正是靠着这样一直不曾停歇的学习，王冕终于成为了著名的诗人和画家。

智慧箴言

没有条件，就自己创造条件，无论多么恶劣的环境，只要不放弃学习下去，终能够有所成就，重要的是，要记住，学习没有任何借口。

笑话碰碰车

有位著名的荒诞派剧作家，在阿瑞丽女子大学院给千名女生作报告。

事后，他向第一个遇到的熟人说："谢天谢地，总算过去了。我情愿跟一个女孩谈 1000 次话。也不愿跟 1000 个女孩谈一次。"

乐羊子求学

适用作文主题
坚持，半途而废，成功。

古时候有个叫作乐羊子的人，他娶了一位知书达理、勤劳贤惠的好妻子，她总是帮助和辅佐丈夫力求上进，做个有抱负的人。

乐羊子后来被说动了，就按照妻子的话收拾好行李出远门去学习了。自从那天和乐羊子依依惜别后，妻子一天比一天思念自己的丈夫，但她把这份惦念埋在心底，只是每天不停地织布干活来排遣这份心情，好让乐羊子安心学习，不牵挂自己和家里。

一天，妻子正织着布，忽然听见有人敲门。她过去开了门一看，简直不敢相信自己的眼睛，站在面前的竟然是自己日夜想念的丈夫。她高兴极了，忙将丈夫迎进屋坐下。可是惊喜了没多久，妻子似乎想起了什么，疑惑地问："才刚刚过了一年，你怎么就回来了，是出了什么事吗？"乐羊子望着妻子笑答："没什么事，只是离别的日子太久了，我对你朝思暮想，实在忍受不了，就回来了。"

妻子听了这话，半晌无语，表情很是难过。她抓起剪刀，快步走到织布机前"咔嚓咔嚓"地把织了一大半的布都剪断了。乐羊子吃了一惊，问道："你这是干什么？"妻子回答说："这匹布是我日日夜夜不停地织呀织呀，它才一丝一缕地积累起来，一分一毫地变长起来，终于织成了一整匹布。现在我把它剪断了，白白浪费了宝贵的光阴，它也永远不能恢复为整匹布了。学习也是一样的道理，要一点点地积累知识才能成功。你现在半途而废，不愿坚持到底，不是和我剪断布一样可惜吗？"

乐羊子听了这话恍然大悟，意识到自己错了，不由得羞愧不已。他再次离开家去求学，整整过了7年才终于学成而返。

 智慧箴言

做学问最忌讳半途而废，学习就要坚持不懈，就像织布一样，中途剪断，那么将是白白浪费了光阴，只有坚持下去，才能织出一匹完整的布，也才能体现它的价值。

 学习金手指

理解词义可以根据词定义法。有些词有好几种意思，同一个词在不同的句子中的意思统统也不同，我们可以通过查字典，比较用哪个意思最合适就选哪一条解释。所以，勤查字典是理解词义的最好方法。

陈毅将军的故事

适用作文主题
刻苦，勤奋，学习。

陈毅小时候，家里有很多藏书，这为陈毅幼年的学习和成长提供了良好的条件。他到了八九岁时，就开始大量阅读自己家里收藏的各种书籍，读书简直到了入迷的程度。

一次，陈毅正在看书，母亲交给他一个篮子，让他去复兴场街上买绿豆。路上，他一边走，一边看书，到了街上，买完豆子，又看着书往回走。回到家，母亲问他是怎么搞的？他不好意思地笑了。原来，他光顾看书，连买的是什么豆子都不知道。

还有一次，陈毅到一位亲戚家去过中秋节。他一连走了几十里路，到了亲戚家后，发现一本自己很想看的书，他不顾疲劳立刻躲到书房里读了起来。

吃饭的时候到了，主人请他到桌上吃饭，他不肯，主人只好把糍粑和一小盘红糖端到书房的桌上。桌上还摆着些笔墨纸砚和书籍，砚台里的墨汁还没有全干。

陈毅一边读书，一边吃糍粑蘸"糖"，谁知他一遍又一遍地把糍粑蘸上砚台里墨汁往嘴里送，弄得满嘴都是墨，他还一点儿也没觉察到。不一会儿，亲戚又给他端过一碗面条来，见此情景，大吃一惊，随后又哈哈大笑起来，赶忙叫他洗漱干净。事后，大人们不免有点恼怒，陈毅却笑笑说："喝点墨水没关系，我正觉得肚子里墨水太少哩！"

智慧箴言

一个人能到达一个令人称羡的高度是一点一滴累积起来的，只有一直学习，一直进步，才能达到人生的某一个高度。

好词好句

描写兄弟姐妹的好词：花枝招展 细皮嫩肉 土里土气 吞吞吐吐 神采飞扬

我偷眼一瞧，只见妹妹在暗笑，红红的嘴唇紧紧抿着，像在说："你吹不过我！"

你比西勒尔还穷吗

适用作文主题
成功，坚持，勤奋

名垂千古的西勒尔年轻的时候，抱着一个很大的希望，那就是专心致志研究《犹太教则》。可是，他没有足够的时间，也没有充裕的金钱，他的愿望显得有些遥不可及，因为他实在太穷了。

在左思右想之后，他终于发现了一个可以完成心愿的办法：拼命地工作，靠工钱的一半过活，把剩下的钱送给学校的看门人。

"这些钱给你，"西勒尔对看门人说，"不过，请你让我进学校去听课，我很想听听贤人们在说什么。"

第七章 努力学习汲取更多的力量

在几天之内，西勒尔就靠着这种办法听了不少课，可是他的钱实在太少了，到最后他连一片面包也买不起。这时候，让他感到难受的并不是饥饿，而是看门人坚决地拦住了他，不再让他走进学校一步。

怎么办呢？他终于找到了一个好办法。他沿着学校的墙壁慢慢爬上去，然后躺在天窗边。这时候，他就可以清楚地看见教室里面上课的情形，也可以听到教师讲课的声音。

安息日前夕，天寒地冻，冷风刺骨。在第二天，学生们照常到学校去上课，屋外阳光灿烂，可是屋里却漆黑一片。学生们很纳闷，为什么那么暗。

原来，西勒尔躺在天窗上，身上积了一层白雪，已经被冻得半死。他在天窗上已经躺了整整一夜了。从此以后，凡是有犹太人以贫穷或者没有时间为借口不去求学，人们就会这样问："你比西勒尔还穷吗？你比他还没有时间吗？"

智慧箴言

学习没有任何借口，只要你想做，用心做，坚持下去，你就一定能达到人生的目标。任何的借口都不能够成为你失败的理由。

文学常识

抱柱　相传古代尾生同一女子相约在桥下见面。他等了很久，不见女子到来，这时河水猛涨，淹没桥梁，尾生为了坚守信约，不肯离去，抱住桥柱，淹死在水里。后以喻坚守信约。李白《长干行》："常存抱住信，岂上望夫台。"

永远不晚

适用作文主题
时机，努力，机遇。

暑假到了，某大学打出了一则广告：本处招收补习基础英语的学生。也许是英语没学好的人太多了，这个班异常的火爆。

在报名现场，一位中年人被挤来挤去，好不容易到了报名前台。

"年龄?"接待小姐问。

"43。"中年男人回答。

"哦,我是问您入班孩子的年龄。"接待小姐说道。

"不是我孩子学,是我学。"中年男人答道。

"哦?"接待小姐惊讶地抬起头来,"再过两年您都45了,还学这些基础英语干嘛呀?"

"如果我不学,难道再过两年会是41吗?"中年男人微笑着反问道。

接待小姐无言了。

就这样,这位先生加入了补习班。每天晚上和周末,他都会准时来到这里,与那群稚气未脱的孩子们一块儿读单词、背课文。不知道是学上了瘾还是怎么的,这位先生就这样一直学了下去,从初级学到了最高级。后来,凭着这两年补习班的基础,他竟然考上了某大学的成人班,最后拿到了这所大学英语专业自考本科证书。

 智慧箴言

学习任何时候都不晚,只要你想学,任何时候都是开始的最好时机。学习让你的人生能更上一层楼,只要你用心去做,就一定可以做到。

 生活小常识

世界珍稀植物——秃杉

秃杉是世界稀有的珍贵树种,只生长在缅甸以及我国台湾、湖北、贵州和云南。为我国的一类保护植物。最早是1904年在台湾中部中央山脉乌松坑海拔2000米处被发现的。

秃杉为常绿大乔木,大枝平展,小枝细长而下垂。高可达60米,直径2-3米,它生长缓慢,直至40米高时才生枝。秃杉是雌雄同株的植物,花呈球形。其雄球花5-7个着生在枝的顶端。雌球花比雄球花小,也着生在枝的顶端。长成的球果是椭圆形的没有鳞片,苞片倒圆锥形至菱形。其种子只有5毫米左右长,带有狭窄的翅。

江郎才尽

适用作文主题
勤奋，懈怠，学习。

江淹小时候家境贫寒，但是他却学习刻苦，并且为人十分谦虚，经常向那些学有所长的人请教。对待问题也总是非常勤奋地进行思考。

传说有一次他做梦，梦见了郭璞送给他一只五彩毛笔，梦见张景阳赠与他数尺绸缎，之后他写的文章令人惊艳，从此，江郎年纪轻轻便由一个出身寒微的人成为了一个大官，并且其诗赋也颇负盛名。

可是，在江淹功成名就以后，他开始懈怠学业了，不再像从前那般刻苦钻研学问，只是自我放纵，及时行乐。曾经的治国平天下的雄心壮志也就这样烟消云散了。

后来有一次，他梦见郭璞来向他讨还毛笔，于是他把怀中的五彩笔还给了郭璞。又梦见张景阳向他索回了几尺绸缎。从此，江淹的文章再也写不出让人惊艳的词句了，诗文褪色，绝无美句。

这也就是"江郎才尽"的由来。

智慧箴言

天才是百分之一的天赋加上百分之九十九的汗水，不管你有多么高的天赋，如果不学习，只能在原地踏步，而不会有所进步，也别谈再有什么建树了。

 笑话碰碰车

曹操：方今天下，数英雄，惟使君与操耳。

刘备：何出此言？

曹操：论实力，汝不及余，甚矣！论名声吾徒望汝项背。何哉？

刘备：广告，很重要哟！

乌龟和智慧

适用作文主题
智慧，学习，捷径。

从前，有一只乌龟认识到，智慧是比黄金还要宝贵的，于是，他决定要开始收集"智慧"。他碰见每一个人，总能搜集到一星半点。大量的智慧好像树叶飘落，布满地面，乌龟便把他们收集起来，放到一个很大很大的沙罐里。

经过长年的日积月累，乌龟的大沙罐终于装满了，于是乌龟很开心，它坚信："世界上所有的智慧全部都属于我了！"

可是乌龟很害怕有人偷走它收集的智慧，于是决定把装满智慧的大沙罐藏起来。可是藏到哪里好呢？乌龟左思右想，终于想到了主意，他决定把沙罐藏到一棵大树上。

于是，乌龟用两臂提着沙罐试着爬树，可是却怎么也爬不上去，它试着用左臂提沙罐，不行。用右臂提着呢，还是不行。这时候，他的儿子小乌龟在一旁看到，便大声喊道："爸爸，爸爸，你为什么不把沙罐背在背上爬上去呢？"

乌龟对儿子笑笑说："嘿！小家伙，你懂的难道比我还多吗？我可是背着全世界的智慧啊！"但是，由于自己的方法不管用，乌龟只好把沙罐背在了背上，然后他很容易就爬了上去。

突然，老乌龟感到十分悲伤。"真想不通啊！"老乌龟自言自语道，"全世界的智慧我都收集到了，可是为什么这小孩子却有我所没有的智慧呢……"想了一会儿，乌龟从树上把沙罐推了下去，沙罐破了，"智慧"又回到了大地上。

智慧箴言

想要有所进步，靠的是一点一滴的学习，而没有任何取巧的途径。不靠自己学习而来的知识，永远都不会成为自己的智慧。

> **学习金手指**
>
> 学习必须善于总结。学完一章,要做个小结;学完一本书。要做个总结。总结很重要,不同的学科总结方法不尽相同。常做总结可帮助你进一步理解所学的知识,形成较完整的知识框架。

人应当这样活着

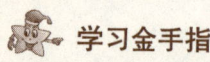
学习,自立。

访美归来,我的朋友没有和我谈及纽约、华盛顿、迈阿密、芝加哥的都市风光,而是特别向我提到了一位两岁的美国孩子小约翰和一位93岁的美国老太太。

我的朋友应邀到一位美国友人家中做客并探望其可爱的孩子小约翰。朋友到访时,年仅两岁的小约翰正坐在大水盆中玩水呢!他一边往身上撩水,一边欢快地鸣叫着,玩得很惬意、很投入。朋友忽然感叹:做孩子真好啊,能永远做孩子就好了,那样便能永远与开心快乐不分离!

美国友人纠正道,小约翰不是在玩水、而是在洗澡呢!朋友大惊:仅仅两岁的小孩子自己会给自己洗澡?美国友人肯定地回答。小约翰才两岁呀,他自己能洗干净吗?记得我儿子两岁时,洗澡都是由我和妻子全权代理了!美国友人的妻子微笑着说,不必担心,洗不干净,多练几次,小约翰准能行!朋友的心扉为之而震颤,仿佛依稀看到:自理自立自强的种子在幼年时代正被深深植入小约翰的心田,这是多么动人的早期教育啊!

时隔不久,我的朋友到美国的一家超市购物,看到一位戴着漂亮帽子的上了年纪的美国老太太拿着铁扳手修理自己的汽车。她是自己驾车到超市来购物的。约30分钟后,朋友购物完毕走出超市,这位老太太满手油污仍在车前忙来忙去,看来车还没有修理好。朋友当即过去想帮老人家一把!出乎意料的是,美国老太太婉拒了帮助:"谢谢,我能行!"交谈中,朋友惊讶地得知,这位老人家已经93岁高龄啦!

以93岁的高龄，依然健朗地坚持自己动手亲历亲为，自理自立自强的精神在这位美国老人的生命余程中，闪烁着如此耀眼的夺目光芒……

朋友停止了讲述，我的思绪在生命的起点和生命的终点之间飞扬。在生活中自理，在生存中自立，在生命的全程中自强不息，我向两岁的为自己洗澡的小约翰敬礼！我向93岁的为自己修车的那位不知姓名的美国女士敬礼！

 智慧箴言

在生活中自理，在生存中自立，在生命的全程中自强不息。这是一种令人敬仰的生活态度，是我们每一个人都应该具备的生活态度。

好词好句

描写兄弟姐妹的好词：打打闹闹 唧唧喳喳 信口开河 侃侃而谈 唉声叹气

哥哥读书非常认真，遇到不认识的字和不理解的词就查词典，还把好的开头和结尾用小本子记下来。

主动要求降工资的人

适用作文主题
简朴生活有益于思考。

爱因斯坦一度受邀去荷兰莱顿大学执教，他对宿舍的要求是：有牛奶、饼干、水果，再加一把小提琴、一张床、一张写字台和一把椅子即可。学校当然全部满足爱因斯坦的"奢求"，爱因斯坦兴高采烈地喊道："有了这些东西，我还需要什么？什么都不需要啦！"

后为躲避法西斯迫害，爱因斯坦移居美国，普林斯顿大学以当时最高年薪16000美元聘请他，他却说："这么多钱？能否少一点？给我3000美元就够了！"人们大惑不解，他脱口道："依我看每件多余的财产都是人生的绊脚石；唯有简单的生活，才是给我创造的原动力！"当时美国中产阶级都以拥有小汽车为时尚，身为堂堂诺贝尔奖得主，他居然不要汽车。从宿舍到研究所两公

第七章 努力学习汲取更多的力量

里路程，他坚持安步当车直到生病住院。他说："简单的生活，无论对于身体还是精神，都大有裨益！"

爱因斯坦在《我的世界观》一文中说："安逸与享乐与我无缘，我称这种生活为猪猡的追求。照亮我前进、并不断给我勇气的，是善、美、真……除此之外，在我看来都是空虚的。"直到生命最后一刻，这位科学巨匠都不改初衷固守简约，弥留之际他立下遗言：不发讣告、不搞葬礼、不建坟墓、不立纪念碑……

 智慧箴言

学习不需要多舒服的环境，太过安逸反而会消磨我们的意志和精神。

 **文学常识**

　　梨园　梨园原是皇帝禁苑中的果木园圃，唐玄宗开元年间，将其作为教习歌舞的地方，且在这里培养出了大批优秀的音乐舞蹈表演人才，在历史上产生了深远的影响。国此，后世的戏曲班社常以"梨园"为其代称，戏曲艺人称"梨园弟子"。

目不识丁的秘密

适用作文主题

　　学习，有勇气承认自己的不足。

　　赛恩斯的痛苦始于小学一二年级。整个上学期间，赛恩斯寡言少语，一直坐在教室的最后一排。他说："我感觉老师们已经对我不屑一顾了，就稀里糊涂地让我及格了。"1963年，他高中毕了业，各科成绩多是 C、D 或是 F。不过，他也上过一次光荣榜，那是高三的汽修和金工课，他的成绩是 A。

　　毕业后，赛恩斯马上就移居到了莱诺。正是在这里，10 年之后他用自己仅有的 200 美元开了一家小小的铁工厂。今天，B&J 机床公司年营业额达 500 万美元。1999 年赛恩斯荣获国家蓝筹企业创新奖。该奖由美国商务部和

麻省互助人寿保险公司共同资助，用以表彰那些战胜了困境的小型企业。

尽管赛恩斯在事业上取得了成功，可贴着笨蛋标签的耻辱却一直在折磨着他。为了弥补阅读能力的不足，他成了一个善于聆听的人。别人都说，赛恩斯对细节的记忆能力特别强，尤其精通数字，而这一特点对他从事的这一行当是最为重要的。

两年前，赛恩斯应邀参加当地一个高层管理人员联谊会，这是一个CEO们的自我激励性团体。在这里，商场上的对手摆脱了激烈的竞争，CEO们互吐衷肠，倾诉着自己在经营中遇到的种种磨难。

开始的时候，赛恩斯极不情愿去参加，"我担心和别人一比，自己相形见绌。"后来，赛恩斯在联谊会上向大家说了他的秘密。他的眼睛微微湿润，声音也在颤抖，显然，这对他来说不是一件容易的事情。赛恩斯的如此坦率让一位CEO感到惊叹："我知道他是高中毕业，也就很自然地认为他能识字阅读。当时他早已经把生意做得很红火了，谁能料到他居然不识字呢？"

赛恩斯担心他会受到那些受过高等教育的CEO们的嘲讽。可他得到的却是大家热情的鼓励。约斯特说："他事业上的成就固然令人羡慕，而他的坦诚却更令我敬重。"

赛恩斯聘请了一位教师，每周五天，每天用一小时教他读书、识字。这期间，他还对公司里的经理们说出了实情。上个月，公司所有的员工都已经知道了他隐藏多年的秘密。

最近，赛恩斯艰难地读完了《工会》一书。他读得很慢，边读边把不认识的字词画出来，然后再请教别人。但他最终还是把这本书读完了。现在，他希望有朝一日能像妻子一样迅速地浏览邮件，并把办公桌上堆积如山的垃圾信件进行"归类处理"。更重要的是，赛恩斯希望自己的经历能激励别人去多读书、多学习。

"不识字并不丢人，"赛恩斯的太太说，"丢人的是对此听之任之。"

智慧箴言

学习可以增长我们的智慧。目不识丁并不耻辱，但是知道自己不会识字也不去学习，这才是让人瞧不起的。学问的残缺可以通过学习来弥补，心灵的残缺就很难弥补了。

生活小常识

花粉中的小不点

如果你的视力很好,在白纸上能看见大小大约100微米带深色的东西。一般把比这更小的东西都归到"微观世界"。

微观世界与宏观世界一样,也是十分丰富多样的。种子植物的繁殖器官——花粉,就是微观世界的一个大家族。在显微镜下它们形状各异、千态百姿。如果你度量一下它们"身材"的大小,你又会惊叹不已。除了极少数"大个儿"之外,一般都只有10-50微米。开蓝色小花的观赏植物勿忘草,它的花粉粒只有4.5微米,要在高倍显微镜下才能看见。把它放大300倍,也只有芝麻般大小。它的外形似长圆形,但是中间略细,有些象肾脏。直到现在,还没有发现比它更小的花粉。

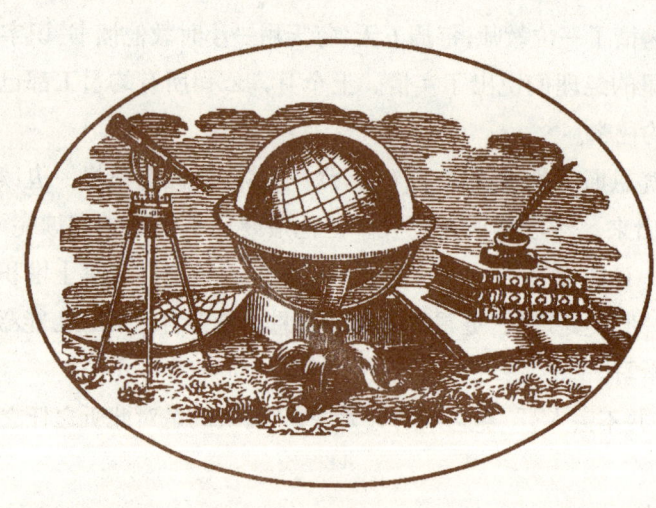

写作专题

中考作文指导——点题法

当前，我国中学生的写作水平不高，学生普遍反应作文难，其主要症状就是：一是写不快文章，二是写不好文章。第一个症状，我们在中学生快速反应作文里讲了不少，在此不谈。在这里，我们将着重谈一谈，中学生作文的破题能力问题。

首先我们还是来谈一谈破题：破题也叫做点题，是指写文章在关键的地方，用最简明扼要的话交代、提示或点明文章的意旨，以便了解你所要写的文章的中心是什么，你写此文的意图何在。用一句话概而言之，点题就是提示文章的中心思想。

训练目标：对于我们中学生朋友而言，如果作文功底不是很深厚，往往宜采用明点的方法好，但是我们训练的目的就是让中学生有所进步，有所提高。明、暗点之分，分得不是特别清楚。通过我们的讲解，中学生朋友们会明白什么时候适合用明点，什么时候适合用暗点，也将懂得记叙文、议论文、说明文的点题功夫。以后做到作文势如破竹，一气呵成。

写作方法：点题有明点与暗点之分，也有"卒章显其志"与"首句标其目"之分。在使用明点时，就是要紧扣标题，直接说明，解释点题含义。如《火红的花》开头的句子："我家的后花园，有一株火红花，每到夏天，它都开得火红，就像爷爷那火红的脸。"

暗点一般在字词句上与标题没有直接的联系，如《捕蛇者说》一文，在文中结尾处有一句感叹："呜呼！孰知赋敛之毒有甚是蛇者乎！"就是在比较"赋敛"与"蛇毒"之中提示出文题的含义，表达作者要写此文的意旨。

点题法比较常用的方法是"卒章显志法"。前人评论杜甫诗歌时曾说过这样的话："一篇之妙，在于落句。"这句话提醒写作者要写好结尾。在文章的结尾，用一、二句话显示题旨，这就是卒章显志法。当然，这一、二句话要如刘禹锡所说的："片言可以明百意，坐驰可以设万景"，是含义深远而精炼的话语。

第七章 努力学习汲取更多的力量

贾谊《过秦论》的结尾："仁义不施，而攻守之势异也。"仅此一句，把全篇中心内容包揽无遗。诸葛亮《后出师表》以"鞠躬尽瘁，死而后已"作结，集中概栝了他的忠诚不矢的精神品德。方志敏在《清贫》的结尾写道："清贫，洁白朴素的生活，正是我们革命者能够战胜许多困难的地方！"不仅对全文的内容作了集中概括，而且对主题思想亦作了深入阐发。

当然，点题法中"首句标其目"的情况也不少见，这种方法目前有人称之为"入手拎题"，这种方法可以起到开宗明义的效果，行文不至于迷失方向，而离题偏轨。

篇中点题的情况也有，在叙述或议论的过程中，用简洁精炼的语句，不失时机地点明文题所包含的深意，可以起到中流砥柱的作用。

点题的本质意义是指于文章关键处，抓住事物的特征，用数句话，点明题旨，使文章生辉，形神毕现。张彦远的《历代名画忆》中曾有这样的记载："张僧繇于金陵安乐寺画龙，不点睛，云：'点之则飞去'。人以为诞，固请点之，须臾雷电破壁，两龙乘云腾去上天，未点睛者见在。"后人常谓文中点题之句为"画龙点睛"。因此，点题应着眼于文章整体，落笔于全文的关节部位。如范仲淹的名作《岳阳楼记》描写了洞庭湖的两种不同的景色，以及各色游客在不同景色面前的览物之情，然后重笔点睛："是进亦忧，退亦忧，然则何时而乐耶？其必曰'先天下之忧而忧，后天下之乐而乐'乎。噫！微斯人，吾谁与归！"这一点睛一写景、抒情、议论于一炉，表达了作者的政治抱负，而"先天下之忧而忧,后天下之乐而乐"终成为历代传诵的名言。又如杜牧的《阿房宫赋》描写了阿房宫规模的宏伟，楼阁的壮丽，以及歌舞之盛，美女之多，珍宝之富，最终却是"楚人一炬，可怜焦土"，接着就是点睛之笔："呜呼！灭六国者六国也，非秦也。族秦昔秦也，非天下也。"揭示了秦王朝败亡的历史教训，使文章题旨脱颖而出，全文为之而增色。

第八章

珍惜时间,马上行动

时间如流水,一寸光阴一寸金。珍惜时间,珍惜美好的年华。把即将消逝的时间变成永远留在心底的美好回忆。要拥有美好的回忆,需要我们行动起来,把心中美好的想法变成现实,为梦想的实现一步一步地开凿阶梯。

我现在就付诸行动

适用作文主题
时间宝贵，马上行动。

我的幻想毫无价值，我的计划渺如尘埃，我的目标不可能达到。一切的一切毫无意义——除非我付诸行动。

我现在就付诸行动。

一张地图，不论多么详尽，比例多精确，它永远不可能带着它的主人在地面上移动半步。一个国家的法律，不论多么公正，永远不可能防止罪恶的发生。任何宝典，即使我手中的羊皮卷，永远不可能创造财富。只有行动才能使地图、法律、宝典、梦想、计划、目标具有现实意义。行动，像食品和水一样，能滋润我，使我成功。

我现在就付诸行动。

拖延使我裹足不前，它来自恐惧。现在我从所有勇敢的心灵深处，体会到这一秘密。我知道，我要克服恐惧，必须毫不犹豫，起而行动。唯其如此，心中的慌乱方得以平定。现在我知道，行动会使猛狮般的恐惧减缓为蚂蚁般的平静。

我现在就付诸行动。

从此，我要记住萤火虫的启迪：只有在振翅的时候，才能发出光芒。我要成为一只萤火虫。即使在艳阳高照的白天，我也要发出光芒。让别人像蝴蝶一样，舞动翅膀，靠花朵的施舍生活；我要做萤火虫，照亮大地。

我现在就付诸行动。

我不把今天的事情留给明天，因为我知道明天是永远不会来临的。现在就去行动吧！即使我的行动不会带来快乐与成功，但是动而失败总比坐而待毙好。行动也许不会结出快乐的果实，但是没有行动，所有的果实都无法收获。

我现在就付诸行动。

立刻行动。立刻行动。立刻行动。从今往后，我要一遍又一遍，每时每刻重复这句话，直到成为习惯，好比呼吸一般，成为本能，好比眨眼一样。有了这句话，我就能调整自己的情绪，迎接失败者避而远之的每一次挑战。

我现在就付诸行动。

我要一遍又一遍地重复这句话。

清晨醒来时，失败者流连于床榻，我却要默诵这句话，然后开始行动。

我现在就付诸行动。

外出推销时，失败者还在考虑是否会遇到拒绝的时候，我要默诵这句话，面对第一个来临的顾客。

我现在就付诸行动。

面对紧闭的大门时，失败者怀着恐惧与惶惑的心情，在门外等候；我却默诵这句话。随即上前敲门。

我现在就付诸行动。

面对诱惑时，我默诵这句话，然后远离罪恶。

我现在就付诸行动。

只有行动才能决定我在商场上的价值。若要加倍我的价值，我必须加倍努力。我要前往失败者惧怕的地方。当失败者休息的时候，我要继续工作。失败者沉默的时候，我开口推销。我要拜访十户可能买我东西的人家。而失败者在一番周详的计划之后，却只拜访一家。在失败者认为为时太晚时，我能够说大功告成。

我现在就付诸行动。

是我的所有。明日是为懒汉保留的工作日，我并不懒惰；明日是弃恶从善的日子，我并不邪恶；明日是弱者变为强者的日子，我并不软弱；明日是失败者借口成功的日子，我并不是失败者。

我现在就付诸行动。

我是雄狮，我是苍鹰，饥即食，渴即饮。除非行动，否则死路一条。

我渴望成功，快乐，心灵的平静。除非行动，否则我将在失败、不幸，夜不成眠的日子中死亡。

我发布命令。我要服从自己的命令。

我现在就付诸行动。

成功不是等待。如果我迟疑他会投入别人的怀抱，永远弃我而去，

此时、此地、此人。

我现在就付诸行动。

第八章　珍惜时间，马上行动

智慧箴言

有什么想做的事情不要只是在自己心里想想，百般筹划不如实际行动。把美好的想法变为现实，珍惜时间赶紧实施，那么一天一个进步的你，将是最耀眼和成功的。

 好词好句

描写兄弟姐妹的好词：理直气壮 慢条斯理 朴实无华 助人为乐 交口称赞

哥哥很爱读书，一有钱就买书，一有空就拿起书来看，人们都亲切地叫他"小书迷"。

亚历山大的三个遗愿

适用作文主题

寻找所需，珍惜。

亚历山大是一位伟大的国王。在征服了许多王国胜利返回的途中，他病倒了。此刻，占领的土地，强大的军队，锋利的宝剑和所有的财富对他来说都毫无意义，他明白死神很快会降临，他已无法回到家园。他对将士们说道："我不久将离开这个世界，我有三个遗愿，你们要完全按我说的去执行。"将士们含着泪答应了。

"第一个遗愿是，我的棺材必须由我的医师独自运回去。"亚历山大喘了口气，继续说道："第二，当我的棺材运向坟墓时，通往墓园的道路要撒满我宝库里的金子、银子和宝石。"亚历山大裹了裹毛毡，休息了片刻，"最后一个遗愿是把我的双手放在棺材外面。"聚集在他身边的人都很好奇，但没人敢问为什么。亚历山大最喜爱的将军吻了吻他的手说："陛下，我们一定会按您的吩咐去做，但您能告诉我们为什么要这么做吗？"

亚历山大深深吸了一口气说道："我想要世人明白我刚刚学到的3个教训。我让医师运载我的棺材，是要人们意识到医生不可能真正地治疗人们的所有疾病。面对死亡，他们也无能为力。希望人们能够懂得珍爱生命。第二个遗

愿是告诉人们不要像我一样追求金钱。我花费了一生去追求财富,但很多时候是在浪费时间。第三个遗愿是希望人们明白我是空着手来到这个世界的,而且我空着手离开了这个世界。"

说完他闭上了眼睛,停止了呼吸。

智慧箴言

财富、霸业这些金光闪闪的东西比不上时间和生命的珍贵。让我们珍惜时间好好学习,好好的享受少年时光。

文学常识

下榻　典出《后汉书·徐稚传》,原指礼遇贤者,现一般指接待贵客,也借指住宿。

润色　典出《论语·宪问》,比喻对文稿细加修饰。

春秋　典出《诗经·鲁颂》,比喻年岁、岁月或借指古代史、历史。

行动最重要

适用作文主题

行动,克服困难,梦想的力量。

谁能想象,一个从小生活在非洲而且从未出过门的年轻人,为了能够得到大学的教育而不远万里,从非洲一路步行的到达美国。谁能想象啊?

勒格森·卡伊拉仅有只够维持五天的食物,一本《圣经》和《天路历程》(他的两本宝书),一把用于防身的小斧头和一块毯子。带着这些,他急切地踏上了他的人生旅途。勒格森·卡伊拉将徒步从他的家乡尼亚萨兰(今马拉维)的村庄向北穿过东非荒原到达开罗,在那儿他可以乘船到美国,开始他的大学教育。

1958年10月,勒格森只有16岁或17岁,他的父母也拿不准那时他的确切年龄。他的父母都是文盲,不知道美国的确切位置离他们究竟有多远。但

第八章　珍惜时间,马上行动

245

他们还是勉强的为勒格森的旅途祈祷。

对勒格森来说，他的旅途来源于一个梦想——不管是多么的遥远。这个梦想促使他决心要接受教育。他希望能像他心目中的英雄亚伯拉罕·林肯那样，林肯虽然出生贫寒，却成为美国著名的总统，为了黑人奴隶的解放进行不懈的斗争。

他要像布克·T·华盛顿那样，是华盛顿打碎奴隶制度的枷锁，成为一位伟大的改革家和教育家，为他自己和他的种族带来希望和尊严。

勒格森希望能像他心目中的英雄一样改变世界，服务于全人类。不过，要是实现他的目标，他需要受最好的教育，他知道只有在美国才能得到他所需要的教育。

不要去想勒格森身上毫无分文，也没有任何的办法支付船票。

不要去想勒格森根本不知道他要上哪所大学，也不知他会不会被大学接受。

也不要想勒格森的旅途从开罗到华盛顿有3000英里之遥，途中要经过百个部落，说着50多种语言，而他对此一窍不通。

不要去想所有这一切。勒格森还是出发了。他必须踏上征途。他一心只想着那一片可以帮助他把握自己命运的土地，其他的一切都可以置之度外。

它并非总是这么的坚定。作为一个不算大的男孩，他有时把自己的贫穷作为在学校没尽最大努力和不能成功的理由。"我只是一个穷孩子"他曾这样的对自己说，"我能做什么？"

对格勒森来说，他和村里的许多朋友一样，相信居住在尼亚萨兰卡荣谷镇的穷孩子学习只是浪费时间。后来，从传教士提供的书籍中他发现了亚伯拉罕·林肯和布克·华盛顿。

他们的故事启发了他，使他重新审视了自己的生活，并且认识到接受教育是他实现梦想的第一步。于是他就有了徒步到开罗的想法。

在崎岖的非洲大地上，艰难跋涉了整整五天以后，格勒森仅仅前进了25英里。食物吃完了，水也快喝完了，而且它身无分文。要想继续完成后面的2975英里的路程似乎是不可能了，但格勒森清楚的知道回头就是放弃，就是重新回到贫穷和无知。

他对自己发誓：不到美国我誓不罢休，除非我死了。他继续前行。

有时，他同陌生人同行，但更多的时候则是孤独的步行。每到一个新的村庄他都非常的小心，因为不知道当地人是敌意的还是友善的。

有时他找到一份工作，暂时有遮身之所，但大多数夜晚却是过着大地为床，

星空为被的生活。他依靠野果和其他可以吃的植物维持生活。艰难的旅途生活使他变得又瘦又弱。

一次高烧使他病的很重。好心的陌生人用草药为他治疗，并给他提供了地方休息和养病。由于疲惫不堪和心灰意冷，勒格森几欲放弃。他推断说"回家也许会比继续这似乎愚蠢的旅途和冒险更好一些。"

他并未回家，而是翻开了他的两本书，读着那熟悉的语句，他又恢复了对自己的目标和信心，继续前行。他从开始这次冒险旅行到1960年已经有15个月的时间了，他走了近1000英里，到达了乌干达首都坎帕拉。

此时，他的身体竟健壮起来，也有了更加明智的求生方法。他在坎帕拉呆了六个月，干点零活，并且一有时间就到图书馆，贪婪的阅读着各种书籍。

在图书馆里他找到一本关于美国大学的指南书。其中的一张插图深深地吸引了他。那是个看上去庄重而友好的学院，坐落在湛蓝的天空下，喷泉草坪错落有致，环绕学院的群山使他想起了家乡那壮丽的山峰。

位于华盛顿佛农山区的斯卡吉特峡谷学院成为了勒格森请求的第一个具体的院校，这似乎是不可能的成功的，但他决定立即给学院的主任写份信，述说自己的境况，并向学院申请奖学金。

由于担心可能不被斯卡吉特接受，勒格森决定在他的微薄积蓄允许的情况下，给尽可能多的院校寄去了自己的申请。

其实这大可不必，斯卡吉特的主任被这个年轻人的决心深深的感动了，不仅接受了他的申请，还向他提供了奖学金和一份工作，其工资足够用以支付他上学期间的食宿费用。

勒格森向着自己的梦想又前进了一大步，但是更多的困难仍然阻挡着他的道路。

要到美国去，勒格森必须具备护照和签证，但是得到护照他必须向美国政府提供确切的出生日期证明。更糟糕的是要拿到签证，他还需证明他拥有可使他往返美国的费用。

勒格森只好再次拿起笔给他童年时起就曾教导过他的传教士写了份求助信。结果传教士们通过政府渠道帮助他很快拿到了护照。然而，格勒森还是缺少领取签证所必须拥有的那笔航空费用。

勒格森并不灰心，而是继续向开罗前进，他相信自己一定能通过某种途径得到自己需要的这笔钱。正是他非常的坚信这一点，他花了自己仅有的一

第八章 珍惜时间，马上行动

点积蓄买了一双新鞋，使自己不必光着脚走进学院的大门。

几个月过去了，他勇敢的旅途事迹也渐渐的广为人之。当他身无分文，筋疲力尽的到达喀土穆时，关于他的传说已经在非洲和华盛顿佛农山区广为流传了。

斯卡吉特峡谷学院的学生们在当地的市民的帮助下，寄给勒格森650美元，用以支付他来美国的费用。当他得知这些人的慷慨帮助后，格勒森疲惫地跪在地上，满怀喜悦和感激。

1960年12月，经过两年多的行程，勒格森终于来到斯卡吉特峡谷学院。手持自己宝贵的两本书，他骄傲的跨进了学院高耸的大门。

毕业后，格勒森并没有停止自己的奋斗。他继续进行学术研究，并到达英国成为剑桥大学的一名政治学教授，同时还是广受尊重的权威。

 智慧箴言

格勒森出身卑微，但就像他崇拜的英雄——亚伯拉罕·林肯和布克·华盛顿那样，最终出人头地。他在世上寻求改变，成为我们人生航行中的一座壮丽的灯塔，其光芒一直为人们指引着前进的方向。

 生活小常识

最奇特的树——马褂木

又称鹅掌楸。它的叶子有十几厘米长，与一般植物的叶子不同，其先端是平截的，或微微凹入，而两侧则有深深的两个裂片，极像马褂，又似鹅掌，因而得名。马褂木的花外白里黄，极为美丽。马褂木属于木兰科鹅掌楸属。生长在我国华中、华东、西南地区，因其叶形奇特，花朵美丽，故为我国著名观赏植物。

父亲的难题

适用作文主题

思路，经验与传统，家庭教育。

小保罗是个三年级的小学生。他父亲虽然空闲时间不多，但晚上却经常同他的孩子在一起。父亲喜欢孩子，总是津津乐道、不厌其烦地给他们讲些富有教益的寓言和别的故事。

一个星期五的晚上，保罗和姐姐玛莎在忙着刷保罗的田径鞋，因为他要参加学校明天举行的一场短跑比赛。坐在沙发里读报的爸爸摘下眼镜，凑过身子，又唠唠叨叨地讲起了他的寓言来，他讲的是龟兔赛跑的故事，小保罗记得自己已经听过好些遍了，实在叫人腻味。

末了，爸爸对似听非听的保罗语重心长地说："孩子，你一下要记住，动作缓慢的乌龟之所以能跑赢兔子，是因为它的踏实和韧性。"然而保罗还是低垂着头，默不作声地弄他的鞋子。爸爸的口吻变得有点严肃："难道你不觉得应该从乌龟身上获得一些教益吗？"

保罗神情困惑地朝天花板呆望了一阵，然后回过头来看着爸爸："这么说，你是要我指望贝利、托尼、萨里在明天的60米的赛跑中会像兔子那样躺下来睡觉吗？"

爸爸心里颇感惊讶，怎么也想不到儿子会突然冒出这样的话来。他沉默了一会儿，略为发窘地回答："我没有说乌龟会指望兔子在中途睡觉。"

"乌龟一定事先知道兔子在比赛时会睡觉的。"保罗反驳道，"要不然傻乌龟就是不自量力，竟敢和兔子较量。谁都知道，兔子的速度起码要比乌龟快上100倍！"

"乌龟压根儿就不知道兔子会睡觉。"爸爸坚持道，"它是靠坚持不懈的努力，踏踏实实，一步一步向前爬才取得胜利的。"

小保罗把两只小手的手指勾在一起，认认真真地思忖着。"我可不相信。"他倏地站起身来，"乌龟的胜利完全是靠运气，要不是碰巧兔子中途睡觉，它无论如何也不可能跑赢兔子。即使乌龟比你说的踏实还要踏实100倍，它仍然跑不过兔子！"

第八章 珍惜时间，马上行动

爸爸的脸上露出一丝难以名状的笑容，捏着报纸的手颓然落在膝盖上……

 智慧箴言

文中父亲遇到的难题也许现在我们也经历着，我们在过去固有的道理和经验中固步自封，规规矩矩的思考和行走，可是在碰到那些超常思维的状况时，我们会慌了手脚。因此大家要多多创意思考，从新的角度看待以往的经验。

笑话碰碰车

一天杜邦去参加音乐会，他旁边的一位女士唠叨个不停。贝多芬的交响乐演奏到高潮时，她突然对杜邦说："啊！先生，您说还有什么东西比音乐更美妙的吗？"

"有的，太太。"他回答说，"安静！"

智者与愚者

适用作文主题
行动，人生。

上帝把前方的路交错放在地上，犹如一张理不清的网，密密麻麻。

这时，一个智者来到了上帝跟前，他看着眼前杂乱的网，优雅地弯下腰，一点一点慢腾腾地理着那些杂乱的网。

上帝看到了，便问智者说："这位智者，你为什么不走上去呢？"

智者一边慢腾腾地理着网，一边对着上帝说："我要找出一条最适合自己的路来，然后再走上去。我要思考，用我的智慧为我的人生做一个完美的规划！"于是智者继续埋头理杂乱的网。

一个愚者走过来了，看了一眼地上的网，毫不犹豫，果敢地迈步向网中走去，一边走，再一边理。

上帝看到了愚者，便问他："愚笨的人，你为什么不在走出去之前也整理好自己的道路呢，你这样走，岂不是会遭受许多的困难。"

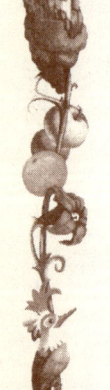

愚者并没有停下脚步，他边走边对上帝说："万能的上帝啊，我的智慧还不足以不去做就能理清楚脚下的路，所以我愿意去尝试，找到适合我的路。"

几天以后，愚者回来了，衣衫褴褛，身上有一道一道的伤痕，但是他已经找到了适合自己的路，在那条路上，洒下了他的斑斑血迹。

愚者整理了一下自己破烂的衣衫，高兴的踏上了新的旅程。

而那位智者呢？他依然很优雅地整理着眼前怎么理也理不清的网。听说他现在还在整理呢！

智慧箴言

站在路的面前，信誓旦旦地说："我要整理出一条路！"多么可笑呀，路是人走出来的，不去行动，哪里会有你的出路呀！

学习金手指

学习方法因人而异，但正确的学习方法应该遵循以下原则："循序渐进"——就是人们按照学科的知识体系和自身的智能条件，系统而有步骤地进行学习。它要求人们应注重基础，切忌好高骛远，急于求成。循序渐进的原则体现为：一要打好基础，二要由易到难，三要量力而行。

第八章 珍惜时间，马上行动

买梦和卖梦

适用作文主题
得失，行动，梦想。

有两个小孩去海边玩，玩累了，两人就躺在沙滩上睡着了。

其中一个小孩做了一个梦。他梦见在对面的岛上住了一个大富翁，在富翁的花园里有一整片的茶花，在一株白茶花的根下埋着一坛黄金。

这个小孩醒了以后把梦告诉了另一个小孩，说完后，他不禁叹息道："真可惜啊！这只是一个梦而已！"

另一个小孩听完以后却心中一动，从此在心里埋下了逐梦的种子。

他对那个做梦的小孩说："你可以把这个梦卖给我吗？"

做梦的小孩想，反正这只是一个梦而已，于是就答应了。

小孩买了梦以后，就往梦中的那座岛屿出发。他经历了千辛万苦才到达岛上，果然发现岛上住了一个富翁，于是自告奋勇的去做了富翁家的园丁。

他发现，花园里真的有许多的茶花，茶花一年一年的开，他也一年一年地把种茶花的土一年一年的翻掘。

就这样，茶花越长越好，富翁也越来越喜欢他。

终于有一天，他由白茶花的根底挖下去，真的掘出了一坛黄金！

买梦的人回到了家乡，成了最富有的人，而卖梦的人虽然不停地在做各种各样的梦，却从来没有圆梦。

 智慧箴言

这也许只是一个神话，或者一个童话，然而却深刻的告诉我们，无论是多么匪夷所思的事情，只要你去做，就有成为现实的可能。反之，如果你不去做，无论多么合情合理，好运也不会降临到你头上。

好词好句

描写兄弟姐妹的好词：强词夺理 耐人寻味 夸夸其谈 出言不逊 娓娓动听

哥哥今年14岁，是五年级的学生，虽然个头不比我高多少，但他的知识却比我丰富得多。

艾米采草莓

计划，想法，行动。

艾米是个可爱的小姑娘，可是她有一个坏习惯，就是她每做一件事情，都要想很久很久，从来不会马上行动。

一天，镇上的水果店主索顿先生告诉所有小朋友："格林家的牧场里有很多长势很好的黑草莓，他们允许所有人去摘，你们去摘了以后卖给我，100克我给你们13美分。"

艾米听到可以挣钱，非常的高兴，她早就想要一双新鞋了。于是她迅速跑回家，拿上一个篮子，准备马上就去摘草莓。这时，她不由自主地想到，算一下看看自己能挣多少钱吧。于是她拿出了一支笔和一块小板算了起来，500 克可以赚 65 美分，要是能采 1200 克就能挣 1 美元 56 美分呀！艾米就这样算了下去，算到 2000 克，3000 克，4000 克……

一下子就到了吃饭的时间了，她只能下午再去采草莓了。

吃过午饭后，艾米急急忙忙拿着篮子往格林家的牧场跑去。而许多的男孩子在午饭前就已经到了那里，把好的草莓都快摘光了，可怜的小艾米最终只采回了 100 克草莓。

回家的途中，艾米想起来老师常说的话："办事要尽早下手，干完后再去想。因为一个实干家胜过 100 个空想家！"

智慧箴言

很多时候，抓紧时间行动才是最重要的，把想法付诸行动才会有收获。

文学常识

不才　典出《庄子·山木篇》，自谦没有才能。

方寸　典出《三国志·蜀志》，指人的心。

提刀　典出《世说新语·容止》，比喻代人写文章。

光说不做的驾船人

适用作文主题
知识，实践，行动。

有一个大头目的儿子，和一些商人一起去海中采集珍珠。这个大头目的儿子看过许多许多关于驾船方面的书，而且可以倒背如流，于是就很骄傲的和大家说："这一趟啊，你们可以放心了，我一切都很在行的。譬如说吧，遇到了礁石，或者海水倒流，那个时候确实是很危险的，然而只要把舵这样子地握着，这样子地改变方向，这样子地拿稳，那就不会有事啦！这一切方法，书上都有教的，我现在都能倒着背诵出来啦！"

看他说得头头是道，大家都很信服，对他也敬佩得不得了。这样，他们的船就开到海中去了。

其实船上原本有一个掌舵的，却因为临时生病而无法担任工作，于是，大家就让那人回去了，放心的把掌舵的任务交给了那个大头目的儿子。而非常不幸的是，他们遇到了海水回流的状况，船陷在了漩涡里，随着海水飞快旋转着。人们把希望全都寄托在了那个大头目的儿子身上，却只听他念念有词："要这样握着，这样改变方向，这样拿稳……"但是他却丝毫不会操作。

最后，船在漩涡里转了好多圈子以后，翻沉了下去，把全部人都淹死了。

 智慧箴言

光说不练假把式，说的再好，如果不会实际操作，那么遇到危险的时候也是不堪一击的。由此可见，实际操作是多么的重要啊！空想，永远不会拯救你于危难之中。

 生活小常识

最奇特的树——光棍树

生长在我国广东、福建一带。高七、八米，一年到头，满树都是光溜溜的绿枝。因此称为光棍树。其实，它也不是没有叶子，只是特别小，又过早脱落，不为人所注意罢了。它的枝条是肉质的，具有白色乳汁。据分析，乳汁里含有极多的碳氢化合物，在国外被认为是最有希望的石油植物。光棍树的故乡在非洲，因那里气候干旱，因而叶子既小，脱落又早，以避免水分的散失。

去澳洲旅游

适用作文主题
愿望，努力，付出。

英国有一个特别可爱的小姑娘，叫做珍妮，珍妮一直梦想着能和爸爸妈妈一同到澳洲旅游。但是，珍妮的家境并不富裕，要去澳洲旅游只是一个奢望。珍妮一直在心里记着这个愿望，想要靠自己的努力去实现。

一天，听说有一家公司招收 7 岁以上的儿童推销巧克力，谁推销的最多，就为谁实现一个合理的愿望。小珍妮一听，高兴极了，就去报了名，并且很郑重地写下了自己的愿望。回家后，小珍妮让妈妈帮她准备了一套合身的工作服，让爸爸把自己小时候坐的婴儿车改成推销车，自己呢，开始思考怎么去推销巧克力。

第二天，珍妮起的很早，吃过早餐，穿戴整齐以后，就推着装满巧克力的婴儿车去一家一户地拜访了。小珍妮总是彬彬有礼地说："早上好，我叫珍妮，我的愿望是和爸爸妈妈到澳洲去旅行，如果您买下我的巧克力，我的梦想就更近一点儿了。"人们纷纷被小珍妮的真诚所打动，买下了她的巧克力。

就这样，小珍妮一直记着自己的梦想，放弃了许多和小伙伴们玩的时间，一直坚持着。后来，公司郑重宣布：珍妮是英国推销巧克力最多的小朋友！

靠着自己的努力，小珍妮终于实现了自己的梦想。

 智慧箴言

我们每个人都有实现梦想的机会，但那个机会是要靠自己的双手去抓牢的，没有人会平白给你所想要的一切。我们靠自己，马上行动，抓紧时间，就可以实现自己的愿望！

 笑话碰碰车

一位知名作家应邀去演讲，讲题结束时，作家请听众及来宾们发问。不料作家却接到一张纸条，上面写着"王八蛋"三字。作家先是愣了一下，接着笑笑说："通常我收到的纸条都是只写问题，不写名字。而这张纸条却只是写了名字，而忘了写问题！纸条上的署名是王八蛋。"

第八章 珍惜时间，马上行动

不敢消磨时间的人

 适用作文主题
珍惜时间，努力学习

他过着和同龄人一样琐碎的日子：上学，读书，玩耍，在平淡的岁月中一点点长大。上小学的时候，当别的男孩儿正拿着变形金刚、

仿真手枪满街乱跑的时候,他却独自一人蹲在厨房昏暗的灯光里如饥似渴地读着一本又一本厚厚的史书;读大学的时候,大多数人都用恋爱、玩网络游戏来消磨自己的时间,胡乱混日子。他却是个另类,不谈恋爱,不玩游戏,很少和同学一起上街闲逛。只要一有时间,他就一头扎进史书中,乐此不疲;工作以后,同事们一有时间就在一起看看报纸,摆摆龙门阵,打发一下漫长的时光,他却常常在没工作的时候奋笔疾书,记录着一些有趣的历史故事,大家都在私下里笑他,然后又继续海阔天空地胡侃着。

终于有一天,他下决心要写一本书。在接下来的日子里,他开始用自己的语言诠释着一段古老的历史。就这样,他利用断断续续的业余时间硬是写出了一本几十万字的书。后来,这本名叫《明朝那点事儿》的网络小说在极短的时间里迅速窜红,出版社争相和他签订合约,他独特的历史观和丰富的历史知识,还有那俏皮调侃的语言在读者中形成了巨大的轰动。这个网名叫"当年明月"的小公务员一夜之间就成了红透大江南北的人物,使得和他朝夕相处的朋友同事们大跌眼镜。

在谈到自己如何成功的时候,他调侃着说道:"比我有才华的人,没有我努力;比我努力的人,没有我有才华;比我有才华,又比我努力的人,没有我能熬。在他们消磨时间的时候,我却在不停地努力着。"

智慧箴言

所谓消磨时间,不过是时间消磨你的另一种说法而已。在平淡琐碎的生活中,把握自己的时间,抓紧时光充实自己,创造机会,最终他们会在别人感慨平庸生活的时候,收获成功。

学习金手指

学习方法因人而异,但正确的学习方法应该遵循以下原则:"自求自得"——就是要充分发挥学习的主动性和积极性,尽可能挖掘自我内在的学习潜力,培养和提高自学能力。自求自得的原则要求不要为读书而读书,应当把所学的知识加以消化吸收,变成自己的东西。

把每一天当作生命的终点

适用作文主题
生命，面对死亡，心态。

在17岁那年，我读过一句格言，大概内容是："如果你把每一天都当成生命里的最后一天，你将在某一天发现原来一切皆在掌握之中。"这句话从读到之日起，就对我产生了深远的影响。

在过去33年里，我每天早晨都对着镜子问自己："如果今天是我生命中的最后一天，我还愿意做我今天原本应该做的事情吗？"当一连好多天答案都是否定的时候，我就知道做出改变的时刻到了。

所有的事情在面对死亡的时候，都将烟消云散，只留下真正重要的东西。在我所知道的各种方法中，提醒自己即将死去也是避免掉入"畏惧失去"这个陷阱的最好办法。而且这个方法能让你直面自己的内心。人赤条条地来，赤条条地走，没有理由不听你内心的呼唤。

大约一年前，我被诊断出癌症。在早晨7:30我做了一个检查，扫描结果清楚地显示我的胰脏出现了一个肿瘤。我当时甚至不知道胰脏究竟是什么。医生告诉我，几乎可以确定这是一种不治之症，顶多还能活3至6个月。大夫建议我回家，把诸事安排妥当，这是医生对临终病人的标准用语。这意味着我得把今后10年要对子女说的话用几个月的时间说完；这还意味着向众人告别的时间到了。

我整天和那个诊断书一起生活。直到有一天早上医生给我做了一个切片检查。我使用了镇静剂，太太在旁边陪着我。结果，大夫们从显微镜下观察了细胞组织之后，惊讶得集体尖叫了起来。因为那是一种非常罕见的，可以通过手术治疗的胰脏癌。

这是我最接近死亡的一次，在经历了这次与死神擦肩而过的经验之后，死亡对于我来说只是一项有效的判断工具，并且只是一个纯粹的理性概念。虽然我能够更肯定地告诉你们：没人想死；即使想去天堂的人，也是希望能够活着进去。

我们每个人都将逐渐老去，被送出人生的舞台。很抱歉说得这么富有戏剧性，但生命就是如此。我们的时间有限，所以不要把时间浪费在重复其他人的生活上。不要让他人的观点所发出的噪音淹没自己内心的声音。最为重要的是，要有遵从自己内心和直觉的勇气，它们可能已经知道你其实想成为一个什么样的人。其他事物都是次要的。

把每一天当作生命的终点，你将会真正懂得人生的意义！

 智慧箴言

现在我们正值青春年少，要有梦想和目标，不要虚度光阴。不要等到我们生命突然终止时，去遗憾有那么多梦想没去实现；任何想做的事情与其做了失败，也比没有做过后悔不迭来得好。

 好词好句

描写兄弟姐妹的好词：扬扬得意 哈哈大笑 兴高采烈 满面春风 喜笑颜开

每当我被虫子吓哭了，哥哥总是笑嘻嘻地替我抹眼泪，还说："岚岚不怕，看我踩死这个大坏蛋！"说完就一脚踩死了它。

岸上的青蛙

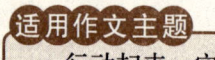
行动起来，实现自己的愿望。

老师给学生们出了一道题："岸上有五只青蛙，它们眼前的池塘很美——绿绿的荷叶，粉红的荷花，飘香的莲子。这时，有四只青蛙准备跳进池塘美美地畅游一番。请问，岸上还有几只青蛙？"

"一只。"学生们异口同声地回答。

"真的是一只吗？"老师问。"一只！"学生们再次肯定地回答。

"可大家的答案是错的，"老师说，"岸上仍有五只青蛙。"还有五只青蛙？学生们想不通了。

老师说，那四只青蛙只是准备跳进池塘，这是它们的一个美丽的想法，并没有付诸行动。没有行动，再美的想法也等于零。

智慧箴言

"没有行动，再美的想法也等于零。"所以当我们为考试制定了学习计划后，如实的去履行才能有效果。有了创意表达出来，别人才知道你的才华。

文学常识

城府　典出《宋史·傅尧俞传》，比喻令人难以揣测的深远用心。

借光　典出《战国策·秦策》，向别人询问或请人给自己方便时的套话。

物色　典出《后汉书·严光传》，本指形貌，后指按照一定标准去访求人才。

深邃的思想者

适用作文主题
思考和自我控制。

一切都起于偶然。参加派对的时候，我常常提醒自己：要轻松一点、随便一点。可越是这样想，心里的顾虑就越多。很快我就发现，自己已不是一般的思想者了。

我开始独自沉思——我告诫自己："放轻松！"——可我清楚地知道，我无法轻松下来。思考对于我来说越来越重要，直到最后，一天到晚、每时每刻我都在思考。

上班的时候我也在思考。虽然我知道，思考与我的工作没有丝毫的联系，可我无法停滞下来。

吃午餐的时候，我有意避开朋友，去读梭罗、卡夫卡。回到办公室，我常常头晕目眩、精神恍惚。我问我的同事："我们到底在这里做什么？"

在家里，情况也不如人意。有一天晚上，我关上电视，神情严肃地问妻子:"生活的意义是什么?"妻子二话没说,扭头摔门而去,回娘家住去了。

很快,我便得了一个绰号:深邃的思想者。有一天,老板把我叫了过去。他对我说:"斯凯,我一直非常欣赏你。说出这话让我很痛心,可我不得不告诉你:你的思考已经成了大问题。如果你在工作期间不能停止思考,那你必须另谋高就。"老板的话又让我开始思考……

从老板的办公室出来,我提前回了家。我要向老婆坦白:"亲爱的,我一直在思考……"

"我知道你一直在思考。"妻子根本不拿正眼看我,"我决定要离婚!"

"可是,亲爱的,情况并没有这么严重。"

"情况已经非常严重了。"她的嘴唇在颤抖,"你像一个大学教授,一直在思考,可你这样是赚不到钱的。所以,如果你继续这样思考下去,我们就会变成穷光蛋!"

"可你的这个三段论逻辑是错误的。"我不耐烦地对妻子说。她呜呜咽咽地哭了起来。我真的受不了了!我一跺脚,大声对她吼道:"我去图书馆。"然后,我义无反顾地走出了家门。

我开车朝图书馆疾驰,心里充满了悲哀和绝望,感觉就像当年走在大街上抱着马头痛哭的尼采。车子呼啸着停在图书馆门前,我不顾一切地冲上台阶,朝那巨大的玻璃门跑去……可门是锁着的,图书馆已经关门了。

直到今天,我仍然相信:那一夜,有一种至高无上的力量在眷顾着我。我瘫倒在图书馆前,十指绝望地抓着那冰冷无情的玻璃门,哭泣着祈求查拉图斯特拉给我思想的力量。就在这时,我注意到门侧张贴着一张海报。海报上有一个醒目的大问号:"朋友,深邃的思考正在毁掉你的生活吗?"或许你也曾见过这样的海报,这是"思想者康复班"的广告。

于是,我参加了这个体验学习班,一节课也没有落过。每次上课我们都要观看一部没有思想性的影片。看完电影,我们还要交流自上次学习后各人避免思考的经验。这一次,我们看的是《阿呆与阿瓜》。

于是,我变成了现在的样子。工作保住了,家里的情况也改善了许多,生活好像比原来更加舒适了。

当然,这一切都是在我停止思考之后。

智慧箴言

过度的思考会给我们正常的生活、工作、学习带来麻烦。我们要思考，但也要控制思考。思考是为了更好的了解自己和周围的环境，而不是无止境的思考成我我们的负担。主人公的故事我们要引以为戒。

 生活小常识

最奇特的树——铜钱树

生长在我国淮河及长江流域一带。是一种落叶乔木。高约十六、七米，叶子长卵圆形，其果实生得十分别致，有两个弯月形的膜翅相互连结，中央包围着种子，远远望去，树上仿佛吊着一串串的铜钱，风一吹，哗哗作响，因此而得名。铜钱树属于鼠李科，和我们吃的红枣是同宗兄弟。在我国陕西秦岭山区还生长着一种树木，外形酷似铜钱树，果熟之时，也如串串铜钱，只是叶子由许多披针形的小叶构成一片大的羽毛状复叶。它属于槭树科，人们叫它金钱槭。金钱槭数量不多，又有很高的观赏价值，因而被列为国家保护植物。

假如你直截了当

适用作文主题

行动，化繁为简。

美国的一份报纸上曾经刊登了一则广告：价值几百万的豪华轿车仅售一美元！可是几周过去了，还没有人来领这辆"一美元轿车"。就在人们普遍认为这是一场恶作剧的时候，一个名叫乔丹的穷小子带上一美元硬币，按照广告后面的详细地址找到了那位卖车的贵妇人，并且顺利地开走了轿车。原来，那位贵妇人的丈夫去世前，曾经要求把这辆轿车赠给情妇，同时也提出自己的妻子享有拍卖权。为了不违背丈夫的遗嘱，同时又不让自己的情敌得到这辆轿车，聪明的妻子决定以一美元的价格卖掉轿车，然后把所得的一美元交给情敌。原因就这么简单。

几年前，一位名叫桂小欢的商人不慎遗失了二十多个客户的36张欠条，

第八章 珍惜时间，马上行动

金额共计13.4万元。考虑到交际场上素有"公凭文、私凭据"的习惯，夫妻两人几乎对这笔债务不抱任何希望。可是迫于巨大的经济压力，桂小欢还是硬着头皮试了一试。出人意料的是，在听完他的遭遇后，所有的老板都毫不犹豫地全额付了现金给他。原因非常简单：这些老板都挺在乎自己的声誉，根本不会因为占一点小便宜而毁了自己的名声。

日本商人藤田在与纽约一家公司履行合同的过程中，由于对方擅自更改商品名称，致使藤田面临一场非常棘手的官司。面对强大而且傲慢的对手，异想天开的藤田把美国总统假想为自己的坚强后盾，立即动笔写了一封信寄往美国。最终在美国总统的敦促下，由美国驻日本大使馆出面，帮助藤田成功解决了难题。这件事情发生在1961年，那位帮助日本商人"打官司"的美国总统名叫约翰·F·肯尼迪。

许多事例告诉我们：有许多看似复杂的事情，都可以用最直截了当的方式解决，哪怕有些事情看似不太可能，也不妨试一试这种化繁为简的"直线思维"。

智慧箴言

看似不可能的事情，只要勇于踏出第一步，就会有意料不到的转机哦！与其在那里猜测、思考、烦恼，倒不如勇敢的一试。

笑话碰碰车

一群伟大的科学家死后在天堂里玩藏猫猫，轮到爱因斯坦抓人，他数到100睁开眼睛，看到所有人都藏起来了，只有牛顿还站在那里。

爱因斯坦走过去说："牛顿，我抓住你了。"

牛顿："不，你没有抓到牛顿。"

爱因斯坦："你不是牛顿你是谁？"

牛顿："你看我脚下是什么？"

爱因斯坦低头看到牛顿站在一块长宽都是一米的正方形的地板砖上，不解。

牛顿："我脚下这是一平方米的方块，我站在上面就是牛顿／平方米，所以你抓住的不是牛顿，你抓住的是帕斯卡。"

拾捡与抓挠

适用作文主题
寻找快乐，物质与精神。

一位禅师问他的徒弟："这个房间里你最喜欢什么？"

机灵的徒弟指指酒杯，它是以黄金和大理石制成的，肯定价值不菲。

"那好，拿走它吧。"禅师说。

徒弟不等吩咐第二遍，立刻用右手紧紧抓住了那个酒杯。

"你不想放开它吧？"禅师接着问道，"没有别的你喜欢的了吗？"徒弟承认，桌上那个胀鼓鼓的钱袋，也不惹他讨厌。

"没关系，你也拿去吧。"禅师说道。

于是小徒弟又用左手欣喜地夺过钱袋。"现在呢，"他有点儿紧张地问禅师。

"现在你挠挠自己看。"

他当然做不到了，除非他能放下自己紧抓的东西！我们紧紧抓住的东西，也用它的方式把我们抓住了，如何行事不过头，才是更需注意的问题。

在电影《公民凯恩》里，凯恩是个百万富翁，在他豪华的宫殿里，他无所顾忌地汇集了世界上最美丽的藏品。他很富有，什么都不缺，生活在他周围的人，都被他出于自己的目的，用作了达成他的野心的简单工具。但在他生命的尽头，当他孤独地漫步在别墅空荡的大厅里，四壁镶嵌的镜子把他的形单影只扩大了一千倍——只有虚无的镜像陪伴着他。他临终前喃喃地吐出了一个词："玫瑰花蕾！"

一位记者试图破解这最后一声呻吟的秘密，却没有成功。其实，"玫瑰花蕾"是凯恩小时候玩的雪橇上写的一个名字，那是一个他周围仍然充满关爱的时代：大家都喜欢他。他也回报给大家同样的笑脸。从别人身上聚敛起来的财富和权力，没有给他带来任何比童年记忆更为美好的东西。在生命的最后关头，凯恩满仓库的宝贝，也不及这件卑微的旧雪橇。这个雪橇让他想起，在他全力投入倒买倒卖之前还曾爱过与被爱过，这远胜于拥有或操纵的快感。

这里我们不是反对赚钱，或是反对收集漂亮东西，但我们手中所拥有的

第八章　珍惜时间，马上行动

物品，同时也在占有着我们。因为双手和灵魂都占满了财物，徒弟，而不得空闲，当凯恩突然感到奇痒难耐时，竟不知用什么来抓挠。

智慧箴言

生活远比我们预想的复杂，因为双手不仅要用来拾捡，还要用来抓挠和抚摸。我们除了相信要"做自己想做的事"，还要"给自己一份好生活"。

学习金手指

学习方法因人而异，但正确的学习方法应该遵循以下原则："博约结合"——就是要根据广博和精研的辩证关系，把广博和精研结合起来，众所周知，博与约的关系是在博的基础上去约，在约的指导下去博，博约结合，相互促进。坚持博约结合，一是要广泛阅读，二是精读。

希特勒败于管理学

适用作文主题

新的发现带来新效益，小细节对局面的大改变。

希特勒在第二次世界大战初期，在欧洲、非洲取得很多战果之后，向美国宣战了。

美国在二战之前，遭遇了严重的经济萧条，但是，其经济力量还是非常强大的。希特勒清楚这一点。不过，他认为自己手中握有一张王牌，所以敢于跟美国开战。

当时，光学仪器生产技术一直被当成一项保密技术，光学仪器技工的待遇相当高，培养一个合格的光学仪器技工，一般需要7年时间。美国尽管经济获得巨大发展，但在光学仪器方面，缺乏熟练的技术工人，只能依赖从法国进口。而这些光学仪器设备，是海军不可或缺的。

希特勒非常清楚美国的这个弱点。他判断，一旦占领法国，就等于控制了欧洲的光学仪器工业，美国由于缺少光学仪器：无法在短时间内建立起强大的海军。他认为，等美国用5年到7年培养起熟练的光学仪器工人时，他的军队早就把美军打垮了。

这就是希特勒对美国宣战的技术秘密。但是，他的情报忽视了一个人。

这个人就是泰勒，号称美国管理学之父。泰勒发现翻砂工人的劳动效率很低，翻砂工作的一系列劳动，都是由独立的翻砂工人单独完成。通过一段时间的观察，他把翻砂工作分解成一个又一个前后相继的简单动作，每个动作简单到即使是孩子也可以马上学会。这样，工人只需要完成一个极简单的动作，就把工作传给下一个人。复杂的翻砂工作被他分解成三十几道工序，任何一个人都可以立即上岗，不管他有没有文化，识不识字，半天就能成为熟练工，从而极大地提高了工作效率。

泰勒的贡献很快被军方派上用场。结果，美国把复杂的光学仪器生产过程，分解为很多简单的小步骤，然后根据工人的技术水平，让他们分头掌握。一项复杂的工作，在很多人的合作之下，变成一个简单的组合。

就这样，仅仅花了几个月的时间，美国就培养出一大批熟练的光学仪器技工。希特勒占领法国的优势不复存在。相反，美国迅速摆脱劣势，建立起一支强大的海军，最后掌握了海上霸权。

智慧箴言

事情是发展变化的，没有绝对的不败和胜利。善于思考和发现可以让我们事半功倍，远远地超过敌人，获得胜利。

好词好句

描写亲属的好词：不辞劳苦 任劳任怨 鹤发童颜 长发披肩 肥头大耳

我的外婆是个普通的农村妇女，今年72岁，一头银丝，饱经风霜的脸上爬满了皱纹，走起路来颤巍巍的。

针丢了之后

适用作文主题
目标和效率，不要白费精力。

有个人不小心弄丢了针，实在找不到了，他突然看到家中放着的一根铁棒，于是，他突发灵感，拿着铁棒来到河边，找了块石头，很起劲地磨了起来。

第八章 珍惜时间，马上行动

有一个路人从河边经过，看到他正在磨那么粗的一根铁棒，便很奇怪地问他想做什么，他抬起头说："我的针丢了，我要将这根铁棒磨成针。"路人说："这么粗的铁棒你要磨到何年何月啊？"他却说："只要功夫深，铁杵磨成针。"路人一下子被震撼了，不由得被这个人的执着精神感动了。

路人回去后，便将这个人要将铁棒磨成针的事情，向其他人绘声绘色地讲了。人们都对这个人肃然起敬。一下子，这个人出名了，成了人们学习的榜样。许多人专程从很远的地方跑到河边看他，还不停地为他打气。这个人便更得意，磨得也更起劲了。许多家长借此机会将孩子带到河边，指着磨铁棒的人说："看看人家，多么有恒心。"孩子们似懂非懂地看着满头大汗的磨杵人。

这个人磨铁棒的事越传越远，甚至还有人把他的事迹编成戏曲到处传唱。事情很快传到一个智者的耳朵里，他沉思良久，决定亲自去见见这个磨铁棒的人。

智者来到河边，从身上拿出一根针，要换这个人的铁棒，这个人愤怒了，他站起身来吼道："我凭啥要换给你？你一根小小的针，居然就想换我这根铁棒，你不知道我正在磨针吗？"

智者摇了摇头道："那我就不明白了，你无非是需要一根针，我用针和你换，你为何又不愿意呢？"这个人的脸一下子红了。智者继续说道："你所做的，无非就是一件像针一样小的事情，放着现成的针不用，却非要耗费精力和时间，把一根好好的铁棒浪费掉，这样做，值得吗？"这个人的脸更红了。

智者说："记住，当你只是需要一根针时，千万不要去磨铁棒。"

智慧箴言

光凭一腔热情是成不了事的，我们还要讲究效率和方法。盲目的劳动只会浪费我们的时间，最要紧的是先动脑筋采取补救之道，不要让你的汗水白流。

文学常识

雷同　典出《礼记·曲礼上》，相同的意思，或人云亦云。

涂鸦　典出《尧山堂外纪》（明蒋一葵撰），比喻书画或文章不像样子。

写作专题

作文语言创新技法

1、新瓶装旧酒。此法就是对旧的材料进行组装、修饰，作文就在有限的材料中出新出彩，显出无限的意蕴。

示例：古代女子的生命是貂禅轻舞的团扇，是昭君出塞的黄沙，是杨玉环抛上树的白绸，是西子坠湖的涟漪，是绿珠溅落的鲜血，是黛玉葬花的悲吟，是窦娥赴刑场的怒火……

简析：文中的历史人物、文学形象，同学们都熟悉，巧妙的语言表达，充满诗情的议论，修辞手法的运用，使我们不得不佩服其语言驾驭的能力。

2、褒词贬用。示例：今日美国已是螃蟹十足了。今天到中东上思想政治课，明天到东亚办人权学习班，刚在南斯拉夫踢完了热身赛，又跑到印度半岛当裁判。

简析：一个霸气十足的国际警察形象跃然纸上。

3、巧借俗语。示例：美国之所以多年来与台湾保持着暧昧关系，全然是为了自己的被窝温暖。换句话说，如果台湾这只热水袋不能保障美国伸在亚太地区的脚趾暖和，甚至还倒灌冷风，他马上就会把台湾蹬出被窝去。

简析：日常用语在分析美国与台湾的关系上，极尽揶揄嘲讽之能事，用语巧妙，叫人拍案叫绝。

4、旧词新用。示例：小学时，桌上的"三八线"总是一厘米、一毫米量得丝毫不差，常常由于不慎侵入了同桌的"领土"，爆发"自卫反击战"……"天下大势，分久必合，合久必分"。到了初中，同桌就有了两种关系：一种是民族融合式，一种是和平演变式。

简析：旧词新用，格调清新，意蕴深厚。

5、古诗词连用整句。在文中适时引用，形成整句，既展示了考生的文化底蕴，又展示了迷人的灵动风采。示例：如果有人问"春天是什么？"有人会说是草长莺飞，杂花生树；白居易说是"日出江花红胜火，春来江水绿如蓝；

苏轼说是"蒌蒿满地芦芽短，正是河豚欲上时"；李白说是"燕草如碧丝，秦桑低绿枝"；杜牧说是"千里莺啼绿映红，水村山郭酒旗风"……

6、排比式整句。它主要通过修辞的方式来连缀展示。一是内容上排比，增强了丰富的内涵；二是意义上递进，增强了说服力，喧染了气氛，提高了气势。示例：天空中一丝云儿飘过淡淡的，自由自在的，你觉得真好，这就是语文；初升的朝阳光芒万丈，你觉得生机勃发，这就是语文；如血的残阳映红了半边天，让人无限留恋，别忘了，这也是语文。

又示：世界上没有两片相同的树叶，更不会有两双相同的眼睛。不同的国度给了我们不同眼睛。或许大洋彼岸美利坚的阳光正在你眼中折射成永远活泼自信的微笑；或许北欧的冰雪正在你眼中融化为沉静与深邃；或许长江昆仑的清风正在你眼前幻成中国式的内敛与神秘。不同的国度有着不同的土地，不同的风不同的雨不同的阳光，灌溉出不同的思维与精神，并在上面牢牢地打上了民族的标签。

7、比喻式整句。它是运用一系列比喻、用形象、具体、感性的事物，来表达抽象的深邃的内涵的语段。

示例：语文是那无声的冷月，是那静谧的荷塘，是那秦皇岛外滔天白浪中的打鱼船，是那青天里的一行白鹭，是那沉舟侧畔的万点白帆，是那山重水复后的柳暗花明。

8、假设式整句。就是利用假设的句式，利用排比、推理的方式构成相对整齐的句子。主要通过"退一步,进一步"的方式来完成假设命题的,通过推理、论证，达到自己的目的。

示例：试想，若爱迪生在失败了几次后便轻言放弃，电灯的发明不知将被向后推延多长时间，人类文明又怎能得到如此飞速发展？在工作学习上如此，在人生道路的选择上难道不也是如此吗？蒲松龄七次赶考均榜上无名，而他并没有给自己唯一的答案，他选择了人生的另一答案，放下功名，铺开笔墨，这样才有了流芳百世的《聊斋志异》。

第九章

好品德让你人见人爱

伟大的意大利作家但丁说过:"道德常常能填补智慧的缺陷,而智慧却永远填补不了道德的缺陷。"可见好的品德是多么的重要,心灵的纯洁是我们自信和美丽的源泉。我们在学校与老师同学和谐交往,在家里与父母亲友相亲相爱,为人谦虚诚实……这些都是在成长中我们必须学会和遵守的。

人生最大的资本

适用作文主题
面对诱惑，坚守道德。

30年前，美国华盛顿一个商人，在一个冬天的晚上，不慎把一个皮包丢在一家医院里。商人焦急万分，连夜去找。因为皮包里不仅有10万美金，还有一份十分机密的市场信息。

当商人赶到那家医院时，他一眼就看到，清冷的医院走廊里，靠墙根蹲着一个冻得瑟瑟发抖的瘦弱女孩，在她怀中紧紧抱着的正是他丢的那个皮包。

原来，这个叫希亚达的女孩，是来这家医院陪病重的妈妈治病的。相依为命的娘儿俩家里很穷，卖了所有能卖的东西，凑来的钱还是仅够一个晚上的医药费。没有钱明天就得被赶出医院。晚上，无能为力的西亚达在医院走廊里徘徊，她天真地想求上帝保佑，能碰上一个好心人救救她妈妈。突然，一个从楼上下来的男士经过走廊时腋下的一个皮包掉在地上，可能是他腋下还有别的东西，皮包掉了竟毫无知觉。当时走廊里只有西亚达一个人，她走过去捡起皮包，急忙追出门外，那位先生却上了一辆轿车扬长而去了。

西亚达回到病房，当她打开那个皮包时，娘儿俩都被里面成沓的钞票惊呆了。那一刻，她们心里都明白，用这些钱可能治好妈妈的病。妈妈却让西亚达把皮包送回走廊去，等丢包的人回来取。妈妈说，丢钱的人一定很着急。人的一生最该做的就是帮助别人，急他人所急；最不该做的是贪图不义之财，见财忘义，最后终于还给了失主。原来那位先生是一位商人，她们俩不仅帮商人挽回了10万美元的损失，更主要的是那份失而复得的市场信息，使商人的生意如日中天，不久就成了大富翁。商人很是感激母女俩，虽然尽了最大的努力，西亚达的妈妈还是抛下了孤苦伶仃的女儿离开了这个世界。

被商人收养的西亚达，读完了大学就协助富翁料理商务。虽然富翁一直没委任她任何实际职务，但在长期的历练中，富翁的智慧和经验潜移默化地影响了她，使她成了一个成熟的商业人才。到富翁晚年时，他的很多意向都要征求西亚达的意见。

富翁临危之际,留下一分令人惊奇的遗嘱:在我认识西亚达母女之前我就已经很有钱了。可当我站在贫病交加却拾巨款而不昧的母女面前时,我发现她们最富有,因为她们恪守着至高无上的人生准则,这正是我作为商人最缺少的。我的钱几乎都是尔虞我诈、明争暗斗得来的。是她们使我领悟到了人生最大的资本是品行。

我收养西亚达既不是为知恩图报,也不是出于同情。而是请了一个做人的楷模。有她在我的身边,生意场上我会时刻铭记,哪些该做,哪些不该做,什么钱该赚,什么钱不该赚。这就是我后来的业绩兴旺发达的根本原因,我成了亿万富翁。

我死后,我的亿万资产全部留给西亚达继承。这不是馈赠,而是为了我的事业能更加辉煌昌盛。

我深信,我聪明的儿子能够理解爸爸的良苦用心。

富翁在国外的儿子回来时,仔细看完父亲的遗嘱,立刻毫不犹豫的在财产继承协议书上签了字:我同意西亚达继承父亲的全部资产,只请求西亚达能做我的夫人。

西亚达看完富翁儿子的签字,略一沉吟,也提笔签了字:我接受先辈留下的全部财产——包括他的儿子。

 智慧箴言

西亚达的好品格带给了她幸福的家庭和良好的事业。抵制住人生中的诱惑,我们才能走的坦荡,走的精彩。

 好词好句

描写亲属的好词:脑满肠肥 虎背熊腰 花枝招展 油头粉面 朴素大方

二姨身体健壮,扁圆形的脸上一双眼鲭炯炯有神,眉毛弯得像镰刀似的。

骡子的家世

适用作文主题
出身，谦虚。

骡子一直自称出身贵族，常常向别人夸耀自己的身世。骡子的母亲是一匹十分漂亮的骏马，腿很修长，毛皮光亮，是主人引以为傲的马匹。主人打猎或是远行时，骡子的母亲一定会陪同前往，而要接待重要的客人，比如公爵亲王时，也一定是骡子的母亲拉着用花饰装饰得美丽非凡的马车。

可能是爱屋及乌吧，毛色和母亲一样光亮的骡子也得到了主人的宠爱。也许正是这个原因，骡子认为，它应该有很大的志向，应该要青史留名的，因为它有显赫的出身呀！

骡子在主人这里并没有做多少事情，整天无所事事地向其他人炫耀自己显赫的出身。它之所以不用干活，最实际的原因，也许还是因为他的父亲——那只驴子，还十分的健康。

后来，有一天，一个磨坊主买走了这只骡子，把它拴在磨坊里，每天来回地拉磨。它的毛皮再怎么光亮，它的血统再怎么优良，对于磨坊老板而言，它都只是一只骡子而已。一只骡子，就是必须干活的。每当它试图向磨坊老板讲述它的家世的时候，都只会遭到一顿鞭子而已。

这个时候，它终于想起来了，自己的父亲是一头驴。而自己现在唯一的依靠就是拼命地拉磨。

智慧箴言

一个人的出身如何，并不能决定他的未来如何，保持谦虚，才能看清自己。自己的未来，是要靠自己的努力去铸就的。尽早学会自立，尽早懂得，人生的路只有自己能走出来。

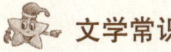
文学常识

青鸟 传说西王母有三青鸟,一只选遣为信使,前来给汉武帝报信,另外两只随西王母而来,并服侍在王母身旁。南唐中主李王景有诗:"青鸟不传云外信,丁香空结雨中愁。"李商隐诗云:"蓬山此去无多路,青鸟殷勤为探看。"青鸟在此已成为传书的信使。

善良的"笨蛋"

适用作文主题
善良,宽容。

阿瓜是个弱智的小孩。在三年级(1)班里,他的成绩是倒数第一。同学们也常取笑他,说头大不中用。

每天放学后值日生搞卫生,他都会主动地留下来帮忙倒垃圾。更绝的是,白天上课,每隔两节课,他就会条件反射性地把垃圾桶拿到水笼头前认真刷洗,原先最脏臭的角落,因为阿瓜的负责变成了教室内最醒目的净土。

他总是微笑着,并纯真地看别人以怪异复杂的眼光看自己。

有一次,老师出了一个脑筋急转弯的问题:世界上最贵的是什么蛋?

有人说是金蛋,有人说是原子"蛋",有人说是脸蛋,这时,阿瓜也举手发言,高兴地说:"是笨蛋,因为大家都叫我笨蛋!"

同学们笑了,老师却没有笑,她走过去轻拍阿瓜的脑袋说:"是的,你最贵!"

阿瓜的母亲每天放学业后都会骑摩托车到校门口接他。一个冬天下雨的傍晚,在回家的路上,阿瓜看见一位踽踽独行的同学,他知道该同学的家离学校较远,便央求妈妈顺道载同学回家,可惜因机车后座装了个铁篮子,无法再多载另一个人而作罢。

回家后,妈妈忙着在厨房做饭,却隐隐约约听见门外传来一阵奇怪的声音,出门一看,原来是阿瓜正满头大汗地用老虎钳在拆掉铁篮子……

妈妈深深地叹了口气,但眼里却涌出了泪花。

多么笨的孩子啊，又是多么宝贝！是因为笨才善良，还是因为善良，才显得笨？

 智慧箴言

善良的孩子是令人尊敬的孩子。善良是一种品德，和智商无关，和情商有关；当我们在日益竞争激烈、残酷的环境中，保持我们心中的一片净土，保持我们的善良和纯真。

 生活小常识

最奇特的树——长翅膀的树

是生长在我国秦岭山区的落叶灌木。其枝条呈绿褐色，硬而直。有趣的是，在它的小枝上从上到下生长着2-4条褐色的薄膜，其质地轻软，如同我们平常所使用的软木塞一般，是木栓质的。它在枝上的排列犹如箭尾的羽毛，又仿佛枝条四周长上了翅膀。因此，人们称它为栓翅卫矛。栓翅卫矛属于卫矛科，其木材致密，白色而质韧，可制弓、杖、木钉用，其枝上的栓翅有助于血液流通，具有消肿之功效。

真 爱

 适用作文主题
真诚，善良。

墨西·孟德尔颂是德国知名作曲家的祖父。他的外貌极其平凡，除了身材五短之外，还是个古怪可笑的驼子。

一天，他到汉堡去拜访一个商人，这个商人有个心爱的女儿名叫弗西，墨西无可救药地爱上了她，但弗西却因他的畸形外貌而拒绝他。

到了必须离开的时候，墨西鼓起了所有的勇气，上楼到弗西的房间，把握最后和她说话的机会。她有着天使般的脸孔，但让他十分沮丧的是，弗西始终拒绝正眼看他。经过多次尝试性的沟通，他害羞地问："你相信姻缘天注定吗？"

她眼睛盯着地板答了一句："相信"，然后反问他："你相信吗？"

他回答："我听说，每个男孩出生之前，上帝便会告诉他，将来要娶的

是哪一个女孩。我出生的时候，未来的新娘便已许配给我了，上帝还告诉我，我的新娘是个驼子。我当时向上帝恳求：'上帝啊！一个驼背的妇女将是个悲剧，求你把驼背赐给我，再将美貌留给我的新娘。'"

当时弗西看着墨西的眼睛，内心深处的某些记忆被搅乱了。她把手伸向他，之后成了他最挚爱的妻子。

 智慧箴言

是墨西的智慧和真诚、善良感动了美丽的弗西；而通过墨西一段智慧的表达，弗西了解到了墨西的真诚和善良。可见外貌不是阻碍我们的不可逆转的困境，拿出我们的智慧，以真诚和善良为幸福铺路吧。

 笑话碰碰车

有个老师问班上的学生："谁是第一个男人？"

"乔治·华盛顿，"一个小男孩当即叫道。

"你怎么知道乔治·华盛顿是第一个男人呢？"老师问道，宽容地微笑着。

小男孩说："因为他是战时第一，和时第一，国人心中第一。"

这时一个大点儿的男孩举起手来。

"那么，"老师对他说，"你认为谁是第一个男人呢？"

"我不知道他的名字，"大点儿的男孩说，"但我知道不是乔治·华盛顿，老师。因为历史书上说，乔治·华盛顿取了一个寡妇，所以在他前面肯定还有一个男人。"

对于欺骗，宽容只有一次

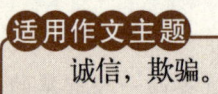

适用作文主题
诚信，欺骗。

这是一家跨国公司，在苛刻的招聘条件下，还是有20人通过了初审。我就是这20人中的一个。

一个星期后，我接到这家公司的笔试通知："为了真实地考查应聘者的工作能力，本公司请所有的应聘者为公司制作一首宣传歌曲的音乐小样，5天后交卷。"不愧是跨国公司啊，连笔试都和国内企业不同。可他们这个笔试要求却着实难住了我。我一向五音不全，更不用说是一首原创歌曲了。

5天的期限到了，也许是为了增加一次跨国公司招聘的经验，我虽然两手空空，但还是如约来到了这家公司的笔试现场。

排在我前面的应聘者纷纷交上了他们的音乐小样。听到他们的音乐，不仅歌词优美，而且旋律动听。我想，我完了。当我呆若木鸡地站在招聘主管面前时，看着他略带失望的眼睛，我更加确认了这一点。

然而，事情却有了转机。

第二天，我居然和其他19个人一样，接到了这家公司的面试通知："恭喜你通过了本公司的笔试，这意味着你拥有了面试的机会。在这次面试中，本公司请你为公司做一套可行性营销方案。3天后，本公司将以论文答辩的形式进行面试。"

怀着惊喜，我开始搜集资料，调查市场，整理思路……营销方案顺利完成了。但还是有个疑团在我的脑海里盘旋：我是怎么通过笔试的呢？为何我们20人没一个被淘汰，全都进入了面试呢？

面试开始了。在考官的引领下，我应答自如，甚至超常发挥，把营销方案里不够完善的地方也进行了深入扩展。而其他的那些应聘者就有些不知所措了。在考官的追问下，他们不得不承认他们的营销方案是用钱买来的，包括笔试时报的音乐小样。

面试的尾声，招聘主管解开了我心中的疑团。他说，其实在笔试就看了我们的简历，我们发表的那些论文他也专门搜索来仔细看了，虽然我们都很优秀，但我们却没有一个是精通音乐的。他之所以在笔试中那么做，是要看看我们是否能够诚实。可令他失望的是，我们只有一个人是诚实的。

最后他带着惋惜的神情，语重心长地说："看来你们是习惯于欺骗了，对这种欺骗，宽容只有一次。

就这样，20人中，只有我最终地进入了这家跨国公司。

 智慧箴言

我们习惯了在生活中撒一些小谎，在挑战面前蒙混过关。可是我们这样做耽误的只是自己。诚实的面对自己，勇敢的承认自己的不足，然后去弥足不足，这才是对自己最好的方式。

学习金手指

学习方法因人而异，但正确的学习方法应该遵循以下原则："知行统一"——就是要根据认识与实践的辩证关系，把学习和实践结合起来，切忌学而不用。"知者行之始，行者知之成"，以知为指导的行才能行之有效，脱离知的行则是盲动。同样，以行验证的知才是真知灼见，脱离行的知则是空知。因此，知行统一要注重实践：一是要善于在实践中学习，边实践、边学习、边积累。二是躬行实践，即把学习得来的知识，用在实际工作中，解决实际问题。

第九章　好品德让你人见人爱

怯懦的王子

 **适用作文主题**
感恩，付出，守信。

英俊的王子因得罪了女巫，被下咒变成了一只丑陋的青蛙。女巫说，除非青蛙遇上一位真心爱他的女孩儿，魔咒才能破解。

幸运的是青蛙终于遇上了美丽的公主，并以他的善良征服了公主的心。

公主说："我相信你，我也愿意爱你，可你必须答应我，无论将来我变成什么样子，无论是美丽或丑陋，贫穷或富有，健康或疾病，你都将永远爱我，并不离不弃。"

青蛙当然同意。于是公主吻了他。在吻他的时候，一滴眼泪落在青蛙的唇边。青蛙在刹那间变回了英俊的王子，他欣喜若狂。

可意外的事情发生了：公主原先站着的位置被一只丑陋的蛤蟆所取代。蛤蟆跳起来，跳到他的脚背上，仰起头来望他。蛤蟆的眼中有泪。

这时女巫出现了，她得意地笑道："她根本不是什么公主，她原本就是一只蛤蟆。我安排她变成公主，让她的吻来解除你的魔咒，同时，她也将变回一只蛤蟆，这就是她爱上你的代价。如果她不愿意吻你，那么她将永远成为一个公主，可惜，她明知自己的结局，却仍然选择了爱你。现在，你兑现自己的诺言，跟一只蛤蟆过一生一世吧，别忘了，这是你答应过她的！哈哈……"

王子崩溃了，他不能接受这个事实。王子望了望脚背上的蛤蟆，想："我怎么可能爱她呢？"他愤怒而绝望地大叫，冲了出去。

悲剧发生了，他在错足之间，踩死了蛤蟆。蛤蟆惨叫一声，把他惊得回首。更加不可置信的事情接踵而来，蛤蟆又变回了美丽的公主。只是，她死了，死在他无情的脚下。

女巫笑得更狂更得意："你以为游戏就结束了吗？不！游戏才刚刚开始。你这个自以为是的青蛙，让我告诉你事情的真相吧。她并不是一只蛤蟆，她是个真正的公主。她变成蛤蟆也是我的诅咒之一，只要你愿意回吻她，她才可以由蛤蟆变回公主。可是你不愿，你接受不了她的丑陋，你宁可杀死她也不愿意爱她！哈哈，这就是你所谓的真爱吗？"

王子痛哭："你杀了我吧！你杀了我吧！"

女巫轻蔑地说："我不杀你。你这个怯懦而自私的胆小鬼，我要让你活着，在悔恨与痛苦中度过一生！"

智慧箴言

青蛙可以接受公主的爱，王子却不能给予蛤蟆同样的爱。就算不是为了感恩，王子这样对待蛤蟆也是无情的伤害。在看到表象的同时，我们应该深入的思考，将别人给予自己的，回报给对方。

好词好句

描写亲属的好词：衣冠楚楚 浓妆艳抹 西装革履 闭目养神 众目睽睽

大妈那两条直弯到太阳穴边上的长眉，微微扭曲着，在眉心间蹙到一块儿。

曾参杀猪

适用作文主题
守信，教育。

曾参，是孔子门生中七十二贤之一，也是春秋末期鲁国有名的思想家、儒学家。他博学多才，见多识广，且十分注重修身养性，德行高尚。

有一次，他的妻子要到集市上办事，年幼的儿子吵着要去。曾参的妻子不愿带儿子去，便对他说："你在家好好玩，等妈妈回来，将家里的猪杀了煮肉给你吃。"儿子听了，非常高兴，不再吵着要去市集了。

这话本来是哄儿子玩的，这头猪是等着春节的时候卖了换钱用的，所以，曾参的妻子也是随便说说。不料，曾参却真的把家里的一头猪杀了。

妻子从市集上回来后，气愤地对丈夫说："你没看出我是哄儿子说着玩的么，你怎么就真的把猪杀了呢？"

曾参说："孩子是不能欺骗的！他不懂事，还没有辨别能力，接触到的是他的父母，所以什么都跟父母学。你现在哄骗他，等于是在潜移默化地教他学会欺骗。再说，你现在欺骗了孩子，孩子以后自然也就不相信你了，你以后还怎么教育孩子？"

 智慧箴言

只有首先做到自己守信，才有资格告诉别人，应该怎么做。人贵在有诚信，没有诚信的人，在别人眼里，是没有威信的。

 文学常识

岁寒三友　指松竹梅。松竹经冬不凋，梅则耐寒开花，故有"岁寒三友"这称。

花中四君子　梅竹兰菊花称为"花中四君子"。

泰斗　"泰山北斗"的简称。典出《新唐书·韩愈传》，比喻杰出的可为榜样的人物。

第九章　好品德让你人见人爱

岔路口的胜利

适用作文主题
出乎意料，成功，诚实。

有一个士兵，人很老实。他非常不擅于长跑，在一次部队的越野赛中很快就远落人后，一个人孤零零地跑着。

转过了几道弯后，遇到一个岔路口，一条路标明是军官跑的，另一条路标明是士兵跑的小径。军官那条路明显是会比士兵那条路短很多，能沾到许多便宜。他停顿了一下，对做军官连越野赛都有可能占到便宜感到不满，但他仍然朝着士兵的小径跑去了。

没想到，过了半个小时候到达终点，却是名列第一。他感到不可思议，自己从来没有取得过名次，连前50都没有进过，这怎么可能啊！但是，主持赛跑的军官却是真的笑着恭喜他取得了比赛的胜利。

又过了几个钟头后，大批人马到了，他们都跑得筋疲力尽了，看见在终点取得胜利的他，也觉得十分奇怪。

原来，"军官道"的距离非常长，而"士兵道"的距离反而很短。大家都醒悟了，在岔路口诚实守信，原来是那么的重要啊！

智慧箴言

有时候想耍小聪明成功的人，往往成为失败者，而那些诚实的人，最后成为了最大的赢家。成功和失败，也许就在那一个岔路口，不要选错了哦！

生活小常识

最奇特的树——灯笼树木

这是一种杜鹃花科的落叶灌木。生长在我国中部一带。它只有2-6米高。每当夏日,在它的枝端两侧挂着十几朵肉红色的钟形花朵,所以又称作吊钟花。灯笼树的果实在十月里成熟,椭圆形,棕色。有趣的是,它的果梗向下垂着,而先端弯曲向上,因此结的果实却是直立的。远远望去,仿佛树枝上举满了一个个的小灯笼,因此而得名。灯笼树不仅花果美丽,而且叶子入秋后变为深红,不似枫叶,胜似枫叶,因此是极有前途的园林观赏树木。

烧酒店

适用作文主题
诚信,经营策略。

有一对夫妻,开了家烧酒店,自己烧酒自己卖。丈夫是个老实人,为人真诚、热情,烧的酒质量也好。有道是"酒香不怕巷子深",一传十,十传百,烧酒店生意兴隆,附近的人都来买酒,烧酒店常常供不应求。

看到生意如此之好,夫妻俩便决定追加投资,再添置一台烧酒设备,扩大生产规模,增加酒的产量。

这天,丈夫要出远门,外出购买设备。临行之前,把烧酒店的事都交给了妻子,就放心上路了。

一个月以后,丈夫外出归来。妻子一见丈夫,便按捺不住内心的激动,神秘兮兮地对丈夫说:"这几天,我可知道了做生意的秘诀,像你那样,永远发不了财。"

丈夫一脸愕然,不解地说:"做生意靠的是信誉,咱家的酒烧的好,卖的量足,价钱合理,所以大伙才愿意买咱家的酒啊。"

妻子听后,指着丈夫,自作聪明的说:"我这几天赚的钱比过去一个月还多呢!我给酒里兑了水。"

丈夫一听，生气的说："你怎么那么笨，这样坑顾客，我们总有一天生意会做不下去的啊！"

果然，来买酒的人越来越少，不久，附近新开了一家烧酒店，挤垮了夫妻俩的小生意。

 智慧箴言

想坑骗别人的人，最终坑的却是自己。做生意如此，做人更是如此，没有人是傻瓜，当你不守诚信一次，那么，你有可能永远都不会被人相信。

塔夫脱是美国历届总统中体重最重的一位，而且举手投足都显得孔武有力。有一天，他去拜访前任总统西奥多·罗斯福，到罗斯福所住的一个海滨别墅以后，决定到海里去冲冲凉。刚好罗斯福的一个孩子在沙滩上玩够了，跑回家来找罗斯福。

"爸爸，我们去游泳吧。"孩子说。

"不，孩子，现在不行。"罗斯福抱起孩子说："总统先生正在使用海洋！"

夜里的大鲈鱼

适用作文主题
诚信，坚守。

他当时11岁，一有机会就到湖中小岛上他家那小木屋旁钓鱼。一天，他跟父亲在薄暮时去垂钓，他在鱼钩上挂上鱼饵，用卷轴钓鱼竿放钓。

鱼饵划破水面，在夕阳照射下，水面泛起一圈圈涟漪；随着月亮在湖面升起，涟漪化作银光粼粼。

鱼竿弯折成弧形时，他知道一定是有大家伙上钩了。他父亲投以赞赏的目光，看着儿子戏弄那条鱼。

终于，他小心翼翼地把那条筋疲力尽的鱼拖出水面。那是条他从未见过的大鲈鱼！

趁着月色，父子俩望着那条煞是神气漂亮的大鱼。它的腮不断张合。父亲看看手表，是晚上10点——离可以钓鲈鱼季节的时间还差了两个小时。"孩子，你必须把这条鱼放掉。"他说。"为什么？"儿子很不情愿地大嚷起来。"还会有别的鱼的。"父亲说。"但不会有这么大。"儿子又嚷道。

他朝湖的四周看看。月光下没有渔舟，也没有钓客。他再望望父亲。虽然没有人见到他们，也不可能有人知道这条鱼是什么时候钓到的。但儿子从父亲斩钉截铁的语气中知道，这个决定丝毫没有商量的余地。他只好慢吞吞地从大鲈鱼的唇上取出鱼钩，把鱼放进水中。

那鱼摆动着强劲有力的身子没入水里。小男孩心想：我这辈子休想再见到这么大的鱼了。

那是34年前的事。今天，这男孩已成为一名卓有成就的建筑师。他父亲依然在湖心小岛的小木屋生活，而他带着自己的儿女仍在那个地方垂钓。

果然不出所料，那次以后，他再也没钓到过像他几十年前那个晚上钓到的那么棒的大鱼了。可是，这条大鱼一再在他的眼前闪现——每当他遇到道德课题的时候，就看见这条鱼了。

 智慧箴言

很多事情，也许你不遵守约定的时候，别人不知道，但是不要忘记了，你自己知道。不要为了一点小小的利益，放弃了自己的诚信。

学习金手指

  学习态度要端正。每次上课前，一定要把老师准备讲的内容预习好，把不好理解的、不会的内容做好标记，在老师讲到该处时认真听讲。如果老师讲了以后还不会，一定要再问老师，直到明白为止。当一个问题问了两遍三遍还不会时，一般的同学就不好意思问了，千万别这样，老师们最喜欢"不问明白誓不罢休"的性格了。上课时要认真听讲，认真思考，做好笔记。做笔记时一定要清楚，因为笔记的价值比课本还宝贵，将来的复习主要靠它。

第九章　好品德让你人见人爱

玫瑰花诺言

适用作文主题
承诺,诚信。

1797年3月,法兰西总统拿破仑在卢森堡第一国立小学演讲时,潇洒地把一束价值3路易的玫瑰花送给该校的校长,并且说了这样一番话:"为了答谢贵校对我、尤其是对我夫人约瑟芬的盛情款待,我不仅今天呈献上一束玫瑰花,并且在未来的日子里,只要我们法兰西存在一天,每年的今天我都将派人送给贵校一束价值相等的玫瑰花,作为法兰西与卢森堡友谊的象征。"从此卢森堡这个小国即对这"欧洲巨人与卢森堡孩子亲切、和谐相处的一刻"念念不忘,并载之入史册。

谁都不曾料到,1984年底,卢森堡人竟旧事重提,向法国政府提出这"赠送玫瑰花"的诺言,并且要求索赔。他们要求法国政府:一、要么从1798年起,用3个路易作为一束玫瑰花的本金,以5厘复利计息全部清偿;二、要么在法国各大报刊上公开承认拿破仑是个言而无信的小人。法国政府当然不想有损拿破仑的声誉,但电脑算出来的数字让他们惊呆了:原本3路易的许诺,至今本息已高达1375596法郎。最后,法国政府通过冥思苦想,才找到一个使卢森堡比较满意的答复,即:"以后无论在精神上还是在物质上,法国将始终不渝地对卢森堡大公国的中小学教育事业予以支持与帮助,来兑现我们的拿破仑将军那一诺千金的玫瑰花信誓。"

也许拿破仑至死也没想到,自己一时"即兴"言辞会给法兰西带来这样的尴尬。但是,这也正说明了一个道理:许诺只在一瞬,践约需要永远,无论是凡人还是伟人。

智慧箴言

承诺就是承诺,许下承诺就有义务实践约定,不论是伟人还是平凡的人都是如此。记住,你许下的承诺,里面包含着你做人的诚信。

> **好词好句**
>
> 描写亲属的好词：洗耳恭听 言听计从 道听途说 狼吞虎咽 细嚼慢咽
>
> 姨父快 50 岁的人了，说话还是不讲分寸，做事毛手毛脚的，真是穿冬衣戴夏帽——不知春秋。

吻 猪

适用作文主题
鼓舞，守约。

英国人虽然很严肃，但老师们大都性格外向，他们的动作总是诙谐、可笑。年轻的老师很有可能在课堂上讲到兴奋之处，一跃跨上讲台，真是忘乎所以。而那些学生们，可以时时向老师提问，大声阐述自己的观点，甚至可以向老师发难。课余时老师们可以趴在地上，让学生练习鞍马。

在英国南部的一所学校里，发生过这样一件令学生们兴奋不已的事。

有一位老师调任一个差班的班主任，这些孩子们都很调皮，爱捣蛋。老师第一节课，就跟他们玩，玩得天昏地暗。下课了，老师对他们说："孩子们，你们要是把学习成绩搞上去，我就去吻校外牧场里的一头猪。"

这些调皮的孩子们问："老师，这是真的吗？"

老师说："是真的，而且我要吻的是一头你们认为是最大的母猪。"

孩子们都希望老师去吻一头猪。从那天起，他们课堂纪律变好了，学习积极性很高，即使有贪玩的，别的孩子也会及时提醒："难道你不希望看到老师去吻那头大猪吗？"

半年后，孩子们的学习成绩有了很大提高。圣诞节的前夜，孩子们对老师说："老师，你可以去吻那头猪了吗？"

老师说："当然可以。"

于是，老师带着孩子们穿过公路，来到牧场。孩子们在猪圈里找到一只特肥大的猪。

老师走近那头大猪，轻轻地吻了它。孩子们在猪圈外笑得前仰后合，手

第九章 好品德让你人见人爱

舞足蹈。

 智慧箴言

这是一个变相鼓励的方法，然而最可贵的是，老师实践了自己的诺言。无论你是在怎样的情况下许下的承诺，你都要记住，你有义务有责任区实践约定。

文学常识

人杰　典出《史记·高祖本纪》，指才智突出的人物。

仁人　典出《论语·卫灵公》喻指有博爱思想、以天下为己任的人。

传人　典出《荀子·非相》，原指道德学问能传于后世的人。今指能得到祖先或师长精神或技艺的人。

迟到的零钱

适用作文主题
诚信。

18世纪英国的一位有钱的绅士，一天深夜他走在回家的路上，被一个蓬头垢面衣衫褴褛的小男孩儿拦住了。

"先生，请您买一包火柴吧"，小男孩儿说道。"我不买"。绅士回答说。说着绅士躲开男孩儿继续走，"先生，请您买一包吧，我今天还什么东西也没有吃呢"小男孩儿追上来说。绅士看到躲不开男孩儿，便说："可是我没有零钱呀"，"先生，你先拿上火柴，我去给你换零钱"。

说完男孩儿拿着绅士给的一个英镑快步跑走了，绅士等了很久，男孩儿仍然没有回来，绅士无奈地回家了。

第二天，绅士正在自己的办公室工作，仆人说来了一个男孩儿要求面见绅士。于是男孩儿被叫了进来，这个男孩儿比卖火柴的男孩儿矮了一些，穿的更破烂。

"先生，对不起了，我的哥哥让我给您把零钱送来了。""你的哥哥呢？"绅士道。"我的哥哥在换完零钱回来找你的路上被马车撞成重伤了，在家躺着

呢",绅士深深地被小男孩儿的诚信所感动。

"走!我们去看你的哥哥!"去了男孩儿的家一看,家里只有两个男孩的继母在招呼受到重伤的男孩儿。

一见绅士,男孩连忙说:"对不起,我没有给您按时把零钱送回去,失信了!"绅士却被男孩的诚信深深打动了。当他了解到两个男孩儿的亲父母都双亡时,毅然决定把他们生活所需要的一切都承担起来。

 智慧箴言

在困难中依然能够坚守自己原则,依然能够做到诚信的人,一定能得到上帝的眷顾。遵守自己的承诺,也许,你会得到上帝意外的奖励。

 生活小常识

最奇特的树——羽毛球树

在我国中部及西南部的一些山区里,生长着一种低矮的小树木,每当十月果熟时节,远远望去,每株树上都挂满了一颗颗酷似羽毛球的果实,人们称它作羽毛球树。羽毛球树属于檀香科,虽只有1-3米高,但枝繁叶茂。其果实直径只有1厘米的左右,但每个果实顶端都长着四跟3-4厘米长的苞片,酷似羽毛球。据说,其果实可食。羽毛球树还是一种半寄生的植物,它的一部分根寄生在松、杉一类植物的根上。它自己生活需要的一部分养料就是靠吸收这些植物的养料而获得的。

快乐的小提琴手

适用作文主题

拾金不昧,内心无愧是快乐之源。

星期五的傍晚,一个贫穷的年轻艺人仍然像往常一样站在地铁站门口,专心致志地拉着他的小提琴。很多人情不自禁的放慢了脚步,时不时地会有一些人在年轻艺人跟前的礼帽里放一些钱。

第二天黄昏,年轻的艺人又像往常一样准时来到地铁门口。和以往不同的是，他还从包里拿出一张大纸，然后很认真地铺在地上，四周还用自备的小石块压上。做完这一切以后，他调试好小提琴，又开始了演奏，声音似乎比以前更动听更悠扬。

不久，年轻的小提琴手周围站满了人，人们都被铺在地上的那张大纸上的字吸引了，有的人还踮起脚尖看。上面写着："昨天傍晚，有一位叫乔治·桑的先生错将一份很重要的东西放在我的礼帽里，请您速来认领。"

过了半小时左右，一位中年男人急急忙忙跑过来，拨开人群就冲到小提琴手面前，抓住他的肩膀语无伦次的说："啊！是您呀，您真的来了，我就知道您是个诚实的人，您一定会来的。"

年轻的小提琴手冷静地问："您是乔治·桑先生吗？"

那人连忙点头。小提琴手又问："您遗落了什么东西吗？"

那个先生说："奖票，奖票"。

小提琴手于是就从怀里掏出一张奖票，上面还醒目地写着乔治·桑，小提琴手举着彩票问："是这个吗？"

乔治·桑迅速地点点头，抢过奖票吻了一下，然后又抱着小提琴手在地上疯狂地转了两圈。那是一张五十万元的奖票。

后来，有人问小提琴手："你当时那么需要一笔学费，为了赚够这笔学费，你不得不每天到地铁站拉提琴。那你为什么不把那五十万元的奖票留下呢？"

小提琴手说："虽然我没钱，但我活得很快乐；假如我没了诚信，我一天也不会快乐。"

智慧箴言

财富能让你过上好日子，然而用诚信换来的财富，只会让你在以后的人生中失去快乐，备受良心的煎熬。坚守你的诚信吧，它不是任何财富可以比拟的！

笑话碰碰车

柯立芝总统任期快要结束时，他发表了有名的声明："我不打算再干这个行当了。"记者们觉得话里有话，老是缠住他不放，请你解释为什么不想再当总统了。实在没有办法，柯立芝把一位记者拉到一边对他说："因为总统没有提升的机会。"

水手的诚信

适用作文主题
责任，诚信，坚守。

在 15 世纪里，荷兰的几个水手为了寻找一条属于自己的通往中国和东印度群岛的航线组织了一次探险航行。探险队起航前，荷兰的商人把一些准备和中国进行贸易交换的商品装上船。水手们肩负着重任，出发探险了。

水手们抵达北冰洋后，夏季已结束。探险船被冻结在冰水中，全体水手被迫登陆，他们在新地岛上修建了木屋，等待着春天的来临。在饥寒交迫的十分恶劣的环境中，有些水手因饥饿而患病，不幸死去。而其他水手，没有一个去动那批货物，那批货物全是舒适的服装、好吃的食物，本来可让水手吃饱穿好，但水手们却不去动他们。

由于船长期受冰块挤压，造成了船破损，冰雪融化后，水手们只得站在齐腰深的冰水中修船。在这从死神边挣扎逃出的绝望时刻，水手们仍带着商人托付的货物。水手们上岸后，首先就是把货物打开来晾干，因为他们想在好的状况下将货带回荷兰。

在剩下的日子里，水手们饥寒交迫。但是没有哪个去动货物。

一年多过去了。历尽艰险的水手终于回到了荷兰。水手们早已一无所有，但货物却完璧归赵。荷兰商人们看到这批完好无损的货物，都啧啧称赞水手。这些水手也受之无愧。他们身上所体现的使命感、忠诚感，这种道德的约束、良心的承诺，就是信用的力量，水手们在探险程中谱写了一曲诚实与信用的光辉篇章。

 智慧箴言

有时候，责任是比生命更崇高的一种坚守。试想，当你面对生命的考验的时候，你能守住良心的承诺吗？

第九章　好品德让你人见人爱

学习金手指

课下首先要做的不是做作业，而是把笔记、课本上的知识点先学好，该记的内容一定把它背熟。这样会大大提高你做作业的速度，即平常说的"磨刀不误砍柴功"。做作业时应该独立思考，实在不能解决的问题，再和同学、老师商量。问同学时，不要问这道题结果是什么，而是要问"这道题究竟怎么做？""这道题为什么这样做？"

在冠军和诚实中选择

适用作文主题
诚实，成功。

在华盛顿举办的美国第四届全国拼字大赛中，南卡罗来纳州冠军——11岁的罗莎莉·艾略特一路过关，进入了决赛。当她被问到如何拼"招认"（avowal）这个字时，她轻柔的南方口音，使得评委们难以判断她说的第一个字母到底是 A 还是 E。

评委们商议了几分钟之后，将录音带倒带后重听，但是仍然无法确定她的发音是 A 还是 E。

解铃还得系铃人。最后，主评约翰·洛伊德决定，将问题交给唯一知道答案的人。他和蔼地问罗莎莉："你的发音是 A 还是 E？"

其实，罗莎莉根据他人的低声议论，已经知道这个字的正确拼法应该是 A，但她毫不迟疑地回答，她发音错了，字母是 E。

主审约翰·洛伊德又和蔼地问罗莎莉："你大概已经知道了正确的答案，完全可以获得冠军的荣誉，为什么还说出了错误的发音？"

罗莎莉天真地回答说："我愿意做个诚实的孩子。"

当她从台上走下来时，几乎所有的观众都为她的诚实而热烈鼓掌。

第二天，有一篇报道这次比赛的短文：《在冠军与诚实中选择》。短文中写道，罗莎莉虽没赢得第四届全国拼字大赛的冠军，但她的诚实却感染了所有的观众，赢得了所有观众的心。

智慧箴言

比赢得冠军更可贵的是,赢了自己。面对冠军的诱惑选择诚实的人也许会与冠军失之交臂,但最终却能赢得无数人的心,那是比一个冠军的头衔更为耀眼的胜利!

好词好句

描写亲属的好词:高风亮节 光明磊落 无中生有 挑拨离间 小心眼儿

嫂嫂说话的声音,就像甘蔗的汁液一样清甜,一字字,一句句都带着心窝里的笑声。

三次逃票

适用作文主题
诚信,拒绝。

在德国,有一位中国留学生以优异的成绩毕业了。毕业以后,他去德国的大公司寻找工作。第一家公司拒绝了他,第二家公司拒绝了他,第三家公司还是拒绝了他。他一连找了20多家大公司,结果没有一家肯接收他。

他想:凭自己的博士文凭和优异成绩,找一家小公司应该没什么问题吧。但是,谁也没有想到,他找的一家小公司还是拒绝了他。这位中国留学生愤怒了!他对那家小公司的老板说:"请您告诉我,你们为什么要拒绝我?"

那位老板说:"对不起,先生。我们从网上找到了一份关于您的记录。记录显示,您在德国留学期间乘坐公共汽车,曾经逃过三次票。"

中国留学生吃惊地说:"逃三次票算得了什么?难道我的博士文凭还抵不过三次逃票吗?"

德国老板郑重地说:"是的!先生。我们知道您不缺文凭、不缺知识、不缺能力,但我们认为您缺了一样东西!正是您缺的这样东西,让我们德国人不敢聘用您。"

中国留学生听罢惭愧地低下了头。

智慧箴言

人无信不立,诚信是一个人做人的根本,如果没有诚信,那么不论你拥有多么好的条件,也不能赢得他人的欣赏与尊重。

文学常识

玉成　典出《西铭》(西晋张载),比喻为人成全好事。

口碑　典出《五灯会元》,比喻众人的口头称颂。

璧还　敬词,典出《左传·僖公二十三年》,指恭敬地退还别人的赠品,或指毫无损伤地归还借用别人的物品。

真理的殿堂里没有虚假

适用作文主题　作弊,诚实,真理。

皮尔斯是一个学识渊博、品格正直的老先生,一头白发总是梳理得整齐,每到上课的时候都穿着笔挺的西装,很庄重地走进教堂向大家问好,然后在黑板上开始经济学公式的演算。皮尔斯在课堂上时常穿插一些幽默的小故事,学生们常常被他逗得大笑。大家都亲切地称他为"和蔼的老头"、"幽默的老头"、"有教养的皮尔斯",因为从没有人见过他发过脾气。

有一次,在他的商业数学课上,他要大家做一套考试题,当堂交卷。可是,有一个学生抄袭了以前的作业,被皮尔斯发现了。皮尔斯宣布,这节商业数学课立刻停止,改为修养课。他站在讲台上,脸色苍白地说:"一定要诚实。我们来到哈佛的目的是为了追求真理,虽然通往真理的道路困难重重,但是只要诚实、认真、严肃地对待问题,你就有机会发现真理。如果有些同学在这里弄虚作假,他就永远也没有机会看到真理的光芒。请大家相信,真理的殿堂里没有虚假。"

皮尔斯站在讲台上足足讲了二十分钟,他的声音充满了正气,他讲的每一句话都震撼着在场的二十几位同学的心灵。当他讲完的时候,那位作弊的学生站起来,走到皮尔斯面前,深深地鞠了一躬,然后又怕惭愧又激动地说:"皮尔斯先生,谢谢您,这是我这二十几年来上的最有价值的一堂课,您教会

了我怎样做人。"

皮尔斯这时又恢复了亲切的表情，拍着那位同学的肩膀说："记住这句话，真理的殿堂里没有虚假。"

这时，教室里响起了雷鸣般的掌声。接着，所有的同学都从座位上站起来，向皮尔斯深深地鞠了一躬，向他表示感谢，因为他的演讲使每位同学都上了生动的一课。

 智慧箴言

真理的殿堂里容不下虚假。我们学习是为了获取知识，做一个有用的人，考试作弊是一种不诚实的行为，也是一种自我欺骗的行为，只会让你远离真理的光芒。

 生活小常识

最小的有花植物

太阳把塘水晒得暖洋洋的，一种形如细砂的水生植物，正忙着繁殖它的后代。直到每1平方米的水面，有一百万个它们的个体，还是不肯罢休。这就是最小的有花植物，饲养鱼苗的好饲料——无根萍。无根萍是浮萍的一种，它的个子太小了，长只有1毫米多，宽不到1毫米，比芝麻还小得多。无根萍的外形同一般萍很相似，它们上面平坦，底下隆起。顾名思义，这种植物是没有根的。有趣的是，这种微小的植物也有花，花当然更小，只有针尖般大。

无根萍以自己微小而带花的个体，给植物世界创造了"最小的有花植物"记录。

无人看管的面包圈

适用作文主题

自律，诚实，环境对人的影响。

这是一个关于面包圈的真实故事。20世纪80年代，美国有一个名叫保罗·费德曼的农业经济学家，他曾经领导一个研究所为美国海军分析武器开支。这个研究所的收入来源于各种各样的研究合同。每拿到一个研究合同时，费德曼总会买点儿面包圈分给大家，当做一种奖励。

后来费德曼渐渐养成了习惯，每到星期五都会在办公室里放一筐面包圈，让大家随便吃。办公楼里其他单位的员工知道了，有事没事也都过来拿几个面包圈。筐很快就见底了。费德曼只好下回多买些，最多的时候一周拿来100多个面包圈。

这样下去费德曼自己觉得很不划算。为了收回买面包圈的成本，他在面包筐旁放了一个空的用来装钱的篮子，上面标有建议价格。结果这个没人看守的收款篮收回了95%的面包钱。费德曼感到很高兴，认为自己验证了人们都能够通过道德自律。至于没有收回的5%，他相信只不过是有些人一时疏忽才没有付钱。

后来，费德曼决定辞掉研究所的领导职务，专门卖面包圈。费德曼开着车围着华盛顿的那些办公楼打转，用很简单的方式招揽生意：一大早，他将面包圈和一个用来装现金的篮子放在不同公司的食品间，等到午餐时再回来取钱和剩下的面包圈。

他的经济学家朋友都认为他疯了，因为根据"经济人"的说法，人们肯定会把面包圈统统偷走，他会赔得倾家荡产。可是费德曼自己却很有信心，按照自己的方法做了下去。出乎朋友们意料的是，尽管费德曼收回的钱没有在研究所里的多，可是也能达到87%的比例。几年后，费德曼每周将8400个面包圈送到140家公司。他赚的钱和原来当研究分析师时一样多。

卖面包圈的同时费德曼也不忘自己的经济学家本行，他把自己的生意当做一种经济学实验，详细地记录下每一份数据。费德曼发现。通过测算实际收入和售出面包圈应收款的差额，他可以很好地考查顾客的诚实度。他们会偷面包圈吗？是什么因素决定了有些人白拿、有些人付钱、有些公司的人比别的公司的人诚实？

数据表明，小公司的人要比大公司的人诚实。一个只有几十个员工的小公司付钱率通常比几百人的大公司高上3到5个百分点。这有些出乎费德曼的意料，因为他觉得越大的公司就会有越多的人围拢在面包篮子旁，也就有更多的目击者促使你把钱扔进钱箱。然而事实却不是这样。在较小的团体里，你如果做了一件不起眼儿的小事。马上就会尽人皆知，所以反而促使你谨言慎行。而在一个大公司里，即使你拿了面包圈不给钱，谁又知道你是谁呢？

这个道理也可以套用到社会上。农村的犯罪率要远远低于城市，这在很大程度上，是因为在农村犯罪会更容易让乡里乡亲的邻居全都知道，这就是环境对人们的道德所造成的影响。

基于观察，费德曼还认为土气是一个非常重要的因素。一个热爱工作、喜欢老板的员工会更诚实。至于在一个公司内部，费德曼则相信级别越高的人发生白吃现象的越多。

他曾经长期向一家分散在3个楼层的公司送面包。其中位于顶层的是管理层，楼下两层是销售、服务和行政的雇员。楼下收到的钱明显比楼上多。费德曼猜想，因为这些管理层的人员具有过分的控制欲，所以容易发生不诚实的行为。不过有人刻薄地说，也许不诚实正是这些人挤进管理层的原因。

数据同时反映出个人的心情也会影响诚实度。比如说天气就是一个主要因素。好天气能让人们付个好价钱。坏天气，比如刮风下雨时，人们则大肆白拿。

最有趣的则是节日也会影响人们付钱，有些节日让人变坏，有些节日则让人学好。圣诞节那一周付款百分比下降了2%，感恩节也不好，情人节那周也不怎么样。好的节日包括了7月4日（美国独立）、劳动节、哥伦布日。"9·11"恐怖袭击事件发生日时，人们表现得也相当不错。这些节日或纪念日之间的不同之处在哪里呢？费德曼发现，偷窃较少的节日是那些令人产生荣誉感的日子。偷窃较多的节日则是那些充满了焦虑和对所爱的人满怀期待的日子。

影响人们诚实有环境方面的因素，也有情绪方面的因素，但是让费德曼最为兴奋的不是他发现了人们为什么不诚实，而是在利益诱惑之下人仍然能够保持诚实。是的，有些人从他那儿偷面包，但绝大多数人即使在没有其他人在场时，或者阴天下雨、圣诞节的时候也没有白吃。

古希腊哲学家苏格拉底的学生格劳康曾经描述过这样一个故事：有一个正直纯朴的牧羊人在地洞里获得了一枚巨人的戒指，从此具有了隐身的能力。在没有人能够监视的情况下，原本诚实的牧羊人偷窃了珠宝，引诱了王后，杀死了国王。故事提出了一个道德问题：是否任何人都能抵挡邪恶的诱惑，尤其是当他知道这些行为并不会为人所发觉的时候？

费德曼找到了答案，人们可以做到诚实。至少在面包圈问题上，他有87%的把握。

第九章 好品德让你人见人爱

智慧箴言

人们可以做到诚实,因为人性里面的闪光点不会被金钱和私欲所控制,自律使我们产生荣誉感和诚信。同时通过故事我们也可以看出环境对人的影响,选择好的环境可以促使我们进步,差的环境会让我们松懈和堕落。远离不好的环境,不能离开时就严格的自律吧,你的诚信和品德有人看得见。

 笑话碰碰车

甲:如果莎士比亚现在还活著,一定会有很多人跑去瞻仰他。
乙:废话!谁不想看看一个活了四百多岁的人到底长什么样子。
甲:……

明道:孝顺无法等待

孝顺父母。

明道,原名林朝章,绰号西瓜,1980年2月出生。2004年,凭借在《天国的嫁衣》一剧中的精彩表现,获台湾电视金钟奖,一举成名。2005年饰演《王子与青蛙》一剧男一号,该剧一举打破《流星花园》创下的收视纪录。从此,明道成了无数少男少女心中的新一代偶像巨星。

紧接着,明道接拍了《星苹果乐园》《天使情人》《梦幻天堂》《樱野3加1》等一系列青春偶像剧,每出一剧,都轰动一时,接连创下收视新高。一时间,明道身上的耀眼星光,几乎无人可比。

然而,2007年9月,就在明道处在演艺事业最高峰的时候,他忽然宣布暂时退出娱乐圈。当时,台湾三立影视公司正在筹拍经典武侠剧《刀剑笑》,有意请明道出演男主角,明道婉言谢绝。

一时间,外界众说纷纭,所有人都感到不可思议,要知道,明道当时的片酬已经高达每集三十六万新台币,仅拒演《刀剑笑》一项,他的损失就已经达到一千五百万新台币。

这一次,明道整整退出娱乐圈达半年之久,在他演艺生涯的黄金时段。这对于当红明星来说,是不可思议的。这到底是为了什么呢?其中有什么隐

情吗？

2008年秋，明道参加安徽卫视《与爱同行共建家园》赈灾晚会时，道出了这次退隐事件的原委。

原来，2007年五月的时候，明道的母亲出了一场不大不小的车祸，所幸并无大碍，只是需要一段很长时间来逐步康复。而明道当时正在拍摄《樱野3加1》，几乎没有时间来陪母亲，一个月只能见上一两次。

有一天下午，明道抽空回来看望母亲。进了院门，发现母亲一个人蹲在花园中的草地上，摸索着什么。明道很奇怪，悄悄地来到老太太的身后。只见老太太眯着双眼，很仔细地在草丛中寻找着，忽然，她眼前一亮，从一棵芭蕉叶下捡起了一枚硬币。老太太满脸欣喜，用纸巾擦了擦，然后放进了口袋。明道很奇怪，抬头朝四周看了看，只见草地上散落着许多硬币，在阳光下闪着亮亮的白光。哪来这么多的硬币呢？明道很奇怪："妈，您在做什么啊？"老太太眯着眼，颤巍巍地站起来，一看是明道，嘿嘿地笑着："没什么，你回来了。"

老太太一脸的欣喜，拉着明道的手，不停地摩挲。

"妈，哪里来的这么多硬币啊？"

老太太显得有点儿不好意思："呵呵，没事。我一个人在家，不是闷得慌吗？吃过午饭，也没事干。日子久了，终于让我琢磨出了一个解闷的好办法。我找了一百枚硬币，然后站在花园里，闭上眼睛用力向四周一撒。然后，我再一枚一枚地找回来。老了，眼睛也不好使了，等我把这一百枚硬币找齐了。天差不多就黑了。这日子不就好打发了吗？"

听着听着，明道心里酸酸的难受不已，自己忙于事业，哪想到妈妈度过的是这般寂寞的时光啊！斜斜的夕阳，照着母亲单薄佝偻的身子，明道一阵心疼，眼泪落了下来。就在这时，明道下了决心，为了妈妈，暂时退出娱乐圈。

明道说："钱，可以再赚；但是孝顺，无法等待。作为子女，最关键的是当父母需要你的时候，你能陪在她的身旁。这种陪伴，是金钱买不来的，是保姆不能替代的。如果眼睁睁地看着一百枚硬币来陪伴母亲的晚年，这样的人，做人都不及格，还怎么做艺人呢！"

直到2008年，明道的母亲已经完全康复，开始了正常的生活以后，明道才重新开始了自己的演艺生涯。但是，只要一有机会，明道就会把母亲带在身边。

除了在电视里的精彩表现,更让我感动的是明道的退隐。虽然,退隐半年,明道的损失数以千万新台币,但是,明道是值得的。他获得的是一份浓浓的赤子之情,一份亿万观众由衷的敬佩之情。

 智慧箴言

有些东西我们是无法挽留的,比如时间。有些东西是我们该珍惜一生的,比如父母。古语说"树欲静而风不止,子欲养而亲不待。"当父母还在的时候,我们好好的爱他们,多一点时间陪他们。

 学习金手指

怎么应付练习和考试中做错的题?正确的方法是把原题抄到《备忘录》中,把正确的做法学会后,把做法和结果写到其他页上,如果能注上做该类题的注意事项,就会把你的学习效率又提高 30%－60%。之所以把答案或解释写到其他页上,就是为了下次看知识点或错误的题目时,再动动脑筋,想想该知识点的理解和解释情况,再练练该题的做法和答案。错误和失败并不可怕,只要你能正视它,一切都会成为你成功的动力。

幸福的真意

适用作文主题
品质,坚持自己的道德,创造幸福。

我在那不勒斯衰败的郊区认识一位老人,他经营一间家传的古董店。生意清淡,只能勉强维生而已。一天早晨,一位看起来很高贵的美国妇人走进店里,浏览了一会儿,便询问一对巴洛克式木质小天使的价格。店老板欧西尼随口报出一个高得吓人的价钱,那名妇人不假思索地便掏出皮夹,准备买下这对艺术品。我屏住呼吸。心中暗自替我这位朋友的好运拍手称庆。但我对欧西尼的了解显然还不够。他的脸顿时涨成紫红,慌乱不安地把客人请出门外:"不行,不行,夫人。真对不起,我不能把这对天使卖给你。"他一遍又一遍地对那目瞪口呆的妇人说:"我不能跟你做生意,你明白吗?"

那个观光客走了以后,他心平气和地解释自己方才的行为:"如果我在挨饿,我一定会收下她的钱。但我没挨饿,何苦做一笔一点意思也没有的生意呢?我喜欢讨价还价时的机智往来,两个人都互相想占对方便宜,各藏心机,唇枪舌剑。而她连考虑也不考虑,什么都不懂,甚至连假设我会占她便宜的起码尊严都不给我。如果我把这对东西用那么荒唐的价格卖掉,我就洗不掉骗子的骂名了。"无论在南意大利或世界任何地方,都很少有人会持这种态度做买卖,我相信,能像欧西尼那么热爱自己工作的人并不多见。

没有乐趣,人生还堪忍受,有时甚至也还算得上愉快。但这种愉快不会持久,要靠运气和外在环境帮忙。如果要控制经验品质。就必须学习从每天的生活中创造乐趣。

智慧箴言

人何时最幸福?幸福并非瞬间发生,也不受外在事件的操纵,而是取决于我们对外界事物的理解。

好词好句

描写同学的好词:友谊 友情 友好 团结 美好 美丽 怀念 回忆 互助

她是全校少先队的大队长,细高的个子,椭圆脸,弯弯的秀眉下闪动着一双清澈明亮的大眼睛。

第九章 好品德让你人见人爱

写作专题

情感类考场作文的写作

情感类作文，同学们一般能做到有话可说，有事可叙。不过，因其好写，便不假思索，演成千篇一律；因其好写，便滥调陈词，难求新颖之章。根据中考作文命题趋势来看，紧扣生活，突出对情感的感受和追求，已经成为了一个热点。

1999年、2000年全国的中考试卷中，这类以亲情、友情、师生情、家乡爱国情为重点的考题占到了20%，2001年占到了30%左右。而在中考作文的考场上，能够写出"真情实感"的实在不多，问题主要存在于四个方面：

一、容易俗套，情感普通

俗话说："宁吃鲜桃一口，不吃烂桃一筐。"作文也是这个道理。内容平平淡淡，都是"大路货"，就会缺少吸引力。如在以《关心》为话题的考场作文中，大部分同学写的是生病时，同学、老师或家长对自己的照顾；在《家里的故事》一文中，不少同学写的是洗衣、做饭等内容。这样千篇一律的题材自然难以写出感情，即使写出了感情，也难出新意。阅卷老师有腻味的感觉，评分当然就不会高了。这是中考作文中最为突出的一个问题。

二、角度太大，情感空泛

情感类作文，最重要的是要写出人物之间的情感，如果没有具体的事例是无法做到这点的。作文时，不少同学存在的问题就是切入角度太大。在一篇以"我与奥运"为话题的作文中，不少同学只是空喊口号，"关注奥运"，"热爱奥运"，却没有选取一些细小的事情来写开，那又怎能写出好文章来呢？在中考作文《谢谢您，老师》中，不少同学写到了自己与老师的交往，这样不是不行，问题是不少同学只是空泛地说老师关心、爱护我们，我们要感谢老师、报答老师，对老师关心我们的一些具体事实却视而不见，这类文章就只能落入"基本符合题意，有中心，条理比较清楚"一档了。

三、材料贪多，情感平淡

人物的情感往往要通过言语、动作、肖像、心理等来进行表现，我们不对事件详细地记叙，不对人物进行入微地刻画，是无法写出人物的情感的。那种对材料贪多求全的写法，只会造成内容平淡、主旨分散。在写作中考作文《谢谢您，老师》时，有些同学既写老师对自己学习上、生活上的关心，又写思想上受到的教育，还写老师带病坚持上课。表面上看似乎内容充实，其实每一件事都只是浮光掠影，根本无法展示人物之间的情感。

四、胡编乱造，情感造作

作文贵在情真，只有真挚的情感才能引起读者的共鸣，作为情感类话题作文在这方面的要求与一般作文有所区别，题目中一般都有"叙说真实故事"或"写出真情实感"之类的要求。一些同学不从生活中去仔细地思考，细心地回忆，选取最让自己感动的事情来展开，却随意胡编乱造，出现了内容虚假、矫情横生的局面。这类作文最让阅卷老师头痛，评分也往往偏低。如一位农村考生在《我的新发现》一文中说：八十岁的爷爷天天去健身房健身，七十岁的文盲奶奶，为了跟上时代兴致勃勃地去学外语，还能与外国人对话。这样的内容显然失实。

看来，如何掌握技巧，突破情感类话题作文的写作，是一个应该引起同学们重视的问题。要让文章达到事事述亲历、句句诉衷肠的效果，我们可以从以下三个方面入手：

一、材料求独特，情感出新意

真实的材料是写好情感类文章的基础。对中学生来说，真情的抒发首先应该建立在叙述自己最熟悉、最了解的亲人、朋友、老师等身上。当然，让我们印象深刻或感动的事也许很多，这就要求我们学会独辟蹊径，从众多的材料中把独特的内容写进自己的文章。如写《家里的故事》时，思路局限在生病、做饭、洗衣这一类事件上，就落入了俗套，写作水平较好的同学恐怕也难以写出二类文章。倘若我们从下面这些方面下功夫的话，可能就不同了。一位同学以《家庭"一把手"之争》为题，写的是妈妈不服爸爸这位家庭"一把手"，决定一显身手，挽回"家庭地位"的故事，文中有一种浓浓的家庭氛围，也有一种让人忍俊不禁的幽默情趣；《醉酒的爸爸》讲述的是爸爸当上干部之后的变化，作者把这种变化放在爸爸喝酒前后来展现，既新颖又深刻。这样的文章，一般可以评为二类文，语言、结构较好的话，完全可以评为一类文。《家庭之战》、《家丑外扬》、《为笑苦恼》、《小弟出丑》、《妈妈比较笨》、《老师认错》等都是考场上涌现出来的佳作。

二、角度求小巧，情感见真挚

摄像时，角度选得越大，照片中的人和景物就越不清晰；选取的角度越小，则越可以把人物的性情或景物的特征在细微之处淋漓尽致地展现出来，我们所说的"于细微处见真情"就是这个道理。角度为何还要"巧"呢？因为一个题材，可供立意的角度有很多，但并不一定每一个角度都能写好文章，只有选取最能拨动读者心弦的角度，才能让人心头一亮，看到事物精彩、引人的一面。如一位同学在《一碗面条》一文中，讲述的是妈妈生病时照样给我准备一碗面条的故事，作者透过一碗热气腾腾的面条，写出了一份感人的母爱；《一根红头绳》讲述的则是自己在家庭贫困时，老师在我生日那天送"我"一根红头绳作为礼物的故事，作者通过小小的红头绳，写出了一份让人感动的师生之情。这些考场作文，选取的事件有一个共同的特点，那就是角度小巧，于细微之处写出了真情。像《感动一瞬间》、《难忘那一声"谢谢"》、《一张纸条引出的故事》等文章都具有这一特点。

三、情节求曲折，情感显动人

中考作文一般只要求写五六百字，在情节上稍加用心，掌握一些"尺水兴波"的技巧，效果就会有了与众不同。一位同学在《那一刻我好幸福》一文中，写的是作者在中考前一天晚上，渴望在医院上晚班的妈妈能陪一陪自己的故事。文章中说："在这种关键时刻，我竟然无法得到父母的特殊关照，谁会想到，一个所谓的幸福之家还有着如此的不幸？"当考生无奈之时，妈妈回来了，而且回来了三次。第一回家取钥匙时，作者的"心凉了半截"，第二次回家是由于下雨回家取伞，当作者彻底失望时，不料，粗心的妈妈第三次出现在自己面前。一件小事写得波澜曲折，真实感人，鲜明地反映出了自己"怨——恨——爱"的过程。这样富有创新意识的文章，在中考作文中很受阅卷老师的青睐。情自心生，心诚则灵。同学们应该加大阅读量，拓展知识面，养成观察、感悟生活的习惯，正所谓"平时多积'粮'，考试不慌张"。写作时才能激情荡于胸中，珠玑露于笔下。

第十章

掌握好交往的技巧

　　自己的精力毕竟是有限的,当与朋友们畅谈时我们会获得很多有趣的知识和见闻,学到很多的道理。因此学会和掌握并良好地运用一些人际交往的技巧,知道为人处世的原则,这样在成长中,我们能避免弯路和错路,走得更加坚实。

酒肉战争

适用作文主题
交往技巧，柔胜刚。

法国的路易十一是欧洲15世纪最狡诈的君主。当英格兰的君主爱德华四世派军队跨越英吉利海峡争夺法国的领土时，法国国王考虑到自己的势力较弱，于是决定谈判解决。与一场费时耗资的战争相比，路易十一的最佳替代方案是与爱德华四世达成一个更安全的交易。于是，路易十一在1475年与英国国王爱德华签订了一个和平条约。答应先向英国支付5万克朗，并在爱德华的余生（事后证明这段日子很短）里每年支付5万克朗。为了敲定这笔交易，路易十一款待爱德华和英国军队整整两天两夜的宴乐狂欢。为了表示诚意，路易十一还委派波旁王朝的红衣大主教陪同爱德华玩乐。

当爱德华和英国军队晃晃悠悠地回到船上，结束了"百年大战"时，路易十一做了如下评论："我轻易地将英国人赶出了法国，而且比我父亲做得都容易：他是用军队把英国人赶走的，而我是用肉饼和好酒把他们赶走的。"

智慧箴言

强硬的外交手段不一定会得到想要的结果，不如以怀柔的政策来进行商谈，以最小的损失得到最大的收益。

好词好句

描写同学的好词：帮助 关心 鼓励 支持 相互 理解 信任 同情 信赖

进来的女学生穿一身布衣布裤，袖口补着一圈新布边，长裤的膝盖处已缝发白，显得有些寒碜。

不聪明但不可以不用心

适用作文主题
坚持，用心，发挥特长。

日本教育学家腾村研究证明：生活中，获得成功的人往往不是最聪明的人，但绝对是最用心的人。

十年以前，腾村特意做了一项这样的试验，他选择了两组十二岁的孩子在操场上做了一项简单的运动——跳绳，五分钟以后，其中一组被告知：你们做得很好，是因为你们都很聪明！另外一组在不同的地点也进行了相同的活动，而他们被告知：你们做得很好，是因为你们很用心！随后，又让两组成员分别进行投篮活动，在这个难度稍大的活动中，那组被表扬很用心的学生，虽然对于投篮把握得不是很到位，投中的次数也可谓屈指可数，但他们都热情地去迎接这份挑战。

而那组在跳绳活动中被表扬很聪明的学生，当老师宣布进行投篮活动时，他们愁眉苦脸，极不情愿地去完成这个投篮活动。

之后，又让这两组学生进行跳绳活动，那组被表扬很用心的学生的成绩提高了30%，而那组被表扬很聪明的学生的成绩相对于以前反而下降了20%。

再后来，腾村对这两组学生进行了十年追踪调查，结果是那组被表扬很用心的学生在生活中总能去尝试一些新活动，不断取得进步，由于他们培养了自己的多种兴趣，在高考填报志愿时，他们选择的专业也是朝着多元化方向发展。

而那些被表扬很聪明的孩子，平常做事总是局限在自己力所能及的范围内，不喜欢去挑战，很满足于现状。

最后，在高考填报志愿时，相对于第一组学生来说，明显呈现出单一化的特点。

当孩子们取得好成绩时，父母和老师都会去表扬他们，但假如过于注重成绩，孩子们就会得到错误的信息，反而不利于他们的成长。

不过，我们如果采用"你很用心"，而不是"你很聪明"，这一定程度上强调了他们所付出的努力，就能给予孩子们一个可以控制的变量，最后，也会收到意想不到的效果。

所以，生活中，我们再也不要抱怨自己不聪明，因为"你可以不聪明，但不可以不用心"。

智慧箴言

人生的成功多种多样，但有一点可以肯定，成功的人往往不是最聪明的，但一定是最用心的。机会对每个人都是平等的，关键在于你如何选择，如何发挥自己的特长，用心把自己最好的一面展示出来。

文学常识

心许　典出《史记·吴太伯世家》，心中暗自答应的意思。

三昧　典出《邯郸书目》，比喻深含的意思（多含褒义）。

洗耳　典出《琴操·河间杂歌·箕山操》（汉蔡邕），原指厌听世事，今比喻聆听、恭听。

猎豹的"共守原则"

适用作文主题
团队合作，遵守原则。

加拿大荒漠草原上，生活着一种白大角羊。

传说中，它们的一对大角能够带来好运，因此，遭到人类大量猎杀。为了生存，大角羊自身进行了"基因革命"，不但角越长越小，并移居到高耸、陡峭的山谷中生活，练就了一套特殊的爬山本领。

它们那特别的蹄子，可以紧密地钉着打滑的岩面，在陡峭的石壁上如履平地，疾步如飞，身上的毛色也变异成易于保护自己的黄褐色。除了盘旋在高空的金雕，能够叼走新出生的、体质羸弱的小大角羊外，陆地上的食肉动物，历来对它们"望羊兴叹"。

然而，有一次，一只小大角羊，独自跑到山谷下，不幸沦为一只饥肠辘辘的猎豹的点心。这只猎豹，从此落下了非大角羊不吃的毛病。天天蛰伏在山下，守候大角羊的踪影，甚至不顾"豹"命危险，追上嶙峋的山谷。猎豹

"顾嘴不顾命"的疯狂行为,原因是它们无意中发现大角羊肉是一道无比可口的美味。很快,附近的猎豹也发现了这个秘密。可怜的大角羊又多了一种凶猛、彪悍的天敌,成群结队的猎豹"潜伏"在山谷周围"豹视眈眈"、"守山待羊"。

聪明的大角羊当然不会"坐以待吃",每当遭遇劲敌猎豹的袭击,就撒开四蹄,左冲右突,向最最陡峭、嶙峋、崎岖的岩壁奔逃、躲避。令人奇怪的是,这个过程中,一贯群体捕猎、争食的猎豹,没有一只"横刀夺爱","半路杀出",而是一律安静地"隔山观斗"。这是为什么呢?对此万分好奇、匪夷所思的动物学家们经过多次观察、研究,终于找到了令人惊叹不已的答案:越是危急关头,大角羊选择逃生的路径,越是陡峭、险峻无比,犹如万丈深渊上的细细独木桥。而猎豹体积庞大,奔跑速度快,狭路上猛不丁跳出"第三者",另一只猎豹立马会因此而摔下悬崖、粉身碎骨。所以,猎豹们捕猎大角羊时,严格墨守一条原则:任何一只同伴追逐大角羊,直至它美美享受完战果,其余猎豹绝不干扰、抢夺。

智慧箴言

正是猎豹们的原则性,才避免了无谓的损失,把精力更多的放到捕猎上。这种团队公约,值得我们人类学习。

生活小常识

最高的树

如果举办世界树木界高度竞赛的话,那只有澳洲的杏仁桉树,才有资格得冠军。

杏仁桉树一般都高达 100 米,其中有一株,高达 156 米,树干直插云霄,有五十层楼那样高。在人类已测量过的树木中,它是最高的一株。鸟在树顶上歌唱,在树下听起来,就象蚊子的嗡嗡声一样。

这种树基部周围长达 30 米,树干笔直,向上则明显变细,枝和叶密集生在树的顶端。叶子生得很奇怪,一般的叶是表面朝天,而它是侧面朝天,象挂在树枝上一样,与阳光的投射方向平行。这种古怪的长相是为了适应气候干燥、阳光强烈的环境,减少阳光直射,防止水分过分蒸发。

王安石冷对"马屁精"

适用作文主题
辨别人才，应对小人。

博学多识、富有改革精神的王安石因提出变法主张，深受宋神宗信任，先任参知政事（副宰相），一年后又升任同中书门下平章事（宰相）。看上其权势想升官发财的人，对王安石极尽阿谀奉承之能事，然而由于王安石鄙视这些人，他们都没有捞到任何好处，到头来他们的梦想成了泡影。

有一个叫李师中的官员，原来政见与王安石不合，等到王安石权势渐大，李师中就在舒州（今徐州）花巨资让能工巧匠建了一座豪华的亭子，取名为"傅宕亭"。因为王安石曾在舒州做过官，后来又被封为舒国公。李师中这样做，是把王安石比作商朝国王武丁时期治国有方的良相傅说，对王安石可谓推崇备至了。

还有一个叫吴孝宗的官员，曾经极力诋毁新法，可是过了不久，他一反常态来了个一百八十度的大转弯，写了《巷议》十篇，呈送给王安石，内容是他编造的，说是街巷之间的百姓都在议论新法的好处。

王安石不为所动，根本不理这一套，认为这些人反复无常，对他们极表鄙视。

当时，还有邵阳（今湖南邵阳市）武冈县令郭祥正，为了官职升迁，他向神宗皇帝上奏章，对王安石大加颂扬，极尽溜须拍马之能事，并乞请天下大事听任王安石处理。

一天，宋神宗问王安石："你认识郭祥正吗？这个人才似乎不错。"王安石说："我在江东时认识他，这个人口才像纵横家，而行为轻浮浅薄，是个不可委以重任的人。"王安石接着问神宗："皇上，是不是有人举荐他？"

神宗拿出郭祥正的奏章给王安石看，王安石看后摇摇头笑了，他认为被这样阿谀奉承的人所颂扬，实在是莫大的耻辱。他态度坚决地向宋神宗表明像郭祥正这样的人万不可重用。

智慧箴言

在生活中，总是存在这样一类人：他们见风使舵，见利忘义，唯一信奉的原则就是利己主义；这样的人为达目的可以不顾尊严和良知。我们要警惕这种人，不要被花言巧语所欺骗，增强我们的辨别能力，寻找真正的朋友。

笑话碰碰车

有一次柏林空军俱乐部招待空军英雄，主客是著名的乌戴特将军。在敬酒时，一个士兵不小心将啤酒洒到了将军的光头上。冒失的士兵被吓得魂不附体。

整个会场顿时鸦雀无声。乌戴夫将军对正发抖的士兵笑道："老弟，你以为这是治疗我秃顶的有效方法吗？谢谢你的好意。来，干一杯！"

多一句赞美

适用作文主题
友善的态度，赞美的语言。

人们相互希望得越多，想要给予对方的越多……就必定越亲密。

几天前，我和一位朋友在纽约搭计程车，下车时，朋友对司机说："谢谢，搭你的车十分舒适。"这司机听了愣了一愣，然后说："你是混黑道的吗？"

"不，司机先生，我不是在寻你开心，我很佩服你在交通混乱时还能沉住气。"

"是呀！"司机说完，便驾车离开了。

"你为什么会这么说？"我不解地问。

"我想让纽约多点人情味，"他答道，"唯有这样，这城市才有救。"

"靠你一个人的力量怎能办得到？"

"我只是起带头作用。我相信一句小小的赞美能让那位司机整日心情愉快，如果他今天载了20位乘客，他就会对这20位乘客态度和善，而这些乘客受

第十章 掌握好交往的技巧

了司机的感染,也会对周遭的人和颜悦色。这样算来,我的好意可间接传达给1000多人,不错吧?"

"但你怎能希望计程车司机会照你的想法做吗?"

"我并没有希望他,"朋友回答:"我知道这种作法是可遇不可求,所以我尽量多对人和气,多赞美他人,即使一天的成功率只有30%,但仍可连带影响到3000人之多。"

"我承认这套理论很中听,但能有几分实际效果呢?"

"就算没效果我也毫无损失呀!开口称赞那司机花不了我几秒钟,他也不会少收几块小费。如果那人无动于衷,那也无妨,明天我还可以去称赞另一个计程车司机呀!"

"我看你脑袋有点天真病了。"

"从这就可看出你越来越冷漠了。我曾调查过邮局的员工,他们最感沮丧的除了薪水微薄外,另外就是欠缺别人对他们工作的肯定。"

"但他们的服务真的很差劲呀!"

"那是因为他们觉得没人在意他们的服务质量。我们为何不多给他们一些鼓励呢?"

我们边走边聊,途经一个建筑工地,有5个工人正在一旁吃午餐。我朋友停下了脚步,"这栋大楼盖很真好,你们的工作一定很危险辛苦吧?"那群工人带着狐疑的眼光望着我朋友。

"工程何时完工?"我朋友继续问道。

"6月。"一个工人低应了一声。

"这么出色的成绩,你们一定很引以为荣。"

离开工地后,我对他说:"你这种人也可以列入濒临绝种动物了。"

"这些人也许会因我这一句话而更起劲地工作,这对所有的人何尝不是一件好事呢?"

"但光靠你一个人有什么用呢?你不过是一个小民罢了。"

"我常告诉自己千万不能泄气,让这个社会更有情原本就不是简单的事,我能影响一个就一个,能两个就两个……"

"刚才走过的女子姿色平庸,你还对她微笑?"我插嘴问道。

"是呀!我知道,"他答道,"如果她是个老师,我想今天上她课的人一定如沐春风。"

智慧箴言

生活中的小摩擦总是让我们扫兴和生气，朋友没注意到我的体贴，同学对我说了重话我不开心等等，当这些不好的情绪袭来时，我们以宽容和友善的态度来化解，对人多一句赞美和肯定，我们也会收获周围反馈来的赞美和肯定。

学习金手指

修改病句要记住：遵原意，少改动。它的具体步骤和方法是划。用铅笔在病句上划出需要修改有部位，以便针对病因，进行分析、修改。改。运用修改符号，进行删、补、换、移。即删去多余及错误的词语、使句子简明。补上句子残缺成分，使句子完整。替换有关词语，使用词恰当。移前挪后，调整词语位置，使语序正确。对。把修改后的句子进行复查性质的校对阅读：看看是否通顺，有无新的语病产生，是否把说话人原先想说的意思表达清楚了。如果发现有问题，还得重改。

做个好领导的六字真言

适用作文主题
做人，倾听，完善自己。

开学第一天，教室里挤满来选修"领导"课程的学生，这一群两年后就会变成企业竞相争取的名校ＭＢＡ，心中难免兴奋地等待教授的出现。教室门被推开后，走进三个人，教授后面跟着一个年轻的陌生人，还有一位则是大家都认识的企业名人，年纪与教授相当，大约都在六十岁左右。

教授先介绍这位年轻的陌生人，说他是去年以第一名成绩毕业的ＭＢＡ学生；另外这位企业名人则是教授的高中同学，学历只有高中毕业。教授说他今天请这两位来宾分别用二十分钟来说明什么是"好的领导"，然后要同学写出这两人的差异何在。

毕业生在短短二十分钟内引用了五位名人的领导经验，包括通用电气的

第十章　掌握好交往的技巧

前CEO杰克·韦尔奇，英特尔的安迪·葛洛夫，管理学泰斗彼得·杜拉克等。听起来似乎这五人的领导方式便代表着好的领导。

年轻人讲完后，很有信心地将麦克风交到这位企业名人手中，企业家微笑说，他本来可以用六个字就说明"什么是好的领导"，他语气停顿了一下，"但是怕教授和同学说我在混水摸鱼，因此必须把六个字讲成二十分钟，希望大家未来不要学我把'领导'复杂化了"。

"在我四十年的职场岁月中，只是不断地想做到一个境界：那就是如何让别人在我的公司上班是出于'心'甘情愿，而非出于'薪'甘情愿。虽然只差一个字，我却练习了四十年。

"要做到'薪'甘情愿比较简单，有一套健全的管理制度就办得到，但要做到让别人'心'甘情愿，就必须要让员工从心底接受你，所以我才认为，领导没有什么大道理，就是'领导等于做人'这六个字而已。

"我把职场分成从什么都不懂、初级主管、中级主管、高级主管、老板五个阶段，为了把人做好，我不断在每一阶段练习一件事，因此总共要练习五件事，虽然只有五件事，但它们共花了我四十年的时间。

"在我自己刚毕业、什么都不会的时候，我练习的第一件事是：'少不多是'，也就是我从不会去问公司给的任务有多困难，我只问自己要如何去达成而已，练习久了，就会感觉到自己正快速地成长。

"后来自己变成了初级主管，我练习的第二件事是：'少说多听'，也就是可以听的时候我绝对不开口，让自己不断学习如何掌握重点与分析逻辑。练习久了，自然学会以后讲话只需讲重点的智慧。

"当自己成为中级主管后，我练习的第三件事是：'少我多你'，也就是多想到别人，少想到自己，凡事以别人的角度来想，练习久了，自然培养出更大的雅量。

"成为高级主管后，我练习的第四件事是：'少旧多新'，也就是我不再重复做已经成功做过的事，否则不可能有新的突破，练习久了，就会不断产生新的创意。

"最后当自己变成了老板，我练习的第五件事是：'少会多读'，也就是要求自己重新从什么都不会的阶段再开始要求自己，放空自己多阅读，书读多了，自然会看到自己还有很多本该谦虚的地方。"

老教授最后向学生解说道，他今天之所以安排一位没经验的管理者，与

一位有丰富经验的管理者来对比，主要目的是想让学生亲身感受一个简单的事实，若想将自己变成一位成功的领导者，那就请先要把人做好。自己都无法把人做好的人，要如何来领导别人？因为智慧都源自于怎么做人！

智慧箴言

想成为一个优秀的领导者，先要学会如何做人。领导的艺术和交往的艺术相辅相成。我们学会怎样与人相处，在相处中总结人际交往经验，在经验中我们与社会的关系逐渐的协调，也逐渐变得优秀和开心。

好词好句

描写同学的好词：批评 纯真 纯洁 珍贵 思念 想念 开心 快乐 有趣

"是……是我不小心打碎的。"陈昌群低着头，声音轻得像蚊子哼哼似的，往日的骄横气焰被抛到九霄云外。

人际交往的金钥匙

适用作文主题
幽默是人际交往的必备品。

交往从第一印象开始，幽默的人容易给人留下良好的第一印象，自然也不难吸引别人的交往热情。

第一次交往，多少有些陌生感，幽默能使陌生感很快释然。美国著名演说家罗伯特有许多朋友，其中不少是无名之辈，他们同他首次见面时，总是有些拘谨。有一次，罗伯特60岁生日，许多朋友去看他，有人见他头秃得厉害，就劝他不妨戴顶帽子。罗伯特回答说："你们不知道光头有多好，我是第一个知道下雨的人！"这句幽默的话一下使聚会的气氛变得轻松起来。人们所以喜欢同罗伯特交往，不仅因为他是个极有才华的人，而且也因为他的幽默能使第一次交往就成为朋友的欢聚。

幽默还是信任之桥的建设者。美国大众心理学家特鲁·赫伯在他的著作中引用过一件轶事：

林肯总统在会见某国总统时，还没有握手就谈笑风生："啊，原来我的个子还没有你高,怎么样,当总统的滋味如何?"

那位总统有点拘束,说:"你说呢?"

"不错,像吃了火药一样,总想放炮。"

这段对话使两位总统间的猜疑、戒备之心立刻消失了,以后的会见完全是在信任、坦率的气氛中进行的。

一般说来,幽默的人比较豁达大度,不大计较别人的一言一行,对方与之交往的心理压力比较小,因此,信任的建立相对比较容易也就不奇怪了。

人际交往中之中,有时难免会有尴尬的场面发生,幽默是化解困镜的最好方式。一次,一位作家在家中宴请几位朋友,不知为什么缘故,几位客人激烈在争论了起来,情绪越来越激动。这位主人为了平息餐桌上的争论,于是提了一个十分意外的问题:"诸位,刚才是一道什么菜?大概是鸡?""是的,"一位客人答道。"一定是公鸡!"主人一本正经地说。"原来是鸡作崇,难怪大家要斗起来。"说完他举起酒怀:"来点灭火剂吧,诸位!"干戈顿时化为玉帛,一场餐桌上的征战偃旗息鼓了。

犹如一桌美菜佳肴能激发人的食欲一样,幽默风趣的态度,也是唤起别人交往热情的"味精"。有一次,特鲁·赫伯去看望一位病人,这个人已在病床上躺了3年。赫伯问他每天都吃点什么,他笑着说:"在这儿会挨饿吗?我每天都要用叉子来吃药。"病人同赫伯讲了一连串发生在病房里的笑话,使在座的人都忍俊不禁。医生告诉赫伯,这病人刚来时,他们以为他活不到年底,现在却要痊愈出院了。或许是他的那些笑话帮了他的大忙。后来,这位病人出院时,同室病友依依不舍地对他说:"你一走,我们都要死了。"他却回答:"不会,倘若你们死了,医生也活不了,他们上哪儿去收医院费?"真是三句不离幽默。然而,正是幽默使他成了一个大受欢迎的人。

心里学家凯瑟琳说过:"如果你能使一个人对你有好感,你就有可能使周围的每一个人甚至是全世界的人,都对你有好感。需要你不只是到处与人握手,而是以你的友善、机智、幽默去传播你的信息,那么时空距离就会消失。"

用幽默打开交往之门,或许你就不需要其他的钥匙了。

智慧箴言

当我们来到一个全新和陌生的环境中,不要害怕和羞涩,用你的善意和幽默去开拓新的交际圈,不久你又获得新的朋友和关注了。

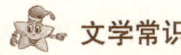 **文学常识**

斧正　典出《庄子·徐无鬼》,指请人修改自己的作品,也作"斧正"。

抱璞　典出《韩非子·和氏》,比喻坚持美德(也有作怀才不遇之意)。含贬损之意的。

沉默的代价

适用作文主题
言谈,表情。

以前有位同事得到的年终评语是:业务出色,态度认真。以后在表达上需要再接再厉。

原来他什么都好,就是终日寡言少语,再加上一脸肃穆表情,给人一种捉摸不透的感觉。既然摸不透,就要多加防范。因此只要他在场,空气就格外凝重。

话太少,会吃大亏。进公司三年,眼看着其他同事纷纷升职,惟有他原地踏步。原因其实很简单,所有的人都以为他是空气。如果不是想到他正在操办的项目,老板根本就想不起还有这个人。开会的时候,吃饭的时候,上班的时候,闲暇的时候,所有的人都在七嘴八舌地闲话,惟独他在角落里沉默。最绝的一次是公司组织集体活动,老板数来数去发现少了一个人。这一次他说话了:还有我。

在大公司做事,会因为许多稀奇古怪的事而伤心。英文不好要伤心,学历不漂亮要伤心,长得丑要伤心,说话不懂得轻重要伤心,话太少就更要伤心了。

伤心也是活该,谁让你没顾及别人的心情呢?所有的人都在讲笑话,只有你木着脸。是你觉得这个笑话太低俗吗?是你和讲笑话的人有过节吗?是你对这种氛围很反感吗?或者是你自觉高人一等?

莫名其妙,让人生了这么多芥蒂,恐怕这是话少的人绝对想不到的。

最近遇到一个保险公司的高级代表,才28岁,就已经做到华东区销售总监的职位。接触下来,我感觉到她最大的制胜法宝就是话多。和我刚认识10

分钟,她已经从她老公手机上的可疑短信讲到她最近在看的中医门诊,并且热情地把号码抄给我,让我有备无患,说不定什么时候能介绍给自己的朋友。"帮人就是帮己嘛!"她还不忘剖析自己,"我这个人,智商不高,但情商挺好,人家和我呆在一起时总是挺开心的。"的确如此,她的许多客户如今都成了她的朋友。

正在就读MBA的老同学如今主攻的就是"表达自己"。他的老师不仅逼着他们大声说出自己的观点,并且鼓励他们站起来说,甚至站在桌子上挥着手臂说。如果不说,就不给学分。一向不喜欢在课堂上回答问题的他,为了对得起高昂的学费,只好向自己宣战。

若想获取别人的认可,那就先改造自己吧。如果连这点努力都不愿付出,又怎么能奢望什么成就什么光环呢?

 智慧箴言

言语的力量是很强大的,适时的表达自己,会让我们活的更好的关注,打开新的局面,交到更多的朋友。所以大胆的表现自己,大声地说出自己吧!

 生活小常识

最矮的树

一般的树木能长到20—30米高。在温带的树林下,生长一种小灌木,叫紫金牛,绿叶红果,人们都很喜爱它,常常把它作为盆景。它长得最高也不过30厘米,因此,大家给它起一个绰号,叫它"老勿大"。其实"老勿大"比起世界最矮的树来,要高6倍。这最矮的树叫矮柳,生长在高山冻土带。它的茎匍伏在地面上,抽出枝条,长出象杨柳一样的花序,高不过5厘米。如果拿杏仁桉的高度与矮柳相比,一高一矮相差15000倍。与矮柳差不多高的矮个子树,还有生长在北极圈附近高山上的矮北极桦,据说那里的蘑菇,长得比矮北极桦还要高。

摸清顾客的心理

适用作文主题

说话技巧，掌握顾客心理。

在美国零售业中，有一家很有知名度的商店，它就是彭奈创设的"基督教商店"。彭奈常说，一个一次订十万元货品的顾客和一个买1元沙拉酱的顾客，虽然在金额上相去甚远，他们对店主的期望却是一样，那就是希望货品"货真价实"。

彭奈对"货真价实"的解释并不是"物美价廉"，而是什么价钱买什么货。彭奈的第一个零售店开业不久，有一天，一个中年男子来店里买搅蛋器。店员问："先生，你是想要好一点的，还是要次一点的？"那位男子听了有些不高兴："当然是要好的，不好的东西谁要？"

店员就把"多佛牌"搅蛋器拿出来给他看。男子问："这是最好的吗？"

"是的，而且是牌子最老的。"

"多少钱？"

"120元。"

"什么！为什么这么贵？我听说最好的才几十元。"

"几十元的我们也有，但那不是最好的。"

"可是，也不至于差这么多钱呀！"

"差的并不多，还有十几元钱一个的呢。"

男子听了店员的话，马上面现不悦之色，想立即掉头离去。彭奈急忙赶了过去，对男子说："先生，你想买搅蛋器是不是，我来介绍一种好产品给你。"

男子仿佛又有了兴趣，问："什么样的？"

彭奈拿出另外一种牌子的搅蛋器，说："就是这一种，请你看一看，式样还不错吧？"

"多少钱？"

"54元。"

"照你店员刚才的说法，这不是最好的，我不要。"

"我的这位店员刚才没有说清楚，搅蛋器有好几种牌子，每种牌子都有最

第十章 掌握好交往的技巧

好的货色,我刚拿出的这一种,是同牌中最好的。"

"可是,为什么比'多佛牌'的差那么多钱呢?"

"这是制造成本的关系。每种品牌的机器构造不一样,所用的材料也不同,所以在价格上会有出入。至于'多佛牌'的价钱高,有两个原因,一是它的牌子信誉好,二是它的容量大,适合做糕饼生意用。"彭奈耐心地说。

男子脸色缓和了很多:"噢,原来是这样的。"

彭奈又说:"其实,有很多人喜欢用这种新牌子的,就拿我来说吧,我就是用的这种牌子,性能并不怎么差。而且它有个最大的优点,体积小,用起来方便,一般家庭最适合。您家有多少人?"

男子回答:"5个。"

"那再合适不过了,我看你就拿这个回去用吧,担保不会让你失望。"

彭奈送走顾客,回来对他的店员说:"你知道不知道你今天错在什么地方?"

那位店员愣愣地站在那里,显然不知道自己错在哪里。

"你错在太强调'最好'这个观念,"彭奈笑着说。

"可是,"店员说,"您经常告诫我们,要对顾客诚实,我的话并没有错呀!"

"你是没有错,只是缺乏技巧。我的生意做成了,难道我对顾客有不诚实的地方吗?"

店员默不作声,显然心中并不怎么服气。

"我说它是同一牌子中最好的,对不对?"

店员点点头。

"既然我没有欺骗顾客,又能把东西卖出去,你认为关键在什么地方?"

"说话的技巧。"

彭奈摇摇头,说:"你只说对一半,主要是我摸清了他的心理,他一进门就说要最好的,对不?这表示他优越感很强,可是一听价钱太贵,他不肯承认他舍不得买,自然会把不是推到我们头上,这是一般顾客的通病。假如你想做成这笔生意,一定要变换一种方式,在不损伤他的优越感的情形下,使他买一种比较便宜的货。"

店员听得心服口服。

智慧箴言

　　交往中了解对方的心理是很重要的，这样我们就知道怎样的话题和谈话方式最适合对方，营造轻松愉悦的话题，让我们又多一个朋友。

 笑话碰碰车

　　普希金年轻的时候并不出名。有一次，他在彼得堡参加一个公爵家的舞会。他邀请一位年轻而漂亮的贵族小姐跳舞，这位小姐傲慢地看了普希金一眼，冷淡地说："我不能和一个小孩子一起跳舞。"普希金没有生气，微笑地说："对不起！亲爱的小姐，我不知道您正怀着孩子。"说完，他很有礼貌地鞠了一躬，然后离开舞厅。

长白山上的树

适用作文主题
　　低调，基础，竞争。

　　长白山是一座死火山，山脚下土层厚的地方森林茂密，但是随着海拔的增加，覆盖山体的便都是黑色的火山石和白色的火山灰了。恶劣的生存环境，使高大的乔木，甚至是灌木都望而却步了。

　　但站在海拔400米向上望去，竟有一片片火样的颜色。向上攀登时，我才发现，那是一种成片的矮小植物正在绽放的花朵。

　　当地人告诉我，这种开花的植物叫做高山杜鹃。

　　我仔细观察这些高山杜鹃，它们只有几厘米高，它们几乎是贴着地面生长。虽然它们的生长环境是没有养料的火山岩，但那花朵却如一团团火焰在迎风怒放，高山杜鹃生机勃勃，比山下的高大树木更加盎然。管理人员告诉我，高山杜鹃之所以能在寸草不生的碎岩上生存，并绽放成一道美丽风景，最根本的原因是矮小，它们的植株只有几厘米，这达到了木本植物的极限。这使它们对养料的需求也达到了极限。而且，山上可以吹折树木的强风也不会波及到这些矮小的植物。

所处位置越高，处世态度越要低调。虽说高处不胜寒，但高处仍然有风景，我想，这其中的玄机值得玩味。

长白山脚下，锦江大峡谷边的原始森林里，有许多倒下的大树，游人见此，均感奇怪：这么粗壮高大的树怎么会轻易倒下呢？

一位导游这样解释：这些大树的问题是出在树根上。一棵树的生长，不只是地上部分的生长，上面生长的同时，地下的根系也要随之生长。地上与地下的生长是成正比的，可以这样说，地上的树有多高，地下的根就有多长，只有地下的根系发达，才能为地上的枝干提供足够的水分、养料，也才会有足够的力量支撑地上的部分。倒下的这些树，都是根系不发达，根扎得不够深的树。这样，大的风雨袭来，它们便会轰然倒下，并且，如果根基不牢，越高大的树，就越容易倒下。

我看了看那倒下的大树的树根，果然如他所说。

所有的事物都依赖于根基，根基不牢，再恢宏的伟业也会在一瞬间回归到零。

在长白山茫茫林海中穿行，常看到这样一个奇怪的现象，稀疏生长或独自生长的树木，树身都不会太高，而且它们的枝干也弯曲不直。但成片的树木则每一棵都高大挺拔，从不旁逸斜出。

阳光、水分是树木生存发展必需的条件，按这个生存法则，占有阳光、空间多的树木一定会比那些只顶着头上巴掌大一块天的树木要长得好。但为什么生存环境优裕的树木反而没有环境恶劣的树木高大挺拔？正在我迷惑不解时，一个当地人这样说，树也如同人一样，稀疏的树木因为没有竞争存在，就懒散着随意生长，这往往使它们长得奇形怪状，最终不会成材；而长在一起的树木，每个个体要想生存，就必须让自己长得高大强壮，这样才能争得有限的阳光、水分等生存资源，从而存活下来。最终它们长成了令人敬佩的栋梁之材。

竞争，往往是让生命自强不息、锻炼成才的最好方法。

 智慧箴言

长白山的三种树木，恰似人类的生存状态。为人处事中，我们要力争上游，但要保持低调，不要过于招摇。做事、求学我们要打好基础，不要被表面风光所诱惑，这样在压力来临时，我们依然挺拔。不要惧怕竞争，有竞争才有进步，好胜心能激起我们的潜能，让我们更上一层楼。

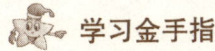 学习金手指

> 修改病句要记住：遵原意，少改动。它的具体步骤和方法是：读。读懂原句，揣摩说话人本来想说的是什么意思。然后找准病因，辨清病句的类别，是用词不当、成分残缺、搭配不当、重复累赘、词序颠倒、自相矛盾，还是分类不当。

让邻居家的狗闭嘴

适用作文主题

处理人际矛盾，礼貌带来善意。

因丈夫托比工作变动，我们一家需要搬迁到南非的德班市居住。我们首先物色房子，发现一个荷兰人家庭刚刚居住过的房子十分不错，户型合理，采光充足，离丈夫的工作单位较近。我们租下了这幢房子。我们一家都很高兴。

当我们搬进去之后，才明白那个荷兰人家庭为什么要搬走：隔壁邻居家的狗每天晚上都不停地叫。确切地说，这条狗整夜都在叫唤。如果夜晚天不是很黑，它会冲着各种影子咆哮：它看到星星吠叫，看到月亮也叫唤；如果天黑得不见一丝亮光，它又会像一个怕黑的胆小鬼一样不安地悲号不已；如果有人经过，它会扯起嗓子怒吼，"汪汪汪"，对别人破坏了它的安宁表示强烈不满；如果夜深人静，它又会孤独地发出呜咽。

一连几个晚上，我都无法入眠。托比抱怨说："我躺在床上都不敢翻身，生怕弄出响动被那条该死的狗听到，那样它就会变本加厉地吼叫。"我不知道该说什么好，只是屏住呼吸，听女儿们有没有睡着。但是我听到的只有那只狗没完没了的叫声。

在我们以前住的地方，晚上偶尔也会听到一两声狗叫，但是没有大碍，完全可以置之不理。然而，这只狗总是不停地叫，实在闹心得很。我们有两个女儿，她们需要充足的睡眠。现在看来，前景十分悲观。

我设法与那个荷兰人家庭取得了联系。"那只狗是一个大问题，"那家的

第十章 掌握好交往的技巧

主妇听完我说明情况后告诉我,"我曾经和那家人交涉过,我说请让你家的狗闭嘴吧,它吵得我们的孩子无法睡觉。但是,那家人素质太低,根本不采取任何措施。我们搬走,原因就是那条狗。"

狗每晚还是不停地叫。

我们一家人都在忍受。

我开始思考那个荷兰人家庭为什么会交涉失败。我把在我们家做事的老伯叫到身边。"阿基利,"我说,"你岁数大,有生活经验,你能告诉我有什么办法让隔壁家的狗晚上不再叫唤吗?"

"带上一点儿礼物去看望邻居家的主妇,"阿基利说,"她不是傻子,会明白你的来意的。"

"什么样的礼物?"我问。

"不在于礼轻礼重,有什么拿什么。"阿基利建议道,"你不是养了鸡吗?"

"你是说让我带上一些鸡蛋?"我问。

"正是。"阿基利说,然后又补充道,"夫人,你必须按照我教你的去说。"

我在一只小竹篮里装了一些鸡蛋,敲响了邻居家的门。邻居家的主妇愉快地欢迎我的来访。我送上了鸡蛋。"远亲不如近邻,我很关心你们家的情况,"我按照阿基利教我的去说,"你家是不是遇到了什么麻烦事?我们听到你家的狗整夜都在叫唤,需要我们帮忙吗?"

邻居笑着收下鸡蛋。她对我的关心表示感谢,并说她家没有什么麻烦事。

回到家后,我对这种方法是否奏效心存疑虑。然而,从此以后,邻居家的狗真的不再叫唤了。后来,我们两家一直友好相处,关系亲密得像是一家人。那只狗见到我们总是亲热地大摇尾巴,白天的时候它偶尔也会叫几声,但晚上绝对保持安静。

邻居相处,尽量保持客气礼貌是唯一的睦邻之道。若和邻居有了一次争执,以后什么事都可能成为吵架的由头,结果就会闹得鸡犬不宁。所以,遇事忍一口气,大事化小,小事化了。忍无可忍了,也要把"尽量保持客气礼貌"当作是一种解决问题的方式。

智慧箴言

尽量保持客气礼貌,可以赢得别人的好感,提升我们在他人心中的形象。良好的形象能够化解和避免不必要的麻烦和摩擦。

好词好句

描写同学的好词：风趣 幽默 安慰 温暖 情谊

正当我六神无主的时候，汪群毫不犹豫地把橡皮擦推过来，用真挚的目光望着我。

给自己找个天敌

适用作文主题
竞争，目光长远。

父亲在宇华居民小区租了两间门面房，开了个烩面馆。

起初家人都反对父亲开这个烩面馆，因为那个小区已经有了一家"正宗烩面馆"，也是刚开业不久。父亲笑了笑，说生意是靠人做的。看到父亲心意已决，家人也就不再说什么。让人不明白的是，父亲租的两间门面房紧邻"正宗烩面馆"，且挂了个"不正宗烩面馆"的牌子。这么一来，不单是家里人，连亲戚朋友都说，父亲真是老糊涂了。

谁也没想到，父亲的"不正宗烩面馆"的生意竟越来越好。每到吃饭的时间，顾客盈门，应接不暇。旁边的"正宗烩面馆"则门可罗雀，冷冷清清。看来父亲真是经营有方啊！我心里这才松了一口气。

大家都劝说父亲，要他把"正宗烩面馆"兼并过来，合二为一，扩大经营。恰巧，"正宗烩面馆"的老板也不准备经营了，想把店铺转让出去。父亲不但没有采纳大家的建议，而且还做出了一个让众人都瞠目结舌的举动：父亲劝阻"正宗烩面馆"的老板转让店铺！

更让大家不明白的是，父亲还帮"正宗烩面馆"的老板查找原因，出谋划策，让他搞好店内卫生，让他培训服务员微笑，甚至提出要借给他一部分流动资金……总之一句话，千方百计想方设法让他继续经营下去。

当然，我也不理解父亲的做法。我忍不住说："爹，都说同行是冤家，你怎么还拿对方当'亲家'呢？"

父亲诡秘一笑，说这一手是从中央电视台的《动物世界》里学的。

我迷茫半天，说："这哪跟哪啊？八竿子都打不着。"

父亲说商界和动物界一样，适当有一些"天敌"会更有助于活下去。

父亲给我解释，说小区里有两家烩面馆，能给顾客创造比较和优中选优的环境。只有通过比较，顾客才知道咱的烩面馆好。如果没有了比较，他们咋知道咱的烩面馆好？如果他们跑到其他地方的烩面馆吃饭，咱的店就危险了。

我说："咋危险了？"

父亲说："咱的烩面馆也不是完美无缺，假如别的地方有比咱好的烩面馆，咱的生意不就完了？"

我点头称是，想不到做生意还有这么多学问。

父亲又说："若是'正宗烩面馆'不干了，只剩下'不正宗烩面馆'，有人看到这里有生意可做，再开一家烩面馆，搞不好对手比咱更强，咱的烩面馆还能干下去？"

我豁然开朗，对爹佩服得五体投地，心说："姜还是老的辣啊！"

  智慧箴言

目光长远的人不会因眼前的小利而忽略大局，合理的面对竞争；竞争让人成长，保持斗志。避免我们在松懈的状态下止步不前，面对突然出现的挑战时措手不及而败下阵来，最好的方法是给自己找个"天敌"。

  文学常识

染指　典出《左传·宣公四年》，比喻沾取不应得的利益。
射影　典出《苦热行》（南朝宋鲍照诗），比喻说此喻彼，别有用心。
掣时　典出《吕氏春秋·具备》，比喻办事受牵制，不顺利。

抱抱法官

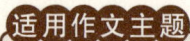
适用作文主题
善意，拥抱，爱心。

李夏普洛是个已经退休的法官，他天性极富爱心。终其一生，他总是以爱为前提，因为他明了爱是最伟大的力量。因此他总是拥抱别人。他的大学同学给他取了"抱抱法官"的绰号。甚至车子的保险杠都写着："别烦我！拥抱我！"

大约6年前，他发明了所谓的"拥抱装备"。外面写着："一颗心换一个拥抱。"里面则包含30个背后可贴的刺绣小红心。他常带着"拥抱装备"到人群中，借着给一个红心，换一个拥抱。

李因此而声名大噪，于是有许多人邀请他到相关的会议或大会演讲；他总是和人分享"无条件的爱"这种概念。一次，在洛杉矶的会议中，地方小报向他挑战："拥抱参加会议的人，当然很容易，因为他们是自己选择参加的，但这在真实生活中是行不通的。"

他们要求李是否能在洛杉矶街头拥抱路人。大批的电视工作人员，尾随李到街头进行探访。首先李向经过的妇女打招呼："嗨！我是李夏普洛，大家叫我'抱抱法官'。我是否可以用这些爱心和你换一个拥抱。"妇女欣然同意，地方新闻的评论员则觉得这太简单了。李看看四周，他看到一个交通女警，正在开罚单给一台BMW的车主。李从容不迫地走上前去，所有的摄影机紧紧跟在后面。接着他说："你看起来像需要一个拥抱，我是'抱抱法官'，可以免费奉送一个拥抱。"那女警接受了。

那位电视时事评论员出了最后的难题："看，那边来了一辆公共汽车。众所皆知，洛杉矶的公共汽车司机最难缠，爱发牢骚，脾气又坏。让我们看看你能从司机身上得到拥抱吗？"李接受了这项挑战。

当公车停靠到路旁时，李跟车上的司机攀谈："嗨！我是李法官，人家叫我'抱抱法官'。开车是一项压力很大的工作哦！我今天想拥抱一些人，好让人能卸下重担，再继续工作。你需不需要一个拥抱呢？"那位六尺二、二百三十磅的公车司机离开座位，走下车子，高兴地说："好啊！"

李拥抱他，还给了他一颗红心，看着车子离开还直说再见。采访的工作人员，个个无言以对。最后，那位评论员不得不承认，他服输了。

一天，李的朋友南西·詹斯顿来拜访他。她是个职业小丑，身着小丑服装，画上小丑的脸谱。

她来邀请李带着"拥抱装备"，一起去残疾之家，探望那里的朋友。

他们到达之后，便开始分发气球、帽子、红心，并且拥抱那里的病人。李心里觉得很难过，因为他从没拥抱过临终的病人、严重智障或四肢麻痹的人。刚开始很勉强，但过了一会儿，南西和李受医师和护士的鼓励之后，便觉得容易得多了。

数小时之后,他们终于来到了最后一个病房。在那里,李看到他这辈子所见过情况最糟的34个病人,顿时他的情绪变得十分复杂。他们的任务是要将爱心分出去,点亮病人心中的灯火,于是李和南西便开始分送欢乐。此时整个房间挤满着被鼓舞的医护人员。

他们的领口全贴着小红心,头上还戴着可爱的气球帽。

最后李来到最后一个病人李奥·纳德面前。李奥穿着一件白色围兜,神情呆滞地流着口水。李看他流着口水时,对南西说:"我们跳过去别管他吧!"南西回答:"可是他也是我们的一分子啊!"接着她将滑稽的气球帽放在李奥头上。李则是贴了一张小红心在围兜上。他深呼吸一下,弯下腰抱一下李奥。

突然间,李奥开始嘻嘻大笑,其他的病人也开始把房间弄得叮当作响。李回过头想问医护人员这是怎么一回事时,只见所有的医师、护士都喜极而泣。李只好问护士长发生什么事了。

李永远不会忘记她的回答:"23年来,我们头一次看到李奥笑了。"

让别人的生命有一点不同,有一点亮光是何等简单啊!

智慧箴言

释放自己的善意,让周围的家人朋友感受到你的关心,并且不吝啬对陌生人也伸出善意的手,这样的你是让人喜欢和敬佩的。

 生活小常识

最粗的树

在欧洲有这样一个有趣的传说:古代阿拉伯国王和王后,一次带领百骑人马,到地中海的西西里岛的埃特纳山游览,忽然天下大雨,百骑人马连忙躲避到一颗大栗树下,树荫正好给他们遮住雨。因此,国王把这颗大栗树命名为"百骑大栗树"。

据国外1972年报道,在西西里岛的埃特纳山边,确有一颗叫"百马树"的大栗树,树干的周长竟有55米左右,需30多个人手拉着手,才能围住它。树下部有大洞,采栗的人把那里当宿舍或仓库用。这的确是世界上最粗的树。

闭上鸟嘴，从头再来

适用作文主题
　　沉默，鉴别敌友。

　　一只小鸟正在飞往南方过冬的途中。天气太冷了，小鸟冻僵了，从天上掉下来，跌在一大片农田里。它躺在田里的时候，一只母牛走了过来，而且拉了一泡屎在它身上。冻僵的小鸟躺在牛屎堆里，发现牛粪真是太温暖了。牛粪让它慢慢缓过劲儿来了！它躺在那儿，又暖和又开心，不久就开始高兴地唱起歌来了。一只路过的猫听到了小鸟的歌声，走过来查个究竟。顺着声音，猫发现了躲在牛粪中的小鸟，非常敏捷地将它刨了出来，并将它给吃了！

　　这个故事的寓意是……

　　不是每个在你身上拉屎的都是你的敌人。

　　不是每个把你从屎堆中拉出来的都是你的朋友。

　　而且，当你陷入深深的屎堆当中（身陷困境）的时候，闭上你的鸟嘴！

 智慧箴言

　　不管在什么样的环境中我们都要保持清醒，不因一时的安逸而忘记了处境。学会鉴别敌友，找到我们真正的朋友，并在这一过程中保持静默，这样才不会因为浮躁和吵闹丢失了对我们自己重要的东西。

学习金手指

　　理解句子有以下几种方法：要抓住句子中的关键性词语，如《十里长街送总理》；联系上下文来理解。联系实际、典型联想来理解。如《我的战友邱少云》；从比喻、象征意义中去理解。如《我的伯父鲁迅先生》。从联系时代背景来理解。有的文章要与当时的情况联系起来才能理解。

第十章　掌握好交往的技巧

谁对你更重要

适用作文主题　处事，人际，心态。

有一个朋友，因为与同事交恶，几乎到了水火不容的地步，以至于家庭生活与工作都大受影响，最后他选择了离职。

我问他："如果不是那个人，你会留下来吗？"

他回答："当然，这工作我很喜欢，但是我恨透了那个家伙，只要他在一天，我便觉得芒刺在背，只能离开。"

"你为什么要让他成为你生命的重心？"被我这么一问，他顿时哑口无言。

一个老师将学生分组，12个人一组，一个学生请求老师让他换组。老师问："为什么？"

这学生说："因为我很讨厌其中的一个人。"老师就让他换了。不过问他："其他的组员你也都讨厌吗？"

学生说："不会啊，都蛮喜欢的。"

老师说："那这个人在你生命中重不重要？"

那个学生答："不重要，讨厌死了！"

老师说："但是10个好朋友留不住你，你却为了他一个人离开。你说，这个人重不重要呢？"

敌对的关系有时要比爱的关系来得更深沉，恨一个人要比爱一个人付出更多的情感。你若一直处于跟某个人的抗争中，慢慢就会失去自己；当你把整个焦点都集中在那个人身上时，他就涵盖了你的整个世界，成为你生命的重心。

这样的结局，你愿意吗？

智慧箴言

在学校在班级好像总有一些和我们作对的人，这些人让我们的心情恶劣，甚至影响到学习和生活。可见敌对的关系有时要比爱的关系来得更深沉，恨一个人要比爱一个人付出更多的情感，所以放下心中的憎恨，解放自己也成就自己。

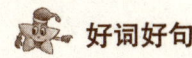 **好词好句**

描写同学的好词：小气鬼 不答理 瞧不起 看不上 走着瞧 看着办

范丹使尽种种办法想冲出"重围"，谁知脚下一滑，摔了个"狗啃泥"！球自然就与她"拜拜"了。

忘记别人的坏

适用作文主题
宽容，善意。

他说，是的，我都忘记了，我为什么要记住呢？我的苦难已经够多的了，我不想全都记在心里。

他是一个孤儿，曾经先后被三户人家收养。第一户人家从5岁到8岁共养了他3年，后来他们因为有了自己的儿子，便将他送了人。他不肯走，结果被养父母打得浑身是伤。实在痛不过了，才断了回去的念头。

第二户人家养了他5年，到13岁那年，他还是被狠心的养父母送了人，原因是他们收养了自己亲戚家的一个儿子，好过这个没有一点血缘关系的人。

他还是不想走，哭着喊着爸爸妈妈，你们别赶我走，我一定会听话的，我会做很多事来养活自己的，只求你们别赶我走。

最终他还是没有被留下来，又去了第三户人家。第三户人家只养了他一年，就因为不愿意拿钱供他上学，而将他赶出了家门。已经习惯了被人抛弃的他，居然再也没有了哀求的欲望，只想早点逃出牢笼。

才14岁，他就成了街头的一名流浪儿。刚开始，他只能从垃圾桶里找些剩饭吃，后来他结识了一些流浪儿，于是便跟着他们一起卖花，给人擦皮鞋，还四处捡破烂。困了就睡在打烊后的商店门口，第二天天不亮便被商店的主人用脚踢醒。

过了6年流浪生活后，他去了一家建筑公司当泥水工，算是有了一份正当工作。他用那点可怜的收入报考了夜校。获得自考文凭的那年他已经22岁，顺利进入一家公司当起了推销员。还有什么苦他没有吃过呢？正是由于他能

第十章 掌握好交往的技巧

吃苦，他的业绩很快便排在了所有推销员的首位。他当上了销售部经理。

再后来，他开起了公司，当上了老板。有了钱，就有了房子、车子，凡是应该有的也都有了。他什么也不缺了，唯一缺少的就是父母亲情。他决定将他的三对养父母都接来与他同住，二百多平方米的房子，完全能够住得下。他还叫他们爸爸妈妈，让他们好吃好住。

他的助理，也是曾经跟他一起流浪过的朋友说，你疯了，你的养父母曾经那样对你，你还想给他们养老送终啊？他们抛弃你虐待你的事情，难道你都忘记了吗？

他说，是的，我都忘记了，我为什么要记住呢？我的苦难已经够多的了，我不想全都记在心里。

我只知道，他们曾经给过我一口饭吃，给过我睡觉的地方，我才没有被饿死冻死。如果没有他们，我很难活到今天！记住一个人的坏，那是拿别人的过错来惩罚自己，让自己生活得不快乐，我不想让自己整天生活在不快乐之中；记住他人的好，让感恩的念头时时装在心里，我会觉得自己就是这个世界上最幸福的人。

他的名字叫王永忠。从粤北山区流浪到广州，他成功地拥有了一家资产达千万元的公司。上面那番话他经常跟自己公司的员工讲起。

他常说，自己是幸福的，别人只有一对父母，而他却有三对。每天下班回家都能够叫一声爸爸妈妈，是他人生中最大的幸福！

智慧箴言

宽容面对那些伤害我们的人吧，忘记曾经受到的伤痛和轻视，以积极的心态来生活，让自己的成就在超越别人曾经加在我们身上的阴霾。宽容让自己更闪光。

文学常识

鸡口牛后 《战国策·韩策》："宁为鸡口，无为牛后。"比喻宁愿在局面小的地方当家作主，不愿在局面大的地方任人支配。

没有任何敌人

适用作文主题
智慧，人际，宽容。

有个心理学家以"宽恕你的敌人"为题作了一次精彩的演讲。演讲完之后，他问在场的人有多少打算原谅自己的敌人，大约有一半人举起了手。显然，心理学家对这个结果并不满意，于是他旁征博引，又讲了20分钟，然后再次提问。这回，有80%的听众举手愿意原谅他们的敌人。心理学家仍不满意，继续高谈阔论了15分钟，此时大家已是饥肠辘辘，除了一位坐在后排的老太太外，所有人都举起了手。

心理学家很好奇，对那位老太太说："请问，您为什么还不愿意原谅自己的敌人呢？"

"因为我根本没有敌人。"老人平静地回答。

心理学家一怔，接着说："这太不寻常了，您今年多大了？"

"我今年93岁。"老太太回答。

心理学家惊讶极了，激动地说："那么请您告诉大家，您是如何在如此高龄的情况下，依然没有任何敌人的。"

老太太微笑着说："很简单，我只是告诉自己，我要比他们长寿，比他们过得好。"

在现实生活中，一些人总是对自己的对手和敌人耿耿于怀，不肯原谅他们，甚至等待机会，千方百计想报复他们。

其实这是很不可取的，因为仇恨是一把双刃剑，在伤害别人的同时，也会使自己受伤。与其将心思放在你争我斗上，放在尔虞我诈上，还不如集中时间和精力，发展自己的事业，享受自己的人生。

 智慧箴言

享受自己的人生，不要用别人的错误来惩罚自己。把精力放在自己最看重的事情上，寻找志同道合的朋友，让自己比对手活的更洒脱更精彩。

生活小常识

体积最大的树

地球上的植物,有的个体非常微小,有的个体却很庞大。美国加利福尼亚的巨杉,长得又高又胖,是树木中的"巨人",所以又名世界爷。

这种树一般高 100 米左右,其中最高的一棵有 142 米,直径有 12 米,树干周长为 37 米,需要二十来个成年人才能抱住它。它几乎上下一样粗,它已经活了 3500 年以上了。人们从树干下部开了一个洞,可以通过汽车,或者让四个骑马的人并排走过。即使把树锯倒以后,人们也要用长梯子才能爬到树干上去。如果把树干挖空,人可以走进去六十米,再从树桠杈洞里钻出来。它的树桩,大得可以做个小型舞台。巨杉是世界上体积最大的树。地球上再也没有体积比它更大的植物了。

死亡源自恶意

适用作文主题
恶意,自食恶果。

1994 年美国报界评出十大最离奇的新闻。其中一条新闻是这样的:

这一年的 3 月 23 日,纽约警察总局的法医检查了一具尸体,得出结论:此人死于头部枪击。

死者名叫罗纳德·奥普斯,从他留下的遗书中得知,他本来是想从一幢十层高的楼顶跳下自杀的。然而,当他跳楼后身体经过第九层楼前时,一颗子弹从窗户里射出,将他当场打死。

警方经过调查发现,死者和开枪的人都不知道一个情况——当时八楼正在施工,工人们在那里刚装了一张安全网,也就是说如果罗纳德·奥普斯不是被枪击而亡,那他的自杀计划其实是不能如愿的。

然而,根据法律,一般说来,一个人如果实施有计划的自杀并且最终身亡了,即使自杀过程发生变化未能如自杀者所愿,那么依法也应该认定这个人是自杀。

可是，当警方对九楼射出的子弹进行调查后，案子的性质又有了变化。当时，九楼的一对老夫妻发生了口角，正在吵架，老先生拿出了一把枪恐吓老太太，后来又扣动了扳机，但是子弹没有打中老太太，而是从窗户飞了出去击中了罗纳德·奥普斯。根据法律，一个人如果想杀甲，却错杀了乙，那么仍然应该判这个人对乙犯了杀人罪。因此，此案应该是一桩凶杀案。

当老先生面临杀人罪的指控时，老先生和老太太都一致表示，他们俩当时都以为枪里面是没有子弹的。老先生解释说，用没有装子弹的枪恐吓老太太，是他许多年以来与老伴争吵时一直有的一种做法。他没有杀害老伴的意图。如果老两口的话属实，那么这就是一起误杀的案子。

问题的关键就是子弹是在什么样的情况下由什么人装进去的。警方在调查中找到了一名证人，这名证人证明在案发六周之前亲眼看到这对老夫妻的儿子往这把枪里面装了子弹。警方从更深入的调查中得知，因为老太太决定停止给成年的儿子经济支持，这个儿子怀恨在心，起了杀意。他知道他的父亲有用枪恐吓母亲的习惯，所以就给枪装了子弹，希望借父亲之手杀了母亲。既然这个儿子明知给枪装子弹会有什么样的后果，那么即使他没有亲自扣动扳机，他也应该被指控犯了杀人罪。所以，此案就成了老夫妻的儿子对罗纳德·奥普斯犯下了杀人罪。

但是，峰回路转，警方在进一步调查后发现，这对老夫妻的儿子其实就是死者罗纳德·奥普斯本人。他由于借刀杀人之计一直没有得逞，心生沮丧，于是，在1994年3月23日这一天他决定从十层高的楼顶跳楼自杀，然而却被从九楼窗户射出的子弹打死了。也就是说，罗纳德·奥普斯自己杀了自己，所以此案最后仍被认定为是一桩自杀案件。

这则新闻听起来确实离奇，可是故事中一件又一件初看起来十分偶然的事情，如果我们认真地想一想，就会发现它们实际上是必然发生的，而决定必然结果的，正是罗纳德·奥普斯自己。人的命运也是如此，我们是将它向好的方面发展还是坏的方面发展，某种程度上还是取决于我们自己。

智慧箴言

恶意带来的后果是如此的严重，对他人心存恶意的人自己也不会得到好的结局的。罗纳德·奥普斯的命运毁在了自己的手里，正是因为一时的恶念导致了一场可以避免的灾难。

> **笑话碰碰车**
>
> 幽默家艾思摩维对朋友说:"我写了一本关于男权运动的书。"
> 朋友高兴地问:"你什么时候出版?"
> "还没送审呢!"
> "你送哪家出版商?"
> "送我妻子,她同意了,才能往外送!"

对待格林夫人的善举

适用作文主题
人际,互助,勇气。

我刚搬进纽约市布鲁克林区的一幢公寓楼里。我注意到在住户的邮箱旁贴了一张布告,上面写着:"对格林夫人的善举:愿意每月接送两次住在 3B 室的格林夫人去医院做化疗的人请在下面签名。"

因为我不会开车,就没有签名,然而"善举"一词却一直在我脑海里盘旋。这是希伯来语,意思是"做好事",依照我祖母的理解,它还有另一层含义。因为她发现我很羞涩,总是不愿意请别人帮忙,于是她就常对我说:"琳达,帮助别人是一种幸福,允许别人帮你有时候也是一种幸福。"

一天傍晚,大雪纷纷扬扬下个不停,上课的时间也快到了,我只好披上厚大衣向公交车站走去。虽然从我家到车站没多远,但是在这种暴风雪的天气里,那简直就是长途跋涉。我用祖母为我织的蓝围巾把脖子围紧,耳边似乎响起了她的声音:"你为什么不看看是否能搭个便车呢?"

一千个反对的理由跳进我的脑海:我不认识我的邻居;我不喜欢打扰别人;我觉得请人帮忙很可笑。强烈的自尊心不允许我敲开别人家的门。

我继续艰难地向公交车站走去……

三周后的一天晚上,我们要进行期终考试。那天雪下得更猛,我在车站等了很久汽车还没来,我终于放弃了。在返回公寓的路上,我问上帝:我该怎么办啊?

当我把围巾拉得更紧时,我仿佛又听到祖母在说:向某位司机请求搭个

便车，那不是什么坏事！祖母的劝说对我从未有过意义，何况，即使我想请人帮忙——其实我并不想那么做——旁边也没有人。

然而，当我推开公寓楼门时，我差点和站在邮箱旁的一位夫人撞个满怀。她穿了件褐色大衣，手里拿了一串钥匙——显然，她有汽车；她正准备出门。就在那一刹那，绝望战胜了自傲，我脱口而出："您愿意让我搭个便车吗？我从没向别人这样要求过，可是……"

那位夫人露出一副惊讶的表情。"噢，我住在4R室，刚搬来。"我赶紧解释。"我知道，我见过你。"然后，她毫不犹豫地说，"当然，我愿意让你搭车，我上楼去拿汽车钥匙。"

"你的汽车钥匙？你手里拿的不是车钥匙吗？"我看着她手里的钥匙问道。"不，我只是下楼来取信，不过我很快就回来。"说完她就向楼上走去。我急忙叫道："夫人！请等等！我并不想勉强你出门，我只想搭个便车！"但是她很快就消失在楼梯拐角处。我觉得自己很窘，然而一路上，她温暖的语调很快让我平静下来。"您使我想起了我的祖母。"我感激地说。

听完我的话，她的嘴角露出了一丝微笑："就叫我艾莉丝奶奶吧，我的孙子都这么叫我。"

她终于把我送到了学校，我的期终考试顺利通过了，而且，请艾莉丝奶奶帮忙对我而言是一次突破，这使我以后能轻松地问别人："有人和我同路吗？"实际上每晚都有三个同学开车从我家经过。"为什么你不早说呢？"他们几乎是异口同声地问。

回到公寓楼时，我正碰上艾莉丝奶奶从邻居家出来，"晚安，格林夫人！"那位邻居说。

格林夫人——那个患了癌症的女人！"艾莉丝奶奶"是格林夫人！我站在楼梯上几乎说不出话来，我所做的事情简直是不可饶恕的：我居然要一个与癌症作斗争的病人冒着暴风雪送我去学校！"噢，格林夫人，"我结结巴巴地说，"我不知道您就是格林夫人。请原谅我！"

我拖着沉重的脚步向家走去，我怎么能做出这种事情？几分钟后，有人敲我的房门——是格林夫人。

"我可以跟你说句话吗？"她问。我点了点头，请她坐了下来。"我以前也很强壮，"她说，然后，她哭了，"过去我也能帮助别人。而现在，每个人都来帮我，为我做饭，送我到我要去的地方。我不是不想感激，而是没有了机会。"

但是那晚，在我下楼去取信时，我在心中祈求上帝，让我再像正常人那样感受到帮助别人的快乐吧。然后，你走了过来……"

 智慧箴言

西方格言说"施比受有福"。在人际交往中，我们付出的善意和汗水，也许看不见什么功利性的成效，但是在这一过程中，我们感受到的快乐、幸福，和对自我的肯定和自豪，就足以让我们快乐一阵子了。

学习金手指

寻找反义词是从不同的语言环境中去寻找。有的词是反义词，词义不同，它的反义词也不同。如：

这鱼很新鲜。这句中的"新鲜"的反义词应是"腐烂"。

这是一件新鲜事。这句中的"新鲜"的反义词应是"陈旧"。

早晨的空气很"新鲜"。这句中的"新鲜"的反义词应是"混浊"。

牛之死

 适用作文主题
谣言的危害。

牛耕田回来，躺在栏里，疲惫不堪地喘着粗气，狗跑过来看它。

"唉，老朋友，我实在太累了。"牛诉着苦，"明儿个我真想歇一天。"

狗告别牛后，在墙角遇到了猫。狗说："伙计，我刚才去看了牛，这位大哥实在太累了，它说它想歇一天。也难怪，主人给它的活儿太多太重了。"

猫转身对羊说："牛抱怨主人给它的活儿太多太重，它想歇一天，明天不干活儿了。"

羊对鸡说："牛不想给主人干活儿了，它抱怨它的活儿太多太重。唉，也不知道别的主人对他的牛是不是好一点儿。"

鸡对猪说："牛不准备给主人干活儿了，它想去别的主人家看看。也真是，主人对牛一点儿也不心疼，让它干那么多又重又脏的活儿，还用鞭子粗暴地

抽打它。"

晚饭前，主妇给猪喂食，猪向前一步，说："主妇，我向你反映一件事。牛的思想最近很有问题，你得好好教育它。它不愿再给主人干活儿了，它嫌主人给它的活儿太重太多太脏太累了。它还说它要离开主人，到别的主人那里去。"

"我得到猪的报告，"晚饭桌上，主妇对主人说，"牛想背叛你，它想换一个主人。背叛是不可饶恕的，你准备怎么处置它？"

"对待背叛者，杀无赦！"主人咬牙切齿地说道。

可怜，一头勤劳而实在的牛，就这样被传言"杀"死了。

智慧箴言

谣言的危害太大了，一头勤劳无辜的牛就这样枉死了。人言可畏，我们在交往中要慎重讲话，并且选对可以发牢骚的对象。谣言止于智者，我们在听到类似的话时，要加以分辨，不要成为害死牛的帮凶。

好词好句

描写同学的好词：等着瞧 恶作剧 淘气包 脏兮兮 笑嘻嘻

她拿到卷子，忘记了还没有下课，高兴得又蹦又跳，大声喊着我："杨燕，杨燕，我得了100分！"

飞机何时着陆

适用作文主题
缓和失望心理，与人交往。

2008年11月8日，从美国纽约飞往法国巴黎的一架波音747客机上，坐满了乘客。

再过一个多小时，旅途就将结束，飞机就要降落在巴黎机场上了。乘客们开始兴奋起来，整个机舱里显得有些热闹。

就在这时候，机长接到了巴黎机场的紧急通知："由于机场拥挤，飞机暂时无法降落，着陆时间很可能推迟一小时，但机场将尽最大努力争取飞机接近正点时间着陆。"

机长想，如果将这个通知原原本本地广播出去，一定会引起乘客的不满。于是，他想到了坐在头等舱里的哈佛大学心理学家，决定请心理学家帮助妥善处理这个棘手的问题。

机长接受了心理学家的建议，让乘务人员向大家报告："由于巴黎机场拥挤，飞机暂时无法降落，着陆时间很可能推迟近两小时。因此给大家带来了不便，请各位谅解。"

乘客们听到广播后感到十分惊讶与气愤："太不像话了！""着陆时间怎么能推迟近两小时？太不准时了！"顿时，机舱里一片抱怨声。

可是，刚刚过了5分钟，机长按照心理学家的建议，让乘务人员又向大家报告："告诉大家一个好消息，本班飞机的晚点时间将由两小时缩短到一个小时。"

听到这个消息，几乎所有的乘客尽管怒气难消，但都如释重负地松了一口气，觉得熬一个小时要比熬两个小时好多了。

又过了半个小时，机长又接到了巴黎机场的紧急通知："飞机基本可以准时着陆了，只晚点8分钟。"

机长与心理学家商量后，又按其建议，让乘务人员向大家报告："再告诉大家一个好消息，本班飞机的晚点时间将由一个小时缩短到半个小时。"

听到这个消息，所有的乘客全都感到轻松了许多，觉得晚半个小时总要比晚一个小时好多了。

又过了几分钟，机长按照心理学家的建议，让乘务人员再次向大家报告："再告诉大家一个好消息，本班飞机的晚点时间将由半个小时缩短到8分钟。"乘客们听后，几乎个个喜出望外，拍手称快。虽然飞机晚点了8分钟，但乘客们却感到非常庆幸和满意，简直比正点着陆还要高兴……

心理学家要离机的时候，机长代表全体机组人员向他表示感谢，并向他请教："为什么这样做竟然收到了意想不到的好效果？"

心理学家微笑着说："如果乘客对正点到达的期望越高，对晚点到达的失望就越大。如果乘客对正点到达的期望越小，对晚点到达的失望也就越小。我们先将乘客对正点到达的期望值降下来，然后再不断地满足他们的期望。这样一来，他们的抱怨就变成了宽容，失望就变成了期望，扫兴就变成了庆幸，甚至是高兴了。"

智慧箴言

把握人的心理,根据人的心理来调整自己的交往策略,会变得越来越受欢迎。人们好喜不好忧,掌握这一点,注意说话的方式,往往会有很好的结果出现。

 文学常识

击楫中流　也作"中流击楫",楫,船桨。出自《晋书·祖逖传》:"中流击楫而誓曰:'祖逖不能清中原而复济者,有如大江。'"即东晋大将祖逖率部渡江,当船行到江中时,他敲着船桨发誓说,不收复中原,决不生还。后借指决心报效祖国,收复失地。文天祥《贺赵侍郎月山启》:"慨然有神州陆沉之叹,发而为中流击楫之歌。"宋人赵善括《满江红·辛卯生日》:"颖脱难藏冲斗剑,誓清行击中流楫。"又称"中流誓",如陈亮《念奴娇·登多景楼》:"正好长驱,不须反顾,寻取中流誓。"

第十章　掌握好交往的技巧

写作专题

中考作文要避免四种毛病

中考作文试卷中暴露出来的一些问题,让阅卷老师很头疼,也使不少考生成绩下降。这些问题主要表现在四个方面:

一、龙飞凤舞,字迹潦草

从湖南某市一万多份作文的卷面来看,字迹完全看不清的多达 500 份以上,勉强看得清的占 1/3,真正称得上美观的试卷只有 3%。主要有三种情况:一是少部分同学对于汉字的书写特点没有掌握,不会写字;二是有些同学虽然态度端正,但由于平常没有注重练习,写出来的字不是东倒西歪,就是参差不齐,无法辨认;还有一部分同学字写得不错,但由于书写基础不太好,书写时缺乏耐心,以致字迹潦草。从评分看,书写分一般占 4 分,但它给作文带来的损失远不止这个分数,阅卷老师反映,对于无法看清的文章,评分是同类文章中最低的,60 分作文评分一般在 20—30 分之间。相反,少数书写美观的作文,文章没有太大的特色,但评分往往比同等文章要高出 2—4 分。

二、非驴非马,文体不清

近年来,中考作文难度有所下降,体裁已不再进行单一地限制,试题一般都有"除诗歌外文体不限"的提示,考生可以自由地选择最擅长的文体进行写作,但是从考场作文情况来看,不少同学误以为"淡化文体"就是不要文体,"文体不限"就是取消文体,致使所写的文章文体特点不突出,有的文章开头像议论文,有论点,也有论据,可写着写着就变成了记叙文;有的文章写成了记叙文,可又缺少时间、地点、事件等要素,这样的文章自然无法讲清道理,写清故事,显得不伦不类。

三、东拉西扯,切入太慢

考场作文时间性特别强,一般五、六百字就行了,这就要求我们能够迅

速切入主题。虽然不要求同学们写出"虎头"的效果,但简洁明了是最起码的要求。考场作文中常见的问题有两种:一是没有注意文章的布局,随心所欲。一篇以《感激》为题的中考作文,一位同学用四个自然段,写了同学、老师对自己的关心与帮助,到结尾时才出现一些让人感动的画面,这样,文章就显得主次不分,情节不集中,这类文章一般只能评为三类或四类文;二是一些写作基础较好的同学,总想把最好的内容、最美的句子全写下来,出现了词语堆砌、拖沓冗长的问题。一篇题为《享受家庭的乐趣》的中考作文,第一段就用了200多字的景物描写,语句虽美,但由于没能抓住重点,文章还是落入了三类文的行列。

四、内容造作,情虚意假

从全国各地的中考作文题目来看,不少试题有"叙说真实故事"或"写出真情实感"之类的要求,一些同学为了让所写的事情意义"深刻",所写的人物形象"高大",喜欢凭空编造,任意拔高,结果出现了内容虚假的情况,2002年湖南某市一万多份中考作文中,这类文章达到了50%左右。有的写父母双亡,有的写亲人患绝症,有的写自己断腿断手,有的写"掉到了急流中"……由于缺乏生活,生编硬造时闹出了不少笑话,这类作文最让阅卷老师头疼,评分也往往偏低。如一位农村考生在《感激》一文中说:洪水暴发时,解放军给村民送来了海鲜,城里的小朋友给自己简易的住房安上了空调,内容如此失实!

版权声明

为提高图书质量,文中引用了大量经典故事,由于时间、地域和版面原因,无法一一注明出处,为了尊重作者的著作权,编著者特委托中央编译出版社向权利人转付稿酬。请您与中央编译出版社联系并领取稿酬。

联系方式如下:

地　址:北京市西城区西单西斜街 36 号中央编译出版社
邮　编:100032
电　话:(010) 66509235